바보같은 성 **여자**

# 바보 같은 성 여자

여자가 여자에게 던지는 열정에 찬 제안

바바라 비라흐 지음 | 이미옥 옮김

|참솔|

# c o n t e n t s ----------------

바보 같은 성 여자

# 두 마리 토끼 한꺼번에 잡기

행복은 방법의 문제이지 목표가 될 수 없다. 그것은 수완이지 대상이 아니다.
– 헤르만 헤세

친구들과 함께 즐기는 멋진 저녁식사이다. 네 쌍의 남녀가 모여 앉아 스파게티를 먹고 와인을 마시면서 이야기꽃을 피운다. 저녁 내내 말이 없던 페트라가 낮은 목소리로 사장과 다툰 일에 대하여 이야기를 꺼낸다. 그러자 가정주부들은 갑자기 흥분하기 시작한다.

"남자들은 늘 여자를 물로 보고 있어! 여자는 끝도 없이 그들의 밥상을 차려야 한다니까! 정말 언제쯤 이 일이 끝나는 거지?"

페트라는 더이상 아무 대꾸도 하지 않는다. 그녀는 사장과 어떻게 화해할 수 있을지에 대한 구체적 조언을 듣고 싶은 것이지, 지배하는 남자와 지배받는 여자에 대하여 늘 똑같은 레퍼토리를 듣고 싶은 것이 아니기 때문이다. 페트라는 이렇게 생각한다.

'내가 일 때문에 사장과 말다툼한 것이 도대체 남녀의 역할이랑 무슨 상관이 있담?'

하지만 페트라는 이런 생각을 입밖으로 내뱉지 않는다. 즐거운 자리가 금세 엉망이 될 테니까.

내 여자친구 자클린은 석사학위 시험을 엉망으로 치렀다. 교수 때문이다. 치근덕거리는 그를 거절했더니 끝내 그녀의 시험을 망치게 해서 복수하고 만 것이다.

내가 아는 어떤 여자는 오랫동안 원했던 일을 할 수 있는 기회를 드디어 얻었다. 그것은 여러 변호사와 함께 합동사무실에서 일하는 것이었다. 하지만 그녀는 자신이 많은 스트레스를 감당해낼 수 있을지 고민했다. 그러던 참에 이 문제는 곧바로 해결되었다. 임신이 되어서 우선 1년을 쉬기로 한 것이다.

나의 올케언니는 대학을 졸업하고 결혼해서 딸 셋을 낳았다. 어느 날 갑자기 그녀는 내게 자신과 대화하는 것이 지루하지 않냐고 진지하게 물어왔다. 자신은 집에서 가사노동만 하니까 그런 걱정이 된다는 것이었다. 언니가 이렇게 묻는 데에는 두 가지 이유가 있을 것이다. 먼저 자신감 부족을 들 수 있는데, 이것이 사실이라면 정말 슬픈 일이다. 그렇지 않으면 그녀는 잠재의식 속에서 이렇게 비판하고 있을지도 모를 일이다.

'직장에 다니는 너희들은 나처럼 아이를 키우는 일이 바보 같다고 생각하겠지!'

나는 여성지 『부르다』에서 — 이 잡지는 『엘르』처럼 여자 이름을 잡지의 이름으로 정했다 — 일할 때 여자 동료끼리 서로 악의를 품고 있는 경우를 자주 보았다. 얼핏 보면 이들은 주로 일과 관련된 주제를 가지고 대화한다.

누가 사장과 마찰 없이 이 일을 잘 해낼까? 누가 재미있는 프로젝트를 맡을까? 누가 흥미진진한 사건을 맡아 베를린으로 파견될까? 하지만 이 이야기의 배후에는 그들의 진정한 관심사가 숨어 있다.

결국 모든 얘기는 '누가 더 젊고, 더 날씬하며, 더 미인일까' 라는 주제로 통하는 것이다.

어쩌면 당신은 나의 친구와 지인이 어떻게 지내든 무슨 상관이냐고 생각할지도 모르겠다. 물론 당신 주변에 이런 여자들이 없다면 아무 상관없다. 그러나 일이 잘못되면 그 책임을 다른 사람, 다시 말해 남자의 탓으로 돌리는 여자, 전문가답게 행동해야 할 시점에 감정적으로 나서는 여자, 또 책임을 맡는 것이 두려워 중요한 시기에 도망치는 여자가 분명 당신 주위에도 있을 것이다.

그리고 자신감이 부족한 탓에 일하는 여성과 대화할 때조차도 공격적으로 변하는 가정주부가 있을 것이고, 경쟁을 통하여 서로의 능력을 키울 수 있는 좋은 기회가 왔음에도 불구하고 동료를 훼방놓는 여자도 있을 것이다.

아마도 이 순간 당신은 이런 여자 몇몇을 금세 머릿속에 떠올릴 것이다. 그렇다면, 내가 이 이야기를 꺼내는 이유가 무엇일까? 사실 독일에서는 이런 류의 발언이 금기시되어 있다.

일부 연예인은 밤늦은 시간에 방영되는 토크쇼에 출연하여 자신이 키우고 있는 사냥개와 섹스하는 꿈을 꾼다느니, 다른 사람 몰래 기저 귀를 차고 다닌다느니 따위의 황당하기 그지없는 이야기를 늘어놓는 다. 오늘날에는 이렇듯 듣기 민망한 얘기조차 텔레비전에 나와서 공공연하게 떠들어댈 수 있다. 그렇지만 여자들이 처해 있는 심각한 상황은 예나 지금이나 변하지 않고 있다.

이 모든 원인의 대부분이 여자에게 있다고 말하면 사람들은 경악한다. 나는 이런 현실을 잘 알고 있다. 일찍이 『주간경제』 — 현재 내가 다니는 직장이다 — 에 이런 요지의 글을 몇 번 실은 적이 있기 때문이다. 결과는 매우 흥미로웠다.

여성운동을 하는 사람 가운데 네 명 중 한 명 꼴로 나에게 메시지를 보내왔는데, 나라는 인간은 아무것도 모르는 문외한이라거나, 내가 여자를 공격적으로 대하는 남자와 별반 다를 게 없다는 등 하나 같이 분노에 찬 의견들이었다.

『슈피겔』은 나의 글을 인용했으며, 텔레비전 제2 방송 ZDF에서 토크쇼를 진행하는 메이브리트 일너는 자신의 프로그램에 나를 초대하기까지 했다. 이 자리에는 연방 여성부 장관 크리스티네 베르크만과 바이에른 주의 여성부 장관 바바라 슈탐도 함께 출연했다. 두 여성부 장관은 혼자서 아이를 키우며 살아가는 여자들을 국가가 반드시 도와주어야 하며, 나처럼 여자를 공격하는 것은 비생산적이라는 점을 설명하려 애썼다.

여기에서 우리는 매우 재미있는 사실을 발견할 수 있다. 아주 단순한 문장, 즉 '현재 여성이 처해 있는 상황은 여자들의 태도 자체에서 비롯되었다'라는 말에 그처럼 많은 사람이 흥분하는 것은, 이 말이 정곡을 찔렀기 때문이 아닐까. 아니면 귀하신 여성 장관님 두 분께서 나 같은 기자 나부랭이에게 여자는 가난하고 약하다는 사실을 납득시키기 위해 그토록 혼신의 힘을 쏟는 이유가 어디 있겠는가?

나는 이 문제와 관련하여 회사에서 인사를 담당하는 인사팀장들과 똑같이 생각할 뿐이다. 그리고 이렇게 질문해본다. 50% 여성할당제를 독일의 기업에서 실시한 지 10년이 지난 지금, 값비싼 교육을 받은 여자들이 왜 기업에서 일하지 않는 것일까?

대부분의 여자는 모든 것이 남자의 책임이라고 믿는다. 전쟁을 일으킨 것도, 회사에서 자신들을 채용하지 않는 것도, 공적인 삶에 있어 모든 중요한 직책에서 여자가 빠져 있는 것도 모조리 남자들 탓으로 돌린다.

나는 그렇게 생각하지 않는다. 그래서 이 책을 쓰게 되었다. 내가 말하고자 하는 주제는, 이 나라에서 여자는 남자에 비해 결코 불이익을 당하고 있지 않으며, 문제는 여자들 스스로 멍청하게 행동한다는 데 있다고 본다. 굳이 남자끼리 공모하여 여자를 쓰러뜨릴 필요도 없다. 여자를 신속하게, 그리고 더 철저하게 제거해주는 사람은 남자가 아니라 바로 여자이기 때문이다.

이런 주장이 잘못되지 않았다는 것을 나는 이 책에서 인내심 있게 증명해보일 것이다. 여자는 엉뚱한 것을 배우고, 도움이 안 되는 책을 읽으며, 잘못 행동한다는 내용 등이 책 속에 충분히 들어 있다. 예부터 '신사는 멋지고 숙녀는 멍청하다'라는 속담이 전해져 오고 있다.

사실 이 속담은 뼈 있는 아주 서글픈 말이다.

이 책에서 내가 논의의 대상으로 삼는 여자는 국가의 보조금을 받으며 혼자 아이를 키우는 여자, 즉 앞서 두 여성부 장관이 보호하고자 애썼던 그런 여자들이 아니다. 나는 정치, 경제, 학문 분야에서 충분히 일할 능력을 갖춘, 즉 대학을 졸업한 여자들을 말하는 것이다.

대학을 졸업한 뒤 변호사사무실, 병원, 대기업 등에서 일하기 시작하여 승진을 위해 열심히 노력하던 여자들이 30대 중반이 되면 하나, 둘 홀연히 사라지고 만다.

야망을 어디에 묻어두고 사라지는 것일까? 가끔 있는 동창모임에서까지 왜 그들은 그토록 심하게 불만을 표시하는 것일까?

나는 가차없이 여자들을 비판할 것이다. 하지만 이 책은 단순한 비판에 그치지 않고 한 걸음 더 나아가 여자들이 꿈을 실현하고 스스로 책임지는 것에 대한 글이기도 하다. 또 그렇게 하는 것이 왜 여자에게 힘이 드는지 설명하는 글이기도 하다.

우선 꿈을 실현하는 이야기로부터 시작해보자. 미하이 칙센트미하이[1] — 헝가리 출신으로 시카고대학 교수인 그의 이름은 Tschick(담배꽁초)-sent-me-high로 발음된다 — 는 10년 전에 『플로 - 행복의 비밀』이라는 멋진 책을 세상에 내놓았다.

이 책에서 그는 과거 철학자들의 연구와 무관하게 현대인은 언제 행복을 느끼는지 조사했다. 7천여 명의 조사대상자는 세계 각처에서 1주일 동안 자신이 행복감을 느낄 수 있는 활동을 기록했는데, 매우 흥미진진한 결과가 나왔다. 우선 행복의 정의가 나왔으며, 또 사람들

은 언제 무엇 때문에 행복한지에 대한 이론이 나오게 되었다,

칙센트미하이에 따르면 행복은 '플로(flow)'로 인하여 생긴다. 그렇다면 대체 플로라는 것은 무엇인가?

예를 들어 스키를 굉장히 즐기는 사람이 선수처럼 멋지게 난코스를 통과했을 때 체험하는 느낌이다. 혹은 자신의 직업을 사랑하는 외과 의사가 정신을 집중하여 매우 힘든 수술에 임하고 있거나, 성실한 경영인이 어려운 협상을 벌여 성공했을 때 경험하는 감정을 말한다.

한편 프로그래머들은 소프트웨어에 심각한 에러가 발생했으나 이를 해결할 수 있는 가능성을 발견할 때 이 순간을 플로라고 정의했다. 결국 우리는 스스로 좋아하는 일을 하다가 간신히 해결할 수 있을 정도로 어려운 과제에 몰입해 있을 때 플로의 감정을 체험한다고 말할 수 있다.

우리는 타인의 요구가 지나치거나 스스로 통제할 수 없는 상태일 때 스트레스를 받는다. 이와 반대로 관심 있는 과제에 몰두하여 여기서 성과를 얻을 수 있을 때 우리는 행복감을 느낀다. 이럴 때 우리의 의식은 자신감으로 넘쳐흐르게 되고, 평상시보다 훨씬 더 강렬한 느낌을 경험하게 된다. 1시간은 1분처럼 지나가고, 나의 존재는 단 하나의 과제에 흠뻑 빠져 있는 것이다.

일반적으로 사람들은 자신의 복지에 가장 많은 관심을 보인다. 흔히 충만한 삶을 행복이라고 부르는데, 이는 우리가 생존하면서 하는 일과도 매우 깊은 연관성이 있다. 대부분의 사람들은 적게 일하고 좀더 게으름을 피우며 살고 싶어한다. 하지만 1주일 동안 언제 행복을

느끼는지 ― 헝가리 출신의 교수가 그렇게 부탁한 것처럼 ― 를 기록한 조사결과는 그렇게 나오지 않았다.

예를 들어 학자들은 텔레비전을 보거나 휴식을 취할 때처럼 수동적으로 여가를 즐기는 활동에서는 결코 플로를 느끼지 못한다고 말했다. 반면 직업의 세계에서는 놀라울 정도로 자주 느낀다는 것이다. 학자뿐 아니라 대부분의 사람들이 정신집중, 창의력, 만족감 같은 감정을 일에서 얻고 있음을 알 수 있다.

이렇듯 일은 만족감을 줄 수 있지만, 이것만으로 행복해질 수는 없다. 조사에서 진정으로 자신의 삶에 만족한다는 사람들은 대부분 직장보다 자신의 가족이 더 중요하다고 대답했다.

칙센트미하이 교수의 조사에서 나타난 또다른 흥미로운 사실은, 여자가 남자보다 직장생활을 더욱 긍정적으로 체험한다는 점이다. 맞벌이 부부의 경우, 여자는 컴퓨터 앞에 앉아서 일을 하든, 회의를 하든, 전화를 걸든, 보고서를 작성하는 일이든 남자보다 더 긍정적으로 반응했다. 다만 여자가 남자보다 더 싫어하는 일이 딱 한 가지 있었는데, 그것은 일거리를 집으로 가져가는 것이었다. 아마도 여자들은 집에 돌아오면 그동안 미뤄두었던 가사일에서 더 큰 만족감을 느끼나 보다.

이 모든 것은 무엇을 의미할까? 직장이냐 가족이냐를 선택해야 하는 사람(여자)은 자신의 행복에 있어 결정적으로 중요한 결단을 내려야만 한다는 것을 의미한다.

남자는 그런 결정을 하지 않는다. 그들은 직장을 갖고 가족을 갖는 것을 당연한 일로 본다. 또 그들은 '아이냐 직장이냐'의 선택문제는 전적으로 여자에게만 해당되는 문제라고 생각한다. 내가 알기로 이 세상에 태어나는 모든 아이에게는 아버지가 있는데도 말이다.

'아이냐 직장이냐'의 문제는 선택할 사항이 아니다. 두 가지 중에서 어떤 선택을 하든 여자의 행복은 제한되기 마련이다. 또한 일을 하지 않는 여자는 경제적으로 위험해질 수 있고, 결국 기업과 국민경제에도 해를 끼치게 된다.

21세기는 여자들이 직업을 갖는 것이 중요한 시대이다. 반면 가정을 갖는 것은 더이상 훌륭한 도피처가 되지 못한다.

쾰른의 유명한 광고전문가 울리 보르헤르트는 말한다.

"모든 사람이 결혼생활을 잘해 나가는 것은 아니다. 여자는 아이를 키우고, 남자는 지겨워서 다른 여자와 바람을 피운다."

믿고 싶지 않은 말로 들리겠지만 사실이다. 결혼한 3쌍 가운데 1쌍이 이혼을 하고, 특히 대도시에서는 2쌍에 1쌍 꼴로 이혼하는 실정이니 말이다.

물론 개인은 스스로의 방식대로 살아갈 수 있다. 하지만 여자들은 자신의 선택이 어떤 결과를 가져올지 분명히 알아야 한다.

아이를 어느 정도 키워놓았다고 말하려면 적어도 15년은 걸린다. 그 이후부터 아이들은 저녁밥을 먹으러, 혹은 옷을 갈아입으러 집에 들어올 뿐이다. 만일 당신이 30세에 아이를 낳고 아이 때문에 일을 그만두면, 아이를 거의 다 키운 45세에는 무얼 하겠는가? 과연 집밖에서 당신을 기다려주는 사람이 있겠는가? 당신이 입사해주기를 고대하는 회사가 있겠는가?

또 이제 10대가 된 당신의 아이들은 자신을 키우느라 직장생활을 그만둔 어머니에게 감사해 한다고 자신할 수 있는가?

반대로 당신의 남편은 어떻게 해서 아버지로서 존경받으면서 동시에 사회적으로 성공할 수 있었을까? 당신이 어머니이자 변호사, 교사, 전산팀장, 디자이너라고 해서 전업주부보다 더 불성실한 어머니라고 누가 흉이라도 보았는가? 현재 당신이 전업주부라고 해서 당신의 노후를 누가 책임져주는가? 남편이 당신을 버리거나 아이들이 당신을 떠나버린다면, 경제적인 면은 물론 다른 부분에서도 당신에게 남아 있을 것이 무엇인지 분명히 파악하고 있는가?

이런 질문을 하다보면 우리는 스스로를 책임지는 문제에 봉착하게 된다. 인생에서 맞닥뜨리는 어떤 상황은 단순히 내 머리 위로 툭 떨어지는 것이 아니라, 과거에 내린 결정의 결과일 때가 많다. 가슴에 손을 얹고 조용히 이런 질문을 해보자.

당신의 삶에서 가장 큰 영향력을 행사하는 사람은 누구인가?

고통스럽겠지만, 여기에서 유일한 대답은 바로 '나'이다. 또한 이 대답이 가장 아름다운 응답이기도 하다. 왜냐고? 자신의 삶에서 자신의 책임이 가장 크다는 사실을 깨닫는 것은 엄청난 가능성을 열어주기 때문이다. 당신을 행복하게 만드는 사람은 당신의 남편도, 아이들도, 고용주도 아니다. 바로 당신 자신이다. 만일 여자들 스스로 그렇게 노력하지 않는다면, 여자들이 할말이 많다는 점에 대하여 누구도 관심을 가져주지 않을 것이다.

'플로'는 일을 통해서만 얻을 수 있는 것이 아니고, 가정에서만 생기는 것도 아니다. 행복한 사람은 다른 사람도 행복하게 만드는 잠재력을 지니고 있지만, 불행한 사람은 정반대의 힘을 지닌다.

다시 한번 강조하건대, 경제, 정치, 학문의 영역에 여자들이 드문 이유는 무엇보다 여자들의 태도에 문제가 있기 때문이다. 절대로 여자들의 능력이 뒤떨어지기 때문이 아니다. 아이를 낳고 키우기 때문도 아니다. 그렇다면 도대체 무엇이 문제일까?

2002년 쾰른에서

바바라 비라흐

### 덧붙이기

이 책에서 나는 수많은 여자들을 인용하였다. 가정주부, 직장여성, 어머니, 미혼여성……. 이들 중에는 이미 오래 전부터 알고 있던 사람도 많다. 현대여성의 삶은 상당히 불안정하게 흐르기 때문에 이 책에 등장하는 여자들은 그동안 다른 직종으로 옮겼거나, 결혼 또는 이혼을 했거나, 아이를 하나 더 낳았거나, 이사를 했을 수도 있다. 하지만 이런 부분은 관대하게 넘어가주길 바란다. 왜냐하면 이 책 전체에서 이런 일들은 그다지 중요하지 않기 때문이다.

# 1. 사막에서 바늘 찾기

왜 여자들은 보이지 않을까

자유란 주어지는 것이 아니라 획득해야만 하는 것이다.

－메레트 오펜하임*

★ Meret Oppenheim; 초현실주의 화가로
1913년 베를린 샤로텐부르크에서 태어났다.
가장 널리 알려진 작품은 <나의 여자 가정교사, 나의 간호사, 나의 보모>.
파리에 유학한 다음 스위스 바젤에서 활동하였는데,
개인적으로는 물론 예술가로서도 심한 우울증을 앓았다.

　　　　　　프리랜서인 파울라는 소프트웨어를 개발하는 대기업에서 한 프로젝트의 광고담당으로 일하고 있었다. 이혼한 뒤 그녀는 어린 딸을 부양하기 위해 일에만 더욱 몰두했다. 그러던 어느날 파울라는 이 회사의 식당에서 크리스티안을 알게 되었고, 두 사람 사이에 사랑이 싹텄다.

　연애한 지 얼마 지나지 않아 결혼한 두 사람은 도시 근교의 해변가에 위치한 멋진 집으로 이사했고, 파울라는 집안에 사무실을 차리게 되었다. 프리랜서로 일하는 사람들이야 어디서든 작업할 수 있다고 생각했던 것이다.

　그런데 파울라 자신은 의식하지 못했지만, 이때부터 그녀의 삶에는 엄청난 변화가 일어났다. 예전에 그녀는 하루에 몇 시간씩 전화통화를 하거나 컨셉을 개발했지만, 이제는 가사일이 더 많아진 것이다. 멋진 옷 대신에 편안한 옷을 입게 되었고, 정원 가꾸기와 침대 정리를 했으며, 날마다 새로운 요리를 해댔다. 그러다보니 회사로부터 계약을 따내는 일도 점차 드물어졌다. 그럼에도 불구하고 그녀는 크리스티안과 함께 사는 것에 만족해 했고, 태어나서 처음으로 맛보는 안정감에 한동안 도취되어 있었다.

그녀는 집안을 아늑하게 꾸몄고 곧 아이도 가졌다. 그녀는 이 새로운 삶을 여자로서 '바람직한 삶' 을 사는 것이라고 생각했지만, 실제로 이것은 '편안하고 안정된' 삶일 뿐이었다.

그녀가 누렸던 자유는 혼자 가사와 육아를 감당하면서 자신도 모르는 사이 조금씩 사라지고 있었다. 크리스티안에 대한 기대도 점차 변하기 시작했다. 그는 가족을 먹여 살리는 부양자가 되었고, 그녀는 실패했건 성공했건 모든 책임을 자신이 떠맡아야 했던 지난날을 서서히 잊어가면서 휴식을 취하고 있었다.

어느새 그녀는 전통적인 여자의 역할을 맡게 된 것이다. 이 역할을 가정주부라는 단어보다 더 좋은 말로 표현한다면, 사랑하는 남편과 아이들이 꿈을 실현할 수 있도록 도와주는 삶이라고 부를 수 있을 것이다. 불과 몇달 전까지만 해도 스스로 '노예적인 노동' 이라고 여겼던 일을 이제는 그녀 자신이 하고 있는 것이다.

솔직히 말해 가사일이 영 재미없는 것만도 아니었다. 우선 가사일은 위험성이 없었다. 게다가 돈을 벌기 위하여 하는 일에서 느꼈던 공포감도 주지 않았다.

파울라는 크리스티안에게 노예적인 노동을 해주는 대신 경제적인 안정을 기대했다. 가정주부로 일한다는 것은 언제라도 상대에게 내밀 수 있는 차용증과 같은 것이다.

'당신 때문에 내가 집에 눌러 앉았잖아!'

물론 그녀의 잠재의식 속에는 크리스티안이 자신보다 더 큰 위험부담을 안고 열심히 일하는 것이 당연하다는 생각까지 들어 있었다.

'왜냐고? 그는 남자니까!'

예전에 시몬느 드 보봐르의 책을 읽으면서 그녀는 이런 문장을 보면 당치 않은 소리라고 코웃음친 적이 있었다.

"여자들은 독립적으로 살아가면서 따르게 되는 어려움을 피하기 위해 기꺼이 복종하는 역할을 떠맡는다."[1]

하지만 그녀는 이제 독자적인 삶을 사는 대신에 상대로부터 빌린 삶을 살고 있다는 사실조차 의식하지 못하게 되었다.

그로부터 서너 달이 지난 뒤, 파울라는 저녁에 시내에서 친구를 만나거나 필요한 물품을 구입할 일이 생기면 으레 크리스티안의 허락을 받기 시작했다. 이런 식으로 그녀는 점차 상대에게 종속되는 상황을 피할 수 없었다.

반면에 크리스티안은 사람들로부터 신뢰를 얻었고, 교제의 폭도 넓혀 나갔다. 그야말로 성공이 바로 코앞에 다가와 있었다. 이런 남편에게 파울라는 아주 사소한 일로 불평을 터뜨리고 비판하기 시작했다. 아마도 그녀는 남편에 비해 자신이 아무 능력이 없다는 자격지심으로 크리스티안에게 시기심을 느꼈을 것이다.

여자들은 끊임없이 상대를 트집잡으면서 자신의 공격성을 표현하려는 경향이 다분하다. 두려움 많고 자신감이 부족한 사람들은 자신을 가만히 내버려두면 훨씬 잘할 수 있을 거라고 상상한다. 마치 자신은 면허증도 없으면서 보조석에 앉아 끊임없이 잔소리를 해대는 사람처럼 말이다. 운전석 옆자리에 앉은 사람 가운데 잔소리를 가장 많이 하는 사람은 차를 운전하지 못하는 사람이다.[2]

미국의 여류작가 콜레트 다울링은 크리스티안과 파울라 부부와 같은 종류의 이야기를 한 권의 책으로 엮었다. 그녀는 매사 불만에 가득차 트집만 잡는 가정주부를 이렇게 묘사하고 있다.

"이것이야말로 약한 자들이 감추고 있는 도덕(또는 자신이 약자라고 생각하는 사람들의 도덕)이다. 약자인 우리를 함께 이끌고 가야 하는 것이 강자의 짐이다. 만일 강자가 이런 일을 하지 않으면, 우리는 그들에게 우리가 살아남지 못하리라는 점을 암시하게 된다."[3]

결국 파울라와 크리스티안의 관계는 깨지고 말았다. 크리스티안은 걸핏하면 불평을 터뜨리고 자신에게 종속되어 있는 가정주부 파울라가 아닌, 연애할 당시 독립적이고 책임감 있는 파울라의 모습을 사랑했던 것이다. 파울라도 자신을 더이상 좋아할 수 없게 되었다.

애초에 이 두 사람은 이론적으로 동일한 입장이었다. 즉, 이들은 여자도 남자처럼 능력이 있으므로 자기 자신을 책임질 수 있어야 한다고 믿었던 것이다. 하지만 어떤 이유에서인지 모르겠지만, 파울라는 자신이 크리스티안보다 약하다고 느껴졌고, 육세적인 매력도 점점 자신이 없어졌다. 무엇보다 크리스티안이 그녀를 불행에서 구출하여 부양해주기를 기대하게 되었다.

우리가 이 이야기의 결말을 굳이 한 가지로 내릴 필요는 없다. 성인이란 여러가지 선택을 할 수 있으니 말이다.

예를 들어 크리스티안은 잔소리만 해대는 파울라를 피하기 위해 집에 있는 시간을 줄이게 되고 결국 부부 사이는 멀어진다. 그러다가 크리스티안은 좀더 젊은 여자를 사귀게 될지도 모르고, 이 젊은 여자에게서 똑같은 실수를 반복하게 될지도 모른다.

한편 파울라는 직장생활을 다시 긍정적으로 바라볼 수도 있다. 즉 직업이란 미성숙한 소녀가 성인세계로 나가는 소풍이 아니라, 진정으로 어른이 될 수 있는 유일한 길이라는 사실을 깨달을 수 있는 것이다. 그러니 왕자가 나타나서 자신을 구해주기를 바라는 한심한 생각을 더이상 하지 않을 수 있다.

여기서 꼭 기억해야 할 것은, 자유에는 항상 위험부담이 따른다는 사실이다. 그리고 또 하나, 만일 당신 자신이 하지 않는다면 어느 누구도 당신을 구해주지 않는다는 점이다.

시대에 발맞춰 사는 것이 너무 힘들어 현대여성은 차라리 전통적인 여자로 돌아가고 싶을 때가 많지만 이제 그럴 수가 없다. 중요한 사실은 왕자도 사라졌다는 것이다. 요즈음 대부분의 남자들은 가사일만 하는 아내에게 쉽게 싫증을 느껴 일하는 여성을 찾으니 말이다.

1980~98년까지 베텔스만 주식회사의 회장을 맡았던 마르크 뵈스너는 자신이 왜 이혼했는지 솔직하게 고백했다.

"결혼해서 여자가 집안일만 하게 되면, 20년 후 그 부부는 완전히 다른 세계에서 살게 됩니다. 여자는 아이와 가사일에 대하여 훤히 알게 되고, 남자는 직업과 세상일에 능통하게 되죠."[4]

최근에도 유명인사 중에서 왕자와 부엌데기의 결혼이 깨지는 사건이 있었다. 도이치 뱅크의 감사위원장 힐마 코퍼는 아내 브리지트와 헤어졌고, 다임러 크라이슬러의 회장 유르겐 슈렘프는 아내 레나테를 버리고 자신의 여비서 리디아 다이닝거를 선택했다.

현대사회가 요구하는 사항을 고려해볼 때, 남자는 여자보다 더 강하지도 않고 더 영리하거나 용기 있지도 않다. 그럼에도 불구하고 여자는 남자에게 종속되어 있다.

여자들이 테니스를 치거나 대형차를 주차하는 모습을 지켜본 사람이라면, 민첩성과 공간감각에 있어 남자가 여자보다 훨씬 뛰어나다고 말한다. 하지만 다른 모든 영역에서 여자와 남자는 비슷하다.

몇몇 분야에서는 여자가 더 뛰어나기도 하다. 예를 들어 여자는 인내심이 강하고 고통에 잘 견딜 수 있다. 또 남자보다 오래 산다. 지능도 결코 남자 못지 않다는 사실은 굳이 설명할 필요조차 없다.

하지만 현실은 어떤가? 뒤셀도르프에서 런던으로 가는 비행기의 비즈니스 클래스를 타보면 현실이 보다 명확하게 보일 것이다. 대부분의 승객은 양복을 입고 지겨워서 어쩔 줄 몰라하는 나이 든 남자들이고, 여자는 겨우 5%에 불과하다.

아니면 주식에 등록된 독일의 상장기업을 보자. 100위 안에 속해 있는 회사 중에서 왜 여사장은 한 명도 없는 것일까?

유럽연합 통계기구인 유로스타트에 따르면, 독일에서 경영자 위치에 있는 여자들은 겨우 3.7 %의 비율에 불과했다.[5] 그런데 일반 직장의 여성은 53.8%로 높은 비율에 이른다.[6]

그렇다면 부장이나 과장급의 여자들은 얼마나 될까? 여기에서도

고작 10~12%를 차지하고 있을 뿐이다.[7]

지난 2000년 독일 통계청이 조사한 결과에 따르면, 여자들의 교육 수준은 과거보다 높아져 20~30세에 속하는 여자 가운데 세 명 중 한 명은 인문계 고등학교를 졸업했다고 한다. 이런 추세를 지켜보면서 희망에 찬 페미니스트들은 이렇게 외치고 있다.

"머지않아 여자들이 힘을 발휘할 것이다. 고등교육을 받은 여자들이 많이 배출되고 있으므로 관리직에 오르는 여자도 점차 늘어날 것이다."

하지만 유감스럽게도 이런 희망은 우리를 기만하고 있다. 통계청장 요한 할렌은, 높은 수준의 교육을 받은 여자가 증가한다고 해서 반드시 관리직에 오르는 여자가 많아지는 것은 아니라고 했다. 대학을 졸업한 지 얼마 되지 않은 여자는 남자와 거의 비슷하게 출발하지만, 30세가 넘어서면 상황이 달라진다. 결정을 내릴 수 있는 중요한 위치의 여자는 극소수에 불과하다.[8]

전통적으로 여성이 관리직에 있는 비율이 높은 직업은 요식업을 꼽을 수 있는데, 이는 청소, 요리, 시장보기 등을 관리하는 것이므로 여자들이 잘할 수밖에 없는 분야이다.[9]

대기업에서 여자가 간부로 발탁되지 않으니, 나는 중소기업에서나마 여자가 잘 해주기를 바랐다. 중소기업은 대기업과 비교했을 때 좀 더 인간적이어서 여자의 성향과 부합하는 면이 많다고 보았기 때문이다. 하지만 이 작은 희망조차 무너지고 말았다. 지난해 조사에 따르면 중소기업에서 관리직을 차지하고 있는 여성의 비율은 오히려

10~8%로 떨어졌기 때문이다.[10]

여자는 사교모임이나 연대조직을 통하여 권력을 쥐게 된다는 말도 이제 동화 같은 이야기가 되어버렸다. 가령 독일 로터리클럽(Rotary Club, 1905년 미국에서 시작됨. 국제친선과 사회봉사를 목적으로 하는 실업인, 전문직업인의 국제적인 사교단체)의 여성 회원은 터키 로터리클럽의 여성 회원보다도 훨씬 적은 형편인데, 이 모든 것이 여자들의 책임이라는 말이 들려온다.

"여자들은 흔히 일로써 성공하고 싶어하지 않습니다."

유럽 여성경영인 개발기구(European Women's Management Development)[11] 가운데 독일의 회장직을 맡고 있는 가브리엘레 라이히-구트야르는 말하고 있다.

정치권에 대한 부분에서도 동일한 현상을 보인다. 독일은 방글라데시, 인도, 이스라엘, 터키, 영국, 노르웨이 등의 나라와는 달리 지금까지 한번도 여자 수상이 나온 적이 없다. 학문 분야에서도 여자는 턱없이 부족하다. 대학생 가운데 절반이 여대생임에도 불구하고, 4년제 대학 교수 중 9%만을 여자가 차지하고 있으니 말이다.[12]

이처럼 여자의 능력과 교육수준에 비해 사회에서 차지하는 위치는 너무나 열악하다.

슬픈 사실을 조금만 더 얘기해보자.

세계은행의 한 연구에 따르면, 여자는 이 지구상에 존재하는 노동의 2/3를 맡아서 하고 있지만, 이로부터 얻는 보수는 총 임금의 10%에 불과하다. 여자가 소유하고 있는 재산은 세계의 총 자산 가운데 겨우 1%를 차지할 뿐이다. 세계 인구 중 여자가 차지하는 비율이 거의 52%에 달하는 데도 불구하고……

만일 선거에서 여자가 여자만을 뽑았다면, 오래 전부터 모든 나라의 정치는 여자의 손에 좌지우지 되었을 것이고, 산모보호법과 육아휴가법이 지금보다 훨씬 일찍 통과될 수 있었을 것이다. 이렇듯 여자는 지구상에서 다수를 차지하고 있음에도 불구하고 이들은 항상 약한 성으로 간주된다. 왜 그럴까?

독일 땅에는 이 질문에 대한 답으로 '음모론'이라는 것이 힘을 얻고 있다. 즉, 여자가 처해 있는 끔찍한 운명은 남자의 음모로 인해 생겨났다는 주장이다. 좀더 구체적으로 말하면, 경제, 행정, 학문영역을 지배하는 남자들이 서로 결탁하여 여자가 직장에서 차별대우를 받고, 정치권에서도 여성할당제에 해당되는 부분만 여자에게 자리를 내주도록 장치해두었다는 것이다.

나는 여자에 대한 모든 주장을 종합해본 뒤에 여자는 절대로 약하지 않고, 멍청하거나 게으르지 않으며, 불성실하지 않다는 결론을 내리게 되었다. 이 땅에서 대학을 졸업한 여자들이 "남자들이 우리를 받아주지 않아"라고 외치면서 상처입고 포기하는 대신 실제로 행동하고 실천한다면, 정치계와 경제계 그리고 대학의 교육자 자리에 있는 사람 가운데 절반은 여자의 차지가 될 것이다.

여자들이 바보인 또 하나의 이유는 지도자의 반을 차지하지 못하기 때문이다. 조사연구기관에서 여성의 지도력 가운데 장점으로 인정해주는 요소는 '성적인 면이 변형된' 경우가 많다. 온화하고, 상대방의 감정을 잘 이해하며, 팀웍에 있어 탁월하다는 칭찬을 들으면서도, 기껏해야 여자는 권력이라는 접시에 떨어져 있는 빵부스러기를 집어먹을 수 있을 뿐이다. 또한 여자는 자신을 비판하는 말에 쉽게 기가 꺾이는 편이다. 그렇기 때문에 이기적이다 내지 권력에 굶주려 있다는 류의 말만 들어도 의기소침해지는 경우가 많다.

다른 한편, 사람들은 남녀의 행동을 서로 다른 잣대로 평가한다. 여자가 자신에게 이익되는 것을 잘 알면 간교하고 지배욕이 강한 것으로 간주하는 반면, 남자가 자신의 이득을 추구하면 실천력과 지도력이 뛰어나다고 말한다.

여전히 여자들은 자신이 차별대우를 받는 소수자의 위치에 있다고 믿는다. 때문에 여성문제와 관련된 세미나라도 열리면 국가가 자신들을 특별하게 보호하고 후원해주기를 기대하며, 권력이라는 케이크 가운데 가능하면 큰 덩어리를 얻으려고 노력하는 대신, 가부장제를 철폐하자는 이데올로기적 말다툼을 하느라고 아까운 시간을 낭비해버리고 만다.

'여자들은 너무 적게 원한다' 는 것이 함부르크대학의 경제정치학부 교수인 소냐 비숍의 결론이다. 그녀는 80년대 중반부터 남녀 사장들의 의견을 규칙적으로 조사하여 독일 기업에서의 성문제를 진단하고 있다.[13]

안타깝고 슬프게도 독일 여성은 유럽의 다른 국가나 미국 여성에 비해서 훨씬 열악한 처지에 놓여 있음이 밝혀졌다.

그 국가에는 독일 남자보다 더 친절한 남자가 운영하는 기업이 많아서 그런 걸까? 말도 안 되는 소리! 외국 여자들은 우리와 다르게 행동할 뿐이다. 그렇지 않다면, 영국 엄마가 독일 엄마보다 무엇을 특별히 더 잘한단 말인가?[14] 영국에는 여성 최고 경영자가 11.2%나 되는데 왜 독일은 고작 3.7%밖에 안 될까? 독일 역시 여성할당제니 뭐니 하는 프로그램과 제도가 수십년 간 실시되었지만 왜 미국만큼 되지 않는가? 그리고 독일 여자는 남자의 월급보다 1/3이나 덜 받으면서 왜 참고만 있는가?

통계를 보면, 스웨덴이나 덴마크는 남자들이 받는 임금의 70%를 받아내는데 성공했고, 스페인과 이탈리아도 남녀의 임금차이를 많이 줄였다. 심지어 가톨릭 국가인 아일랜드조차도 여자는 남자가 받는 임금의 70%를 받고 있다. 남자 임금의 67%를 주는 자유국가인 독일보다 훨씬 낫지 않은가.[15]

리버만 리서치 월드와이드 연구소가 전유럽에 있는 1,114명의 중상급 관리직에 있는 여자들에게 의견을 조사한 결과, 질문받은 여성 가운데 53% 정도가 직장에서 고충당한 경험이 있다고 대답했다. 예컨대 너무 쉬운 일을 준다거나, 승진에서 제외당해 곤혹을 치루었던 일 등 말이다. 그런데 비슷한 직위에 있는 남자 1천여 명을 대상으로 실시한 연구에서는 유감스럽게도 이런 경우가 거의 없었다. 아마 그랬더라면 비슷한 결과가 나왔을 것이다.

남녀를 불문하고 모든 근로자는 정규적으로 냉대와 부당함을 당한다. 안타까운 일이지만 우리가 살고 있는 세상은 그토록 정의로운 세상이 아니다. 하지만 난소가 있는 여성에게는 어느 정도 관대하다. 그런데 유독 독일 여자만 자신이 겪는 재수없는 일을 여자이기 때문이라고 생각하는 경향이 다분하다.

또 여자라는 이유로 화를 내는 일이 독일에서는 다른 나라보다 더 많은 것 같다. 독일에서 질문받은 여성 관리자 가운데 22%만 남녀가 동등하게 출세할 기회를 갖는다고 대답한데 비해, 프랑스에서는 32%, 영국 42%, 스웨덴과 폴란드는 45%, 심지어 이탈리아는 65%가 그렇다고 대답했다.[16]

솔직히 독일의 기업이 여자들에게 냉혹한 건 사실이다. 이것은 매년 더 가혹해질 것이다. 어떤 직업이든 그 분야에서 성공하기란 쉬운 일이 아니다. 이는 남자도 마찬가지다. 야망을 품고 직장에 다니는 남자 가운데 극소수만 사장자리에 앉게 된다. 남자든 여자든 성공하려면 수많은 조건을 갖춰야 하며, 갖가지 방해물을 극복해내야 한다. 하지만 기업의 주요한 관심사는 성장과 좀더 많은 이윤을 올리는 것이므로 누가 그런 일을 하는지는 크게 상관하지 않는다.

여자들만 이런 과제를 해결하지 못하는 것은 아니다. 많은 남자도 실패한다. 하지만 이들은 '아내가 애를 낳는다'는 이유로 일을 그만두지 않는다. 이들은 실패자로 낙인 찍히거나 말거나 어떻게 해서든 계속 버텨낸다. 그런데 여자들은 직장생활이 힘들고 지쳐 그만두고 싶을 때 이를 사실대로 고백하지 않고 가족을 핑계댄다.

'커리어'라는 말은 정말 멋지게 들리지만 실제로는 혹독한 노동이 따르는 것이다. 어떤 직종이든 책임 있는 자리에 있는 사람들은 매주 50시간씩 일해야 하고, 동료는 물론 경쟁자들과 씨름을 벌이느라 사생활을 희생해야 하는 경우가 적지 않다.

30대 중반의 여자들에게 이런 일은 너무 힘들고 정치적으로도 부당하게 느껴질 때가 많다. 결국 승진과 예산문제로 씨름을 벌이다 지쳐버린 이들은 회사를 그만두고 한 가정의 어머니로 안주하게 된다. 앞에서 얘기한 파울라의 경우처럼 말이다.

여자는 흔히 소매를 걷어붙이고 남자처럼 고되게 일하는 대신 '유리천장'이라는 옛날 이야기 속으로 도망쳐버린다. 이 동화 같은 얘기에 따르면, 모든 회사에는 여자가 승진할 수 없게 만드는 보이지 않는 영역이 있다고 한다. 여자는 이 영역으로 슬쩍 도망치면서도 현대의 커리어우먼으로서 체면을 유지하게 된다.

여자들이 의식적으로 권력이나 책임과 반대되는 결정을 내렸다고 스스로 인정하지 않는다면, 이와 같은 태도는 올바른 자세라고 볼 수 없다. 자신은 뒤로 물러나 있으면서 열심히 일하는 다른 사람의 모습을 비난하는 행동은 유치하기 짝이 없다. 이런 여자들은 축구장에서 시합하다 부상당하여 대기실에서 울고 있는 자신의 아이에게, 그 사이 다른 아이가 슛을 터뜨릴지도 모르니 빨리 축구장으로 돌아가라고 호통칠 것이다.

그럼에도 불구하고 서독 출신의 여자 가운데 47%는 여전히 "남자가 직장에 다니고 여자는 집에서 가사일과 아이를 돌보는 것이 여러모로 좋다"라고 생각한다.[17] 바로 이런 여자들이 이 땅은 남자가 지배하고 있다며 불평을 해대는 부류이다.

기업이나 관청에서 성공하려면 여자든 남자든 예외 없이 혹독한 규칙과 법칙을 따라야 한다. 자신은 먼저 도망친 다음 다른 사람이 권력을 쥐고 있다며 불평만 터뜨리는 것은 신사도 정신이 부족하다고 볼 수 있다. 자신의 의견을 제시하려면 우선 남들과 동일한 자격을 갖추어야 한다. 여자라는 이유는 일을 하지 않으려는 사소한 변명에 불과할 뿐이다.

대학이나 직장에서 실패할 때마다, 남자 교수나 남편 또는 직장상사의 편협함 탓으로 책임을 돌리는 여자는 성장한 자식들이 집밖으로 나돌아 지루해지면 다시금 남편탓을 한다.

"당신 때문에 내가 직장도 그만뒀잖아!"

이처럼 끝없이 불평을 늘어놓는 여자들은 앞에서 얘기했던 크리스티안을 화나게 할 뿐 아니라 페미니스트들의 화를 돋구기도 한다. 여자 독자들의 인기를 얻고 있는 영국의 베스트셀러 작가 페이 웰던은 이렇게 말한다.

"여러분의 불만을 남자들 책임으로 돌려서는 안 됩니다. 나는 남자 때문에 진정으로 멋진 삶을 살지 못한다고 믿는 여자를 많이 알고 있어요. 이런 부부는 자식이 성장해서 독립하는 즉시 이혼해서 따로 살곤 하죠. 이들은 단지 진정한 삶이 자신을 기다리고 있다는 사실을 확인하기 위하여 이혼을 결정하는 겁니다."[18]

이와 같은 여자들의 자기파괴적 성향에 대하여 남자들은 오히려 환영하는 눈치를 보이기도 한다. 왜냐하면 굳이 남자들이 직접 나서지 않더라도 여자들은 어떤 남성이나 단체보다 더 신속하고 철저하게 여자들을 제거해주기 때문이다.

여자도 원하기만 한다면 남자 못지 않게 성공할 수 있다는 사실을 보여주는 예화들이 있다. 독일의 여제 테오파누와 러시아의 카타리나 대제는 이미 수백년 전 권력과 여자는 서로 대항하지 않는다는 점을 증명해보였다(좀더 읽기 1 권력을 누렸던 역사 속의 여인들 편을 보기 바란다).

오늘날 성공한 여성의 사례로 꼽히는 인물로 독일 헌법재판소의 재판장을 맡고 있는 유타 림바흐와, 뮌헨에서 대기업 지멘스의 관리직원 350명의 개발을 담당하고 있으며 독일에서 가장 영향력 있는 여성 중 한 명으로 꼽히는 파멜라 크납을 들 수 있다.

이외에도 자신의 영향력을 향유하면서 여성적인 면을 포기하지 않는 많은 여성이 있다.

이 책을 읽는 대부분의 여자들은 이쯤 해서 나의 비판이 불공평하고, 어쨌거나 우리 여자들은 아이를 낳아야 하지 않느냐, 그리고 우리가 돌보지 않으면 아이는 누가 책임지느냐고 반박하며 따지고 들지도 모른다.

어머니라는 주제는 뒤에서 다시 다루기로 하겠지만 먼저 조금만 얘기해보자. 여자는 아이를 낳아야 하기 때문에 사회활동을 하는 여자가 소수에 불과하다고 보기는 어렵다. 왜냐하면 프랑스 여자나 영국 여자 역시 아이를 낳기 때문이다.

설문지를 받은 커리어우먼 가운데 영국, 프랑스, 스웨덴 여자들은 87~98%가 어머니의 역할도 맡고 있는 반면, 독일에서는 57%의 커리어우먼만이 예산심의와 비즈니스로 점심식사를 하는 일 외에 아이들

의 코도 닦아주고 있는 것으로 나타났다.[19]

물론 독일에도 아이를 키우면서 직장생활을 하는 수많은 여자 변호사, 상담가, 디자이너, 경영인 등이 있다.

출산이 여자들에게 가장 치명적인 방해물인지 한번 따져보자.

예를 들어, 독일의 공무원법은 세계에서 가장 여성우호적으로 남녀평등이 잘 지켜지도록 배려되어 있다. 만일 여자라서 차별대우를 받는다고 느끼면 고소할 수도 있다. 또한 나이 들어서도 계속 일할 수 있으므로 육아휴가로 몇년 정도 쉬더라도 전혀 문제되지 않는다. 그러므로 출산 때문에 여자들이 모든 것을 포기했다고 보기는 좀 어려운 점이 있다.

대학교의 경우는 어떤지 살펴보자. 여자가 교수에 임용된다고 해도 아이를 가질 시간은 충분하다. 1년에 강의가 없는 날이 거의 5개월 정도이며, 1주일에 강의하는 시간은 고작 8시간 정도이다. 또 주(州)마다 조금씩 차이가 있겠지만, 어떤 학기에는 강의하지 않을 수도 있고 연구로 인하여 쉴 수도 있다. 휴가를 내는 시기도 본인이 직접 결정할 수 있다. 그럼에도 불구하고 4년제 대학에서는 여교수들의 모습을 보기가 쉽지 않다.

대학이나 기업에서만 여자들이 드문 게 아니다. ― 기업체에서는 어머니 역할과 직장생활을 성공적으로 병행하기가 훨씬 어렵다고 볼 수 있다 ― 행정 분야도 마찬가지다. 전체 공무원 가운데 여자가 21%를 차지하고 있지만, 여자가 부서의 책임자로 있는 경우는 겨우 2.1% 밖에 되지 않는다.[20]

바이에른 주 정부는 최고 점수를 받은 법조인을 채용했는데, 그중 2/3정도가 여자였다(실제로 많은 학과에서 여자들이 더 좋은 졸업성적을 얻는다). 하지만 이로부터 10년이 지난 뒤 고위급 공무원으로 승진한 여자는 거의 찾아볼 수 없었다.

기업에서도 비슷한 현상을 찾아볼 수 있다. 많은 회사에서 실시하는 신입사원 오리엔테이션 프로그램을 보면 50%는 젊은 여자들로 채워진다. 그런데 10년이 지나면 대부분의 여자들은 — 인사팀장들이 매우 우려하고 있는 것처럼 — 회사를 그만둔다. 그동안 여자를 사장으로 앉히고자 전략을 세운 회사도 늘어났지만, 도대체 다들 어디로 갔는지 의아해 할 정도이다.

정치와 경제 분야에서 유럽여성아카데미의 회장직을 맡고 있는 바바라 쉐퍼 헤겔은 '도움을 요청하는 기업'[21]에 대하여 보고하고 있다. 즉 관리직에 여자를 앉히고 싶은데, 막상 물색해보니 쉽지가 않아 여사장을 찾을 수 있는 방법을 문의해 오는 기업이 많다는 것이다. 인적 자원의 알선업무를 담당하는 사람도 비슷한 말을 한다.

뒤셀도르프의 크리스티네 보르네프는 이렇게 말하고 있다.

"지난 7년 동안 저희 회사에 서류를 제출한 지원자 가운데 여자는 5%도 되지 않습니다. 이는 능력이 부족해서도 아니고, 기업에서 여자를 원하지 않기 때문도 아니지요. 반대로, 여자를 좀 뽑아달라고 부탁하는 경우도 많습니다. 특히 이제 막 시작하는 회사나 환경기술 분야에서는 여성인력을 원하고 있습니다. 이런 분야는 다방면에 능통해야 하고, 유연성과 계획을 수립하는 능력도 필요한 영역이기 때문이지요. 하지만 현재 최고 경영자의 위치에서 일하고 있는 여자는 없습니다."[22]

이를테면 새롭게 생긴 회사와 벤처기업에서 여자들의 가능성을 실험할 기회가 많아졌다는 얘기이다. 미국의 유명한 트렌드 연구가인 패트리샤 애벌든과 존 네스비트[23]가 '여성이야말로 트렌드 중의 트렌드가 될 것'임을 예언한 지 10년이 되어간다.

이들은 90년대는 모든 분야 즉 정치, 경제, 스포츠 분야에서 여자들이 힘을 발휘할 것이고 나아가 권력까지 잡게 될 것이라고 주장했다. 또 새로운 테크놀로지에 많은 것을 기대했다. 이 분야에서 엄청난 발전이 일어나면 실력 있는 여자들에게 무한한 기회를 열어줄 것으로 전망한 것이다. 하지만 새로운 매체가 붐을 일으키는 데는 성공했지만, 여자가 권력을 획득하는 일은 생기지 않았다.

여자들은 기술을 요하는 전문직을 선택하지 않았고, 관리직 인력의 부족을 자신에게 유리하게끔 이용하지도 않았다. 독일의 벤처기업에서 활약하고 있는 혁신적인 기업의 경우 결정권을 지닌 사람은 바로 남자들이다. 2000년 9월, 이 분야에 종사하고 있는 여자는 겨우 25%로 나타났다.[24]

『멀티미디어』 2000년판을 읽어보면, 컴퓨터 또는 인터넷에 관련된 기업 가운데 여자가 고용주인 경우는 고작 14.5%에 불과하다는 사실을 알 수 있다.

"우리는 남자들이 여자에게 자발적으로 사장자리를 내주리라고 마냥 기대할 수는 없습니다."

베를린에서 칸토 소프트웨어 회사를 설립한 여사장 제니퍼 노이만은 말하고 있다. 적어도 이 분야에서 성공한 여자들은 닷컴 회사에 여자가 부족한 책임이 바로 여자 자신에게 있다고 말한다.

뒤셀도르프에서 인터넷 기획사 엑스바이트를 설립한 피아 볼렌은 "벤처 분야에서 무슨 일을 할지에 대하여 여자들은 매우 불확실하고 순진한 상상을 합니다"라고 말한다. 여자는 남자처럼 필요한 전문지식을 얻을 생각은 하지 않고, 1년 간 배워서 자격증을 따는 것에 더 매달린다는 것이다.

"여자들은 그렇게 하면 다 되는 것으로 생각하죠. 하지만 실제로 필요한 것은 이 분야에 대한 자발적인 열정입니다."[25]

사실 벤처에서만 이러한 자발성이 부족한 것은 아니다. 수년 전부터 여자들은 여성할당제와 여성후원단체가 어떻게 해서든 여자에게 힘을 실어주리라고 믿어 왔다. 그런데 놀랍게도 여성문제를 담당하고 있는 사람들조차 수년 동안 언급할 만한 성과가 나오지 않는 이유에 대하여 한번도 자문하지 않는다는 것이다.

독일 사람들은 조직을 만드는데 귀재라고 할 수 있다. 그래서인가. 여성을 후원하는 조직 또한 남부럽지 않게 만들어놓았다. 이런 단체가 15년 동안 프로젝트를 시행하고 여자에게 재정적인 지원도 하였으니, 지금쯤이면 여자의 처지가 변해야 하는 것 아닌가.

그런데 정작 바뀐 것은 하나도 없다. 이렇게 된 이유는 두 가지 중 하나밖에 없을 거라고 본다. 여자들이 동참하지 않았거나, 아니면 여성을 위한 단체가 처음부터 방향을 잘못 설정했거나.

소냐 비숍이 제시한 이론의 핵심은 후자의 입장에 서 있다. 즉, 독일에서 여성의 직업활동을 위해 실시한 온갖 프로젝트는 직장과 가정의 조화에 역점을 두었지만, 정작 여자가 안고 있는 문제는 그것이 아니라는 점이다. 실제로 비숍이 의견조사를 통해 얻어낸 결과가 이를 뒷받침해주고 있다.

그녀는 1998년 세번째로 — 1986년과 1991년에 이어 — 관리직에 근무하고 있는 남녀 각각 1천여 명에게 의견조사를 실시했다.[26]

결과를 살펴보자. 관리직에 있는 여자 가운데 아이가 없는 여자의 비율이 낮아졌음을 알 수 있다. 비교적 낮은 관리직에 있는 여자는 60% 정도가 자녀를 두었지만, 직위가 올라갈수록 45% 정도로 줄어들었다.

회사의 주식을 소유한 여자들은 주중 근무시간이 더 길더라도 자녀를 갖는 경우가 많았다. "육아와 직업의 조화에서 결정적으로 중요한 것은, 노동시간을 개인사정에 맞도록 유연하게 조절할 수 있는 것이죠"라고 비숍은 조사결과에 대한 해석을 내린다. 독일은 모든 것이 정해져 있지만 이상하게도 노동시간에 대해서는 그렇지 않다.

비숍의 연구에 따르면 여자 간부 중 8%만이 여성 후원 프로그램을 적용하는 회사에서 일하고 있다. 바꾸어 말하면, 여성 후원 규정을 수용하는 회사에서 일하는 여자들이, 그렇지 않은 회사에서 일하는 여자들에 비하여 더 높은 자리에 있는 것이 아니며, 더 많은 월급을 받는 것도 아니라는 뜻이다.

관리자급에 오른 여자들은 그런 후원 프로그램의 도움을 받지 않고 혼자의 힘으로 그 위치에 오를 수 있었던 것이다. 다만 7%의 여성과 2%의 남성만이 그 프로젝트가 여성의 할당을 신속하고 지속적으로 높였다고 믿고 있었다. 그러나 남녀 모두 여성할당제는 '시대에 순응하는 홍보성 조처로 해석할 수 있다'는데 동의했다.

심지어 의견조사에 응한 사람들 가운데 31%는 여성 후원을 위한 프로젝트는 여성의 승진을 도와주는 게 아니라 기득권을 가진 남자들의 방어력만 더욱 강화시킬 뿐이라고 보았다.

할당제니 뭐니 하는 규정보다 실제로 여자들에게 의미 있는 것은, 남자와 동일한 일을 하는 여자에게 동등한 급여를 지불해주는 편이 아닐까 싶다. 이렇게 된다면 여자들은 지금보다 훨씬 수월하게 아이를 키울 수 있을 것이다. 또한 "여보, 나 임신했어요. 우리 둘 중 누가 일을 그만두지?"라는 상의의 결론이 애초부터 여자에게 불리하도록 작용하지도 않을 것이다.

그런데 비숍의 연구에 의하면, 실제로 여자는 어떤 직위에 있든지 간에 동일한 일을 하는 남자보다 월급을 적게 받는 것으로 나타났다. 예를 들어 설문에 답한 남자 관리자 가운데 33%는 10만 유로의 연봉을 받고 있었지만, 여자 관리자는 이 돈의 24%만 받고 있었다. 무엇보다 황당한 것은, 한 회사의 관리직을 여자들이 많이 차지했을 때에 남녀 모두 연봉이 내려간다는 사실이다.

도대체 여성문제에 관여했던 모든 사람들은 20년이란 세월 동안 무엇을 했단 말인가?

모든 사람은 자신의 삶에 대한 책임을 스스로 떠맡아야 한다. 전업주부의 길을 선택하든, 사장자리를 선택하든 개인이 행복해지기 위하여 선택한 길이라면 동일한 가치가 있다.

하지만 여자들이 집단적으로 하는 거짓말, 즉 "남자들이 우리를 받아주지 않아"라는 말을 해서는 안 된다. 거부하고 책임을 미루는 태도로 살면 절대로 권력을 가질 수 없다.

사장이 되든 가정주부가 되든 스스로 결정해서 선택하는 것이 가장 중요하며, 그외의 이런 저런 생각이나 판단은 자신이 만들어낸 환상에 불과할 뿐이다.

# 2. 머리는 미장원에 갈 때만 존재하는가

여자들은 쓸데없는 것을 원하고 공부하고 읽는다.

이성이 없는 자에게 복종하는 것은 결코 십자가를 짊어지는 행동이 아니다.

–쉬투트가르트 극장*

★ 쉬투트가르트 극장은 독일의 다른 극장과 마찬가지로 새로운 작품을 무대에
올리는 등 어떤 계기가 있을 때마다 극장의 건물에 큰 슬로건을 내건다.

　제시 잭슨은 흑인이다. 민주주의자인 그가 미합중국의 대통령이 되고 싶어한다고 가정해보자. 그러면 보수주의자들은 있을 수 없는 일이라고 펄쩍 뛸 것이다. 왜냐하면 그는 흑인이니까. 한편 자유주의자들은 그가 정치적 관료로서 경험이 충분하지 않기 때문에 대통령이 될 수 없다고 말할 것이다.

　여자에게도 이와 비슷한 논리가 적용된다. 여자는 대부분 중요한 직업에 종사하지 못한다. 이유는 그런 직업을 가져본 적이 없기 때문이다. 반대로 생각하면 중요한 직업을 가져본 적이 없으므로 여자들은 필요한 경험조차 쌓을 수 없었다. 그러다보니 결국에는 피라미드형 조직만 남게 된다. 즉 넓은 말단에는 여자가 많고, 좁은 정상에는 남자가 많은 상태 말이다.

　독일에서 최고 경영자의 위치에 있는 3.7%라는 소수의 여자도 대부분 패션계과 외식업계에 종사하거나, 인사나 마케팅 분야의 일을 한다. 유럽연합에서 실시한 연구에 따르면, 여자들의 일자리 가운데

53%는 판매직이나 사무직, 간호사나 간병인인데 반해, 남자들이 이런 일을 하는 경우는 15%밖에 되지 않는다고 한다.[1]

이렇듯 연약한 일만 해온 여자들은 마치 오리털 이불에 숨이 눌리듯, 오늘날 숨통이 막힐 위기에 처해 있다. 더 많은 여자가 직장에 다니고, 어떤 분야든 지금보다 더 일할 수 있는 방법이 없을까?

모든 직책에서 여자들이 일할 수 있는 기회를 준다면, 그 '소중한 경험'을 쌓는 여자도 늘어날 것이다. 하지만 안타까운 현실은 교육을 잘 받고 좋은 경험도 얻은 여자들이 30대 중반이 되면, 직업세계를 떠나는 경우가 절반이나 된다는 것이다. 나머지 절반의 여자도 고작 파트타임 일자리를 얻을 뿐이다.[2]

다시 말해, 어떤 세대든지 대학을 졸업한 새내기 여성이 회사에 입사하면 역할모델로 삼을 만한 간부 여성은 구경도 못하고 기본적인 일부터 시작한다. 이 직장여성은 어느 정도 경험을 쌓을 즈음 출산과 함께 직장을 그만둘 생각이기 때문에 굳이 다른 여자와 경쟁할 필요성을 느끼지 못한다.

이것을 바꾸려면 먼저 여자들부터 변화하고자 간절히 원해야 한다. '원한다'는 것은 몇 가지 조건을 전제로 한다. 즉, 모든 게임에는 규칙이 있고, 게임을 하려는 사람은 그 규칙을 잘 알아야 한다. 그러므로 여자들은 우선 경제계에서 요구하는 직업을 가져야 하고, 그에 걸맞는 실력을 쌓아야 한다.

여자들은 앞으로 그들이 가장 선호하는 문학이나 미학을 전공할 게 아니라, 자연과학이나 경제학 또는 공학을 전공해야 한다. 그렇다면 이런 의문이 생긴다. 여자들은 성공하는데 관심이 없기 때문에 문학 등을 공부하는 것일까? 아니면 전공을 잘못 선택해서 사회에서 그다지 성공하지 못하는 것일까? 모두 맞다고 볼 수 있다.

사실 여자든 남자든 문학을 공부해서는 사장이 되기 어렵다. 그럼에도 불구하고 문학, 교육학, 식품영양학, 미학 등을 전공하는 대학생의 대부분이 여자이다. 위에서 언급한 '이성적인' 전공을 선택하는 여자는 여전히 소수에 불과하다.

게임룰을 잘 익힌 사람은 좋은 팀을 만나서 규칙적으로 연습하고, 호명이 되면 시합에서 뛰어야 한다. 이때 상대방의 골대에 골을 넣은 선수는 다음 시합에 다시 기용될 것이다. 스포츠에서는 의문의 여지가 없는 이러한 규칙을 여자들이 자신의 삶에 적용하는데는 큰 어려움을 느낀다.

인간은 인생의 1/3은 잠을 자면서 보내고, 1/3은 일을 하면서 보낸다. 그런데 여자들은 직업을 선택하는 것보다 2주 동안의 휴가를 어디서 어떻게 보낼까에 더 많이 신경 쓴다.

이유는 남자들이 자신에게 충실하며(90%), 다정하고(79%), 절약하는(69%) 여자를 원하지만, 지적인 여자(겨우 23%)는 원하지 않기 때문일 수도 있다! 의지가 강한 여자를 좋아하는 남자는 더욱 적다 (18%)[3]. 그러니 여자들은 자신의 지능조차 남자의 눈치를 봐가며 사용해야 할 지경이다.

생각하는 것이 현실이 되는 법. 남자의 지적 수준이 그들의 능력과 밀접한 연관성이 있음을 여러 연구는 증명해주었다. 하지만 여자의 경우에는 이런 관계가 성립하지 않을 때가 많다.

스탠포드대학에서 장기간에 걸쳐 실시한 연구도 이런 사실을 입증해주고 있다. 이 대학의 연구원은 IQ 135 이상의 아이들 600명을 성인이 될 때까지 지속적으로 관찰했다. 그런데 IQ가 170이나 되는 천재급의 여자아이 가운데 2/3가 성인이 된 후 가정주부나 사무실의 여직원으로 머물러 있었다.[4)]

이 연구는 아주 오래 전부터 시작되었는데 ― 첫번째의 관찰은 1941년부터였다 ― 이제 결과가 달라져 있기만 바랄 뿐이다.

여자는 남자와 동등한 지능을 지니고 있지만 이것을 다르게 이용한다는 말은 여전히 맞는 주장이다. 따라서 지금도 드물긴 하지만 발언권을 행사할 수 있는 직위로 승진하기 위하여 자신의 지성을 사용하는 여자도 찾아볼 수 있다.

반면에 머리를 전혀 쓰지 않는 여자도 많다. 이들은 정치, 경제, 학문과 관련된 그 어떤 것에도 관심을 갖지 않는다. 심지어는 현실적으로 매우 중요하여 많은 사람이 토론하고 결정하는 분야에도 전혀 관심이 없다. 이러한 근시안적인 행동 때문에 여자들은 정작 자신의 관심 분야에서도 영향력을 행사하지 못한다. 왜냐하면 여자들이 흥미있어 하는 사회, 교육, 문화 부문에 지원될 예산을 결정하는 것은 결국 경제와 정치의 몫이기 때문이다.

코소보의 위기가 거의 절정에 이르렀던 1999년 4월, 여론조사기관인 알렌스바흐의 레나테 쾨허가 실시한 여론조사에 보면, 코소보 사태에 관심이 전혀 없다고 대답한 여자가 무려 42%나 되었다.

일반적으로 여자는 남자에 비해 정치에 대한 얘기를 적게 한다. 남자의 71%가 사생활에서도 정치적인 주제로 토론을 벌이는 반면에, 여자는 45%만이 그렇다고 대답했다. 그리고 38%의 여자는 그런 대화가 나오면 듣기만 한다고 답했다.

"지난 수십 년 동안 남자와 여자가 좋아하는 토론의 주제가 조금도 가까워지지 않았다니, 정말 놀라운 일이 아닐 수 없다"고 여론조사를 담당했던 쾨허는 말했다. 지난 30년 동안 여자는 남자와 거의 평등한 교육을 받았지만, 1969년부터 지금까지 기꺼이 토론하려는 여자는 40%에서 45%로 고작 5%만 높아졌을 뿐이다. 두 명의 여자 가운데 한 명이 정치에 관한 대화를 말싸움이라고 간주하며, 구성원과 다투지 않는 조화로운 생활을 원했다.

맙소사! 사생활에서조차 자신이 처해 있는 삶의 조건과 문제에 대하여 말하고 싶지 않다면, 어떻게 근로자로서 의견을 가질 수 있으며, 의견이 있더라도 어떻게 표현한단 말인가? 또한 프로젝트와 예산에 대해서 어떻게 토론을 벌이겠는가? 여자들의 이런 소극적인 태도는 무관심에서 비롯되는 것이다. 독일 남자 가운데 56%가 정치에 관심을 보이는 반면에 여자는 33%로 저조한 관심을 보이는 것만 보더라도 그렇지 않은가.

알렌스바흐 연구원에 따르면 이런 경향은 수십 년 전부터 그래 왔고, 앞으로도 금세 변하지는 않을 것이라고 보았다.

여자들이 즐겨 읽는 것을 보면 더욱 답답해진다. 제목만 다를 뿐 우열을 가릴 수 없는 여성잡지 —『엘르』, 『코스모폴리탄』, 『글래머』,

『여자친구』등등 — 에서 볼 수 있는 천박한 내용에 대하여 불평을 터뜨리는 것은 아니다. 오히려 온종일 일한 뒤 가벼운 마음으로 이런 잡지를 뒤적이면 나름대로 피로회복에 도움이 될 수도 있다.

"푸석해진 머리카락, 어떻게 할까요?" 혹은 "남자는 잠자리에서 무엇을 원할까?" 등의 내용은 직업적으로 전혀 도움이 되지 않지만 재미는 있으니까.

내가 문제 있다고 바라보는 것은 신문열독이다. 여자의 61% 정도가 국내정치를 알기 위해 신문을 읽고 있지만, 남자의 경우는 76%에 이른다. 또한 남자의 2/3가 국제정치에 관한 기사를 읽고 있지만, 여자는 열 명 중 네 명이 읽고 있을 뿐이다.

미국에서도 동일한 조사가 있었는데 결과는 전혀 달랐다. 예를 들어, 미국의 사만다 아줌마는 샘 아저씨와 똑같이 정치에 관심이 있었다. 또한 미국에는 중간급 관리자의 40%가 여자이지만 독일은 10%밖에 되지 않는다.[5]

이 두 사실 사이에서 개연성을 발견한 사람은 사기꾼일까?

여자는 정치와 마찬가지로 다른 영역에서도 별 관심을 보이지 않는다. 남자 가운데 47%는 경제면을 보지만, 여자는 22%만 경제면을 읽는다. 또한 신문의 '기술과 학술' 란은 50년대부터 지금까지 남자만 전용으로 읽는 분야이다. 물론 여자 가운데 13%는 신문에서 이런 내용까지 읽는다고 한다. 하지만 위험한 기술을 금지하는 문제에 대하여 여자는 52%, 남자는 32%가 긍정적인 대답을 했다.

그렇다면 여자는 도대체 무엇을 읽을까? 두 명 중 한 명은 광고와 독자란, 사회면, 여성에 관한 내용을 읽는다. 이런 형편이니 남자들이 여자를 진지하게 받아들이지 않는 것도 이해가 된다.

많은 여자들은 정보가 부족하다. 레나테 쾨허의 말을 빌려 표현해 보자. "세계화와 일련의 기술적인 진보는 사람들에게 점점 더 다양한 기회를 주고 있지만, 동시에 더 많은 위험을 제공하기도 한다. 특히 남자와 여자 사이에 새로운 간극이 생겨나고 있다."6)

대부분의 여자에게 관심 분야나 자신이 지닌 능력에 대한 질문을 하면 요리, 몸매관리, 가족의 건강, 손님접대, 레저, 인테리어, 미용 등의 순서로 대답한다. '독서'가 여덟번째 자리를 차지하지만, 사실 독서도 분야에 따라서는 경제적인 성공이나 독립성과 크게 관계 있는 활동이라고 보기는 어렵다.

같은 질문에 남자는 레저와 CD 수집이 일반적이었고, 보험과 자신의 직업적인 능력을 개발하는데 많은 관심을 보였다.7)

또한 공중파 방송 가운데 수퍼-RTL이나 RTL 채널이 여자들에게 가장 인기 있는 것으로 밝혀졌다. 이들 TV는 멜로드라마나 미국의 시리즈물을 주로 방영하므로 현실감각이 뒤떨어진 여자들이 좋아할 수밖에 없을 것이다.

여자는 쓸데없는 것을 원할 뿐 아니라, 중요하지 않은 것을 읽고, 정작 배워야 할 것은 공부하지 않는다. 전문대학을 다니는 여성 가운데 1/3이 여성의 5대 직업 ─ 단순사무직, 판매직, 간호사, 미용사, 치과 간호사 ─ 중 하나를 배우고 있다.

하지만 비슷한 나이의 남자들은 독립적인 직업을 가질 수 있는 분야, 즉 자동차수리, 전기수리, 애니메이션, 도장, 목공, 가스나 수도설비를 배운다. 게다가 여자는 장래성이 있는 IT 분야의 직업도 모두 남자에게 넘겨주고 있는 형편이다. 이 분야에 종사하는 초보자 가운데 14%만 여자라고 한다.[8]

여자 엔지니어가 좀더 많았더라면, 기업은 여자를 더 많이 채용했을지도 모른다. 공대는 취업 전망이 훨씬 좋지만 공대에서 공부하는 여대생은 전체 공대생의 20%에 머물러 있다. 어쨌거나 숫자상으로 보면 5명의 엔지니어 가운데 1명은 여자라고 할 수 있다.

이것만 보면 기술 분야를 공부하는 여자가 앞으로 더 많아질 것이라는 희망을 품을 수도 있겠지만, 좀더 자세히 들여다보면 그렇지가 않다. 공대에 들어간 여대생의 대부분은 실내장식, 건축, 환경보호와 관련된 학과를 선택하기 때문이다. 기계과나 프로세스공학처럼 전망이 밝은 학과를 선택한 여대생은 겨우 12~13%에 머문다.

대부분의 여자는 전기기술자가 되는 것을 악몽처럼 생각함에 틀림없다. 전기를 전공하는 여대생이 4~5%에 불과하니 말이다.[9]

로트링겐에 있는 로버트 보쉬 주식회사에는 약 7천 명의 직원이 일하고 있는데, 이곳의 인사팀장 볼프강 뵈르트라인은 이런 문제를 잘 알고 있었다. 그는 "여성 엔지니어를 많이 뽑아서 밀어주고 싶지만, 사실 찾기가 힘들어요"라고 말했다.

여자들이 반드시 알아야 할 사실이 있다. 우리가 기억하고 있는 대부분은 습득한 것이다. 에스키모의 아이들은 굼뜬 해마가 맛이 좋다는 것을 배우고, 북아메리카 남서부에 사는 나바호족 아이들은 구운

메뚜기에 꿀을 발라 먹는 것을 좋아한다.

우리는 밥에 우유와 잼을 넣어서 먹는다고 배우지 않았고, 훌륭한 엔지니어는 모두 남자라고 배우면서 자랐다. 그러나 통일 전 동독에서는 지금처럼 생각하지 않았다. 당시 동독에서는 서독과 달리 여자가 공학을 전공하는 것이 유별난 게 아니었다. 반대로 서독의 기술 분야는 과거나 현재나 대부분 남자가 독차지하고 있는 영역이다. 오늘날에도 구동독 지역의 엔지니어 중 24%가 여자이고, 서독 지역에는 18%가 여자이다. 여기에서 우리는 무엇을 배울 수 있는가?

우리의 사고는 우리의 존재를 결정짓기 마련이다. 기본적으로 우리가 과학이나 공학은 거친 사내가 공부할 분야라고 믿기 때문에, 이 분야에 종사하는 남자가 많은 것이다. 러시아에서는 건축하고 공사하는 일이 전형적인 여자의 직업으로 인식되어 있다.

이와 같이 특정 직업에 대한 편견은 수없이 많다. 산파나 치료제조 전문가는 대부분 여자들인 반면, 특허전문 변호사나 공인회계사 등을 하고 있는 여자는 손에 꼽을 정도이다.[10]

IT 붐이 일어나 엔지니어와 기술자를 구하지 못하는 회사가 넘쳐나던 때가 있었다. 직장과 성공을 원하는 여자들에게 그런 시기는 황금 같은 기회였지만, 이곳에서 일할 수 있도록 알맞게 교육받은 여자는 많지 않았다. 현재 컴퓨터 직종에 종사하는 여자는 고작 30% 정도에 머물고 있다.

과거 타자기가 처음 발명되었을 때, 사람들은 교육을 잘 받은 남자만 타자기를 제대로 사용할 수 있을 거라 믿었고, 처음으로 타자를 친

사람 역시 남자였다. 하지만 모든 사무실에 타자기가 들어가고, 남녀 할 것 없이 모두 타자를 칠 줄 안다는 사실이 분명해지자, 그때부터 타이핑은 여자에게 돌아갔다.[11]

물론 컴퓨터를 타자기와 비슷한 경로로 인식하기는 어렵겠지만, 컴퓨터 직종에 보다 많은 여자가 종사하기를 바라는 마음이다.

직업에 대한 주제가 등장하면 흔히 여자들은 피하고 마는데, 이런 태도를 아직도 미화시키고 있는 사회적 분위기는 매우 유감스럽다. 마치 여자들이란 인생의 진정한 가치가 무엇인지 잘 알고 있어서, 권력이나 금력을 둘러싸고 벌어지는 헛된 싸움에 개입하지 않는다는 식으로 왜곡하는 것 말이다.

미국에 지사를 둔 영국의 한 담배회사는 레저 연구소에 의뢰하여 1,493명의 직장인을 대상으로 여론조사를 실시한 바 있다. 나는 여기에 그 조사결과를 인용해보겠다.

"여성은 의식적으로 직장을 삶의 중심에 두려고 하지 않는다. 이들은 가족, 친구, 여가생활을 중요하게 생각한다. 남자가 돈을 벌고 일로써 명성을 얻고 즐거움을 얻는 것과 마찬가지로."

레저 연구가인 호르스트 오파쇼브스키는 말한다.

"직장이 최우선이고, 그 다음이 돈, 인생이 마지막이다? 사실 많은 여자는 이렇게 생각하지 않는다."

여기서 그가 간과한 것은 여자들에게 그런 순서로 삶의 중요도가 적용된 적이 한번도 없었다는 것이다. 과거의 여자들에게 3K (아이, 부엌, 교회; Kinder, Küche, Kirche)가 전부였다면, 현대의 여자에게는

3F (가족, 친구, 여가; Familie, Freunde, Freizeit)가 전부이다.

남자의 방해 때문에 여자가 중요한 자리에 오를 수 없다고 따지는 여자도 적지 않다. 이런 여자들은 좌절감을 안고 사생활 속으로 숨어버린다. 앞서 영국 담배회사가 실시한 여론조사에서도, 조사에 응한 사람 중 3/4이 직장에 실망했다고 대답했으며, 일에서 자아를 실현할 수 없을 거라는 의견이 다수였다.

이와 같은 결과에 대하여 오파쇼브스키는, "직장에서 자기를 실현하기란 그야말로 전설에 가까운 일이다. 대부분의 직장인에게 그것은 꿈에 불과하다. 때문에 많은 사람들은 자아실현의 꿈을 직업 이외의 영역, 예를 들어 스포츠나 여행 같은 취미생활에서 이루려 한다"고 해석하였다.

그렇다. 삶이란 여자에게만 어려운 게 아니라 남자에게도 여전히 어려운 것이다. 그런데 남자도 일이 힘들다고 쉽게 직장을 그만둔다면, 가족은 누가 부양할까?

나는 참으로 불가사의하다고 생각하는 것이 있다. 그것은 여자는 신경질을 내면서 쉽게 직장을 그만두는데, 남자는 심장마비가 일어날 때까지 계속 일해야 하는 점이다.[12]

미국의 심리치료사인 애런 킵니스는 누구나 금기시하는 질문을 던졌다. "날마다 남편을 직장(더러운 세상)으로 내보내는 여자는 도대체 어떤 사람인가? 더러운 세상일에 관여하지 않는 여자는 과연 순수한 영혼을 지녔다고 볼 수 있는가?"

성공한 여자는 여자들이 세상사를 회피하는 듯한 태도에 불편한 심기를 드러낸다. 나는 크리스티네 라가르데 — 세계적인 로펌, 베이커 & 맥켄지(Baker & McKenzie)의 이사 중에서 회장으로 선출되어 세간을 떠들썩하게 만들었던 주인공이다 — 에게 40명의 남자들과 함께 회의를 진행할 때 유일한 여성이자 회장으로서 어떤 느낌이 드는지 질문한 적이 있다. 그녀는 기자의 무례한 질문에 "수치심을 느꼈습니다"라고 간략하게 대답했다.

대기업 지멘스의 관리직원 350명을 담당하고 있으며, 이로써 독일 경제에서 가장 영향력 있는 사람 중 한 명인 파멜라 크납 역시 "여자들이 세상사에 그토록 무관심한 태도를 취하는 것을 이해할 수 없다"고 말했다.

나 역시 여자들이 그렇듯 비이성적으로 행동하는 이유를 납득할 수 없다. 예를 들어 '날아다니는 가정부'로 불리는 스튜어디스란 직업은 사실 여자들이 하기에 적당한 직업이 아니다. 세계 방방곡곡을 다녀야 하고, 거만한 승객의 끊임없는 말상대가 돼주어야 하며, 11시간씩이나 근무하고, 많은 날을 낯선 호텔에서 자야 한다. 그러므로 이 직업은 가정을 가진 사람에게 전혀 적합하지 않은 일이며, 게다가 노동력에 비해 월급도 형편없다.

그럼에도 불구하고 외국어를 잘하는 여고생들이 훗날 비행기 조종사가 아니라 승무원이 되고 싶어하는 것을 보면 놀라지 않을 수 없다. 조종사는 승무원과 작업조건이 비슷하지만 월급이나 이미지, 성공할 가능성이 비교할 수 없을 정도로 높은데 말이다.

그런데 왜 여자들은 조종실에서 조종하지 않고 '과일주스나 밀고 다니는 여자'(이 업종에서 일하는 사람들이 사용하는 은어이다)가 되려는 것일까?

무엇 때문에 "잠시 후 우리는 프랑크푸르트 상공을 날게 됩니다"라는 멋진 멘트를 날리는 대신, "비상구는 이쪽에 있습니다"라고 말하며 승무원만 취하는 우스꽝스러운 행동을 연습시키는가?

또한 똑같이 야간근무를 해야 함에도 불구하고, 왜 간호사는 대부분 여자이고 의사는 대부분 남자인가?

정평 있는 언론인 안스베르트 크나이프는 이미 1998년 『슈피겔』에서 다음과 같이 물은 적이 있다.[13]

"여자들이 적당치 않은 직업을 고르는 것은 자신의 책임일까, 아니면 더 나은 직업을 가질 수 없어서 그런 것일까?"

항공사에서만 그런 현상을 볼 수 있는 것은 아니다. 크라니히 학교는 15년 전부터 여학생에게도 비행과정을 배울 수 있도록 기회를 주었지만, 오늘날에도 여자 지원자는 겨우 5% 정도에 그친다.

중앙정부나 지방정부의 재정지원을 받는 대학병원은 공공기관이므로, 직원을 채용하고 승진시킬 때 성차별을 해서는 안 된다. 그런데 이곳마저도 다른 곳과 마찬가지로 남자 의사가 여자 의사보다 많고, 과장자리에 있는 의사도 남자가 여자보다 훨씬 더 많다.

광고계에서도 마찬가지 현상을 볼 수 있다. 광고잡지 『광고와 판매』에 광고전문가 라인하르트 지멘스는 멋진 광고를 제작하는 사람의 절반은 여자이며 평균 연령은 30세 정도라고 썼다. 이 말에 좋아라고 박수칠 이유가 없다. 두 가지 이유가 있는데 '젊을수록 더 싸고, 여자일수록 더 싸기 때문'이라고 한다. 좀더 구체적으로 말하면, 광고계에서 일하는 사람 가운데 1년에 5만 유로 이상 버는 사람들의 88%가 남자이다.[14]

분명 여자는 남자보다 '월급인상에 대한' 대화를 상당히 힘들어하는 것 같다. 이에 대하여 나는 남자 사장들에게 말하고 싶다. 자신의 월급을 위해 싸울 수 없는 사람은 어떤 것을 위해서도 싸우지 못한다고. 그러니 정당하게 월급인상을 요구하지 못하는 직원은 회사를 위해 싸워야 할 때에도 그렇게 하지 못할 거라고.

여자들이 월급인상을 당당하게 요구하지 못한다면, 여자를 위한 일자리는 많아질지 모르지만 근본적인 변화는 없을 것이다. 즉 여자는 사무실 직원이나 그래픽 디자이너 또는 판매원이 될 것이고, 남자는 사장, 아트 디렉터, 지점장이 될 것이다.

언론인 크나이프가 내린 간결한 결론은 이렇다.

"여자들이 변하지 않는 한 앞으로도 여자는 아이를 낳고 집안일을 하며, 남자는 회사로부터 자동차를 받아서 경력을 쌓을 것이다."

# 3. 권력이란 구역질 나는 것!

책임을 두려워하는 여자들

실패한 사람이 양보한다! 그러면 우둔함이 세계를 지배하는 비극이 일어나게 된다.

-마리 폰 에브너-에센바흐*

★ Marie von Ebner - Eschenbach; 오스트리아 출신의 여류작가.
19세기에 활약한 여류작가 가운데 가장 뛰어났던 그녀는 멋진 격언을 많이 남겼다.
1898년, 여성 최초로 국가로부터 문예훈장을 수여받았다.

베아테 제발트는 놀라운 여자다. 동독 뤼벤에 있는 자연보호구역에서 정형외과와 종양학과를 전문으로 하는 종합병원 원장인 그녀는, 이곳을 스스로 계획하고 세웠으며 운영도 직접 하고 있다. 그래서인가. 그녀는 자신이 무엇을 원하는지도 모르는 여자들을 무척 답답해 한다.

제발트와 전혀 다른 브리지트 람페라는 여자가 있다. 유럽 아카데미(EAF, 여성을 위한 유럽 아카데미라고 부르는데, 1996년 헬가 라코샤트 박사와 함께 뜻을 같이 하는 사람들이 만든 단체이다. 정치와 경제 분야에서 여성 지도자를 양성할 목적으로 세워졌다)는 그녀를 베아테 제발트가 운영하는 종합병원으로 파견했다. 이곳에서 브리지트는 어떻게 하면 여자들이 성공할 수 있는지를 배워야 했다.

브리지트는 지금까지 출세나 성공과 무관하게 여성과 제3세계에 대하여 연구해왔는데, 우연히 UN에서 일할 기회가 생겼다. 그녀는 비로소 권력이란 더러운 것이 아니라 세상을 바꿀 수 있는 좋은 도구라는 사실을 깨닫게 되었다.

그녀는 이제 뢰벤에 왔지만 무엇을 어떻게 시작해야 할지 잘 모르는 상황이었다. 면접볼 때, 제발트 원장은 "자신의 일을 잘할 수 없는 사람은 여기에서 일할 자격이 없어요!"라고 잘라 말했다. 브리지트는 침을 꿀꺽 삼켰다. 정말 그래야 할까?[1]

권력과 성공이 항상 즐거움만 주는 것은 아니다. 베스 밀비드는 "대부분의 여자들은 출세하기 위해 필요한 것이 무엇인지 아는 순간부터 미래에 대하여 두려움을 느낀다"고 하면서 권력이란 바로 그런 것이라고 말했다.

베스 밀비드는 국내외의 관리자들에게 심리상담을 해주는 기업상담가이다. 그녀는 다양한 직종에서 일하는 125명의 여성을 대상으로 그녀들의 일상에 대한 의견을 조사했다. 이들 중에는 주식중개인, 변호사, 광고전문가, 컴퓨터전문가도 있었고, 회사 내에서의 직위는 천차만별이었다.

밀비드는 이 여성들이 일하는 직장에서는 물론이고 밖에서도 개인적인 만남을 가져 대화를 나누었다. 대부분의 여자들은 30~40대였고, 해당 직업에 10년 이상의 경력이 있었다. 그녀는 이 인터뷰를 마치고 난 다음 모든 여자들이 지닌 보편적인 성향을 발견할 수 있었다. 밀비드는 이렇게 보고하고 있다.

"직장여성은 하나같이 비슷한 문제와 요구사항에 직면함을 알 수 있었고, 이것을 해결하는 과정도 비슷하였다."[2]

여기에서 중요한 주제는 바로 권력이다. 대부분의 여자들이 화를 심하게 돋구는 것은 권력관계로 인해 빚어지는 문제였다.

"이 문제가 등장하면 대부분 씁쓸해 했으며, 심지어 눈물을 흘리는 여자도 많았다"고 밀비드는 적고 있다.

그녀가 권력에 대한 질문을 하자 여자들은 눈에 띄게 흥분하면서, 회사에서 다반사로 일어나는 갖가지 사건을 통하여 부패, 협박, 착취 등의 사례를 묘사했다. 이들 모두 직장에서 탐욕과 공격적인 태도를 만나게 되면 어떻게 대처해야 할지 모르겠다고 대답했다.

도대체 권력이란 무엇인가? 예나 지금이나 권력에 대한 올바른 정의는, 이미 1920년에 죽은 세계적 경제학자이자 사회학자였던 막스 베버로부터 나온다.

그는 '권력이란 반대를 무릅쓰고 자신의 목표를 추진할 수 있는 능력'이라고 정의했다.[3] 다시 말해 권력이란 사회적으로 불평등하다는 표시이며, 특정그룹이 다양한 권한을 지니고 있다는 표시이다. 어떤 단체에 속하는 특정인물은 그가 지닌 직위를 이용하여 다른 사람의 행동에 영향력을 행사할 수 있고, 이를 통해 모든 사람이 가야 할 방향이 수정될 수도 있다.

따라서 권력이란 두 얼굴을 지니고 있다. 우선, 규칙이 없다면 강자가 제멋대로 행동할지도 모르기 때문에, 권력은 규칙을 정하기 위하여 반드시 필요하다. 두번째로 권력이란 사적으로 오용될 수도 있는데, 권력을 가진 사람은 자신과 다르게 생각하는 사람들을 위협할 때 이것을 무기로 삼을 수도 있다.

신체적인 우위에서 비롯되는 권력이 있을 수 있다. 아이들을 보면

힘센 아이가 약한 아이를 때리는 경우가 종종 있다. 또 지식이나 능력에서 권력이 나올 수도 있는데, 학급에서 공부를 잘하는 아이가 공부를 못하는 아이에게 공부하는 방법을 설명해주기도 한다.

무엇보다 권력은, 다른 사람을 지도하는 타고난 능력인 카리스마로 인해 생겨나는 경우가 많다. 카리스마를 지닌 사람은 남들에 비해 대화능력이 뛰어날 수 있고, 적절한 순간에 올바른 결정을 내리는 현명함과 통찰력의 능력을 가질 수도 있다.

감성지수를 말하는 EQ에 관한 책으로 세계적 명성을 얻었던 다니엘 골맨(Daniel Goleman)의 말을 믿는다면, 개인의 능력이야말로 회사에서 지속적으로 성공할 수 있는 유일한 길이다. 그는 IQ가 높은 사람이 회사에서 성공하는 경우가 드물다고 말한다. 실제로 직급과 지능지수를 서로 비교해보면, 지적인 능력은 성공하는데 있어 단지 25%만 기여할 뿐이라고 한다.

만약 높은 EQ — 인간관계를 맺는 능력, 다른 사람과의 관계에서 아주 중요한 역할을 맡는 이해능력, 말하자면 풍부한 감성 — 가 높은 IQ를 만난다면, 여기에서 사장이 탄생하는 것이다.

이런 주장에 동의한다면 — 골맨의 책이 전세계에 수백만 권 이상 판매된 것을 보면 대체로 수긍한다고 볼 수 있겠다 — 단 하나의 결론을 내릴 수 있다. 즉, 권력이란 어떤 한 개인에게 있을 수도 있고 없을 수도 있다고 말이다. 세계의 어떤 평화적인 단체도 한 사람에게 지속적으로 권력을 내주지는 않는다.

개인은 선천적으로 타고난 권위를 통해 스스로 권력을 휘두르는 위치에 오를 수 있지만, 그렇지 않을 수도 있다. 골맨은 "최고 경영자는 높은 EQ와 IQ 모두를 가지고 있다"고 간결하게 표현했다.

골맨의 이 이론에 따른다면, 여자는 이미 도처에서 권력을 쥐고 있어야 마땅하다. 남자와 비교해서 지적으로 동등하다는 점은 논쟁할 여지가 없고, 게다가 여자는 남자보다 감성적으로 더 뛰어난 성으로 간주되고 있으니 말이다.

여자는 상대방의 입장에서 생각하기를 잘하고, 민감하며, 팀웍과 커뮤니케이션 능력이 뛰어나다고 한다. 여기에서 골맨의 말을 다시 한번 인용해보겠다.

"일반적으로 여자는 남자보다 인간관계를 더 잘 맺어나갈 수 있는 연습을 많이 했다. 또 서구의 소녀는 소년에 비하여 감정에 대한 교육을 더 철저하게 받았다."[4]

실제로 여자는 모든 것을 할 수 있지만 권력을 잡는 경우는 드물다. 독일의 경우 1900년에 여자가 처음으로 대학을 졸업했고, 1919년에는 처음으로 선거권을 획득했다. 하지만 아직까지도 인구와 교육수준에 비해 경제와 정치, 학문 분야에서 톱의 위치를 차지하고 있는 여자의 수는 미미하다.

어쩌면 여자들은 '권력을 지니거나 권력을 추구하는 것이 본질적으로 악하다'는 전통적인 철학을 신봉하고 있는지도 모르겠다. 특히 권력이 윤리적 가치에 적합하게 사용되지 않고, 지배 자체를 목적으로 전락할 경우에는 더욱 진저리를 친다.[5]

바꾸어 말하면, 여자는 권력이 정의롭고 현명하게 사용되어야 도덕적으로 합당하다고 본다. 하지만 기업내에서 정의와 현명함을 찾을 수 있는 경우는 아주 드물다. 게다가 기업의 목표는 재정적 가치를 창출하는 것이지, 도덕적 가치를 창출하는 것이 아니지 않은가. 이로써 여자들은 갈등을 겪게 된다.

밀비드는 『포춘』이 선정한 500대 기업 중 한 기업에서 일하는 여자로부터 이런 보고를 들었다.

"저는 올해의 기업목표를 설정하려는 전략 때문에 3일 간 미팅을 했죠. 그때부터 저는 회사에 진저리가 나더군요. 마치 제가 중요한 자리에 올라가기 위하여 물불을 가리지 않는 로봇 가운데 앉아 있는 듯한 느낌이었어요. 우리는 권력을 쥐기 위해 3일 간의 마라톤 경주를 했던 것입니다.

그곳에 모인 사람들은 너나 할 것 없이 모두 다른 누군가를 누르기 위해 노력함과 동시에 자신은 그런 꼴을 당하지 않으려 몸을 사리더군요. 자신이 아니라 옆 사람이 바보이며, 무능한 인간이어야 되는 거죠. 이런 유형의 사람들을 3일 동안 풀어놓았으니, 그들은 마치 전쟁터에서 금방 걸어나온 사람들 같았습니다. 저는 정말 비참한 느낌이 들었고, 모든 것이 역겨웠어요."[6]

밀비드가 이 사례를 얘기하는 이유는 단 한 가지이다. 즉, 우리가 이 로봇 같은 인간들로부터 권력을 빼앗자는 것이다. 왜냐하면 여자가 좀더 부드럽고 따뜻한 사람이라면, 권력을 잡게 되는 순간부터 권력은 훨씬 정당하게 사용될 것이 분명하니까.

여성 정신분석학자이자 베스트셀러 작가인 우테 에르하르트는 진지하게 말했다.

"서로 대화하고, 협상하거나 결론을 도출해내려 할 때, 여자가 남자보다 더 뛰어나다."[7)]

만일 여자가 정치를 하게 되면 세상은 더 나아질지도 모르며, 여자들끼리 세미나를 할 때도 훨씬 편안하게 할 수 있을 것이다. 하지만 여자는 이런 방법에 대하여 스스로 신뢰하지 않는다. 그 어떤 것도 권력만큼 여자를 두렵게 만드는 것은 없다. 여자가 권력을 넘겨받아야 할 경우에는 특히 그러하다.

미국의 성 연구가 쉐어 하이트 역시 그런 점을 관찰했다. 남녀에 관한 보고서를 통해 항상 비상한 주목을 얻고 있는 그녀는, 최근 직장에서의 남녀를 주제로 한 연구에서 이렇게 말한 바 있다.

"여자는 어릴 적부터 상대에게 베풀고 도와주라고 교육받았다. 이런 그녀들이기에, 스스로 권력을 잡는 것은 마치 금기를 깬 것처럼 벌받을지도 모른다고 두려워하는 것이다. 그리고 이들은 타인으로부터 여성적이지 못하다, 타인을 배려하지 않는다, 공격적이다, 지배욕에 차 있다는 평을 들을까봐 몹시 겁낸다. 사실 이런 것들은 남자라면 전혀 두려워하지 않을 공포감이다."[8)]

이 말들이 틀리지 않았다는 점을 보여주는 또다른 사례가 있다. 윌리 출판사의 기획팀장을 맡고 있는 베티나 크베어푸스는 책임을 맡는 것에 대하여 이렇게 토로했다.

"처음으로 제가 한 팀에 속하는 직원이 아니라 팀을 이끌어 가야 했을 때 저는 한동안 부하직원이 내게 복종하는 것은 나의 능력에 대한 신뢰 때문이 아니라 직책 때문이 아닐까 하는 강박관념에서 벗어나지 못했습니다."

　나도 이런 느낌을 가져본 적이 있다. 한번은 팀에서 승진했는데, 이로 인해 나의 상사이던 사람이 직속부하가 되어버렸고, 같은 동료이던 많은 사람이 갑자기 내게 보고를 해야 했다. 나는 모든 사람이 내가 얼마나 바보 같은 인간인지를 알게 될까봐 두려워하면서 백 번은 더 죽고 싶은 순간을 넘겼다.

　게다가 나보다 나이 많은 남자 동료, 즉 나의 상사이었다가 갑자기 부하직원이 되어버린 동료에게 양심의 가책도 느껴야 했다. 물론 그는 스스로 강등되기를 원했고, 책임이 줄자 아주 편안해 하는 것 같았지만 말이다.

　그럼에도 불구하고 나는 마치 평화로운 땅에 침입하여 그의 영역을 황폐화시킨 듯한 찜찜한 기분을 몇달 동안이나 안고 생활해야 했다. 그리고 새로운 직책이 나에게 정당하게 찾아온 것이라고 다른 사람에게 증명이라도 하듯, 가능하면 스스로 모든 일을 해내려고 애썼다. 직접 담당하는 일이 아닌, 다른 직원이 맡은 일까지도 세 번씩 체크할 정도였다. 쉽게 말해, 나의 불안정과 병적인 감독은 나를 포함하여 모든 사람을 미치게 만들었던 셈이다.

　끝내 모든 노력은 수포로 돌아가고 나는 일하는 방법을 바꾸어야 했다. 내가 되고자 했던 '용감한 소녀'는 인기가 없었던 것이다. 상사는 나의 감정 따위엔 관심이 없었고, 오로지 내가 팀을 효율적으로 이끌어서 우리 팀에서 흥미진진하고 생생한 뉴스가 나오기만 기대하고 있었다. 그것은 쉬운 일이 아니었다. 나는 초보자들이 겪는 실수란 실수는 모두 다 저질렀다. 설상가상 나의 상사이었던 남자 동료는 예전과 달리 편집이나 출판에 대하여 솔직하게 말해주지 않아 더욱 어려움을 겪어야 했다.

나는 누군가를 칭찬해줄 수도 없었다. 나 스스로에게는 물론 동료에게 "잘했어요"라고 말하는 것을 거만한 태도라고 생각했던 것 같다. 모든 게 정상적이었으나 어느날 갑자기 동료들이 부하직원이 되어버렸다는 부담감에 나는 숨이 막혀 죽을 것만 같았다.

그러던 중, 나는 두 가지 사실을 알게 되었다. 하나는 내가 조화를 갈망하는 사람이라는 점이었고, 또 하나는 다른 사람도 결코 멍청하지 않다는 점이었다. 이처럼 새로울 것 없는 진부한 깨달음으로부터 나는 또 몇 가지 결론을 내렸다.

첫째, 관리자는 인기가 있기 때문에 월급을 받는 것이 아니라, 일을 해내고 문제를 해결한 대가로 월급을 받는다는 것이다. 동료로부터 진정한 우정이나 솔직한 대화를 기대하는 것은 유치한 태도일 뿐 아니라 뻔뻔한 짓이다.

왜냐하면 나보다 더 큰 영향력을 행사하는 사장이 우리 모두를 지켜보고 있기 때문에, 다른 사람도 일을 유능하게 처리하는 모습을 윗전에 보여주어야 하기 때문이다. 동료가 자신이 생각하는 바를 말해준다면 더없이 고마운 일이겠지만 말하지 않는다고 해서 그것을 불쾌하게 받아들일 필요는 없다. 각자는 자신에게 가장 바람직한 직무가 무엇인지 알아야 하는 것이다.

둘째, 다른 사람도 나 이상으로 똑똑하며, 그들이 일한 대가로 월급을 받는 사람인 만큼 믿을 수 있다는 사실이다. 사소한 것까지 감독하면 오히려 역효과를 낳을 수 있다. 반대로 그들이 일을 잘하고 창조적일 때 해주는 칭찬은 상사로서 건방진 행동이 아니라, 배가 올바른 방향으로 나아갈 수 있도록 도와주는 것으로, 이것은 부하직원을 이끄는 좋은 도구인 것이다.

유감스럽게도 내가 이러한 점을 깨닫기까지 18개월이라는 긴 시간이 걸렸는데, 그동안 나의 부하직원들이 어떻게 참아냈을까 그저 미안하고 감탄스러울 뿐이다.

어느 분야에서든 권력을 잡게 된 여자라면 대부분 나와 비슷한 경험을 했을 것 같아서 이런 얘기를 하게 되었다. 여자들이 책임 있는 자리에 앉게 되면 불편해 하는 주제에 대하여 쓰다보니, 동료와 친구, 혹은 인사부 직원과 나누었던 대화가 떠오른다.

여자가 많은 시간을 직장에서 보내면 — 직장에서 보내지 않는다면 아마 가족이나 친구들과 보낼 것이다 — 사랑받고 싶은 마음과 인정받고 싶은 희망을 직장으로 옮겨놓게 된다. 즉, 많은 여자들이 승진하는 것보다 편안하고 화기애애한 팀의 일원이 되는 것을 더 중요하게 여긴다는 뜻이다.

일반적으로 여자가 권력을 잡게 되면 반대세력 또한 만만찮아진다. 반대파로부터 저항받아본 여자라면 공포감과 죄책감을 느끼게 되는데, 그녀는 상대에게 그런 심정을 들킬까봐 전전긍긍한다. 여자들은 사람들에게 인정받는 것이 제일 중요하다고 말하지만, 사실 이들에게 가장 끔찍한 일은 타인이 자신에게 사랑을 주지 않는 것이다.

진부한 생각이라고 비웃지 말았으면 한다. 어찌 되었건 이 말은 현실적으로 맞다. 이에 대한 연구가 이를 뒷받침해준다.

미시건대학의 심리학과 교수인 마티나 호너와 그녀가 이끄는 팀은 이런 사실을 확실하게 확인하기 위하여 남녀 대학생 90명을 상대로 설문조사했다. 그 결과 여자는 성공할 가능성이 생길 때부터 잔뜩 위축되어버리는 바람에, 성공하려는 의지가 금방 꺾인다는 사실을 알 수 있었다.

호너는 "실제로 무언가 하기를 원하고, 그것을 이룰 능력이 있는 여자가 제일 두려워하는 것은 바로 성공이다"라고 말했다.[9]

그녀의 연구팀은 대학생들에게 다음과 같은 문장을 주며 이에 대하여 구체적인 글을 쓰도록 했다.

"의학과 1학년인 앤은 기말고사 성적이 최고로 좋았다."

남학생에게는 앤 대신 존이 들어간 문장을 주었다. 그러자 남학생 가운데 90%는 휘황찬란한 미래가 펼쳐지는 존의 이야기를 열정적으로 써내려 갔다. 남학생은 성공이 사람을 편안하게 해줄 뿐 아니라, 여자로부터 더 후한 점수를 얻을 수 있는 요소라 믿고 있었다.

이와 반대로 여학생의 65%는 성공이라는 것을 생각하자마자 공포심을 느꼈다. 이들은 앤이 사회적으로 받아들여지지 않을 거라고 두려워하는가 하면, 이것은 앤에게만 일어나는 좋은 일일 거라고 예상했으며, 또 성공한 여자는 그 대가로 여자다운 매력을 포기해야 한다고 믿고 있었다.

마티나 호너는 여자들이 이렇게 믿고 행동하는 원인에 대하여 다음과 같이 분석했다.

'여자가 직업에서의 성공을 두려워하는 가장 큰 이유는 남자관계를 위태롭게 만들까봐 염려하기 때문이다. 그 결과 여자들은 사랑 없는 삶을 살지 않도록 많은 것을 포기할 준비가 되어 있다. 그녀들은 필요하다면 다니던 학교를 그만둘 수도 있고, 명예도 포기해버릴 수 있다.' [10]

대부분의 여자들은 그 어떤 것보다 남자를 원한다고 한다. 그러니 다른 소원은 부차적인 의미를 지닐 뿐이다. 결론적으로 여자는 어떤 것도 감행하지 않으려고 한다. 일이 잘 되었음에도 불구하고 이들은 마치 대단한 실수를 했거나 거절을 당한 것처럼 불안해 한다. 일을 잘하게 되고, 그로 인해 성공하는 것 자체에 많은 여자들은 공포를 느끼는 것처럼 보인다.

그렇다면 이런 의문이 생긴다. 여자들이 이처럼 성공을 반기지 않는다면, 실제로 성공해서 권력까지 얻게 되었을 때는 어떤 느낌을 가질까?

일반 회사에서 일을 잘해 인정받게 되면 언젠가 인사나 회계, 또는 프로젝트 분야에서 책임을 떠맡는 위치에 앉게 되는 것이 보통이다. 또 앞에서 언급했듯이 '도덕적인 측면에서 정당한 방식'으로 권력이 분배되는 회사는 극소수에 불과하다. 오히려 많은 회사에서는 서열이나 정치적 게임, 특혜와 차별대우 등 개인의 능력과 상관없이 이루어지는 수가 비일비재하다.

여러 차례 실시된 연구조사에 의하면, 관리자는 자신의 시간 가운데 절반을 부하직원이 어떤 계획을 세우는지 파악하는데 소비한다고 밝혀졌다. 때문에 성공한 많은 여자들이 베스 밀비드에게 보고하기를, 그들은 기존 체계에서 살아남기 위하여 스스로 원치 않는 행동을 하게 되었고, 심지어는 편집증까지 생겼다고 말했다. 물론 회사가 여자 기숙사와 같지는 않을 것이다. 하지만 여자들이 전략적으로 행동하면 많은 사람들이 공공연하게 의심한다.

몇년 전부터 여성을 위한 전략 세미나를 열고 있으며, 여성 법조인이자 심리치료사이기도 한 로트라우트 페르너는 자신의 책에 이런 글을 썼다.

'아직도 생생히 기억나는 게 있다. 나는 갈등을 해결하는 방법에 대하여 세미나를 연 적이 있었다. 그때 어떤 여성이 "이런 행동은 너무 이기적이에요!"라고 말하며 나를 비난했다. 그녀의 말에 나는 "예, 저는 그런 사람입니다"라고 대답했다. 그러자 세미나에 참석한 여자들뿐만 아니라 남자들까지 깜짝 놀라서 나를 쳐다보았다.' 11)

농림부 장관이 된 녹색당원 레나테 퀴나스트는 여자들이 보다 계획적이고 전략적으로 권력을 잡으라고 조언한다.

'앞으로 여성은 양심의 가책이나 쓸데없는 수치심 같은 것을 느낄 필요 없이 권력을 잡을 수 있어야 한다. 아직도 여성이 권력을 갖는 것은 독일 수상이 "예, 저는 권력을 원합니다. 그래서 양심의 가책을 느낍니다"라고 고백하는 일만큼이나 어색한 일이라고 생각하는 무리가 많다.

한 여성이 친구들과 술을 마신 후 수상실의 울타리를 최초로 흔들면서 진심으로 이렇게 외칠 때 비로소 남녀평등은 이루어질 것이다. "나도 이곳에서 일하고 싶어요!" 그리고 몇년 후 정말 이것을 이루어냈을 때 진정한 의미에서 남녀평등은 이루어진다.' 12)

"흔드세요, 쿼나스트 씨. 당신이 울타리를 멋지게 흔들어보세요!"라고 나는 격려하고 싶다.

하지만 현재까지 어떤 여자도 울타리를 흔들기는커녕, 대기업의 문조차 제대로 두드리지 않은 상태이다. 쉽게 권력이 오용될 수 있는 기업문화를 봐왔기 때문에 많은 여자들은 권력에 대하여 잔뜩 두려움을 가지고 있다. 즉, 여자들은 회사에서 경쟁자를 쓰러뜨리거나 약한 동료를 굴복시키기 위하여 권력이 잘못 사용되는 경우를 수없이 봐왔던 것이다.

따라서 여자는 지배적인 관습을 지나치게 야만적이라고 보며, 그러한 시스템이 너무 많은 사람들에게 상처를 입히고 혼란한 소동을 일으켜, 많은 에너지가 소모된다고 보는 것이다. 한마디로 부당한 일이 아닐 수 없다.

하지만 여자는 권력이 지닌 가증스러운 면을 비판만 하지, 권력에 대한 자신의 거부감은 겉으로 드러내지 않는다. 사실은 권력이나 책임을 갖는 것에 대한 심한 거부감이 있으면서 말이다.

만약 여자들이 권력에 대하여 거부감을 갖지 않는다면, 자신이 일하는 일터에서 얼마든지 기업문화에 영향력을 행사하여 좋지 못한 원칙을 바꾸어 나갈 수 있을 것이다. 그러나 극소수를 제외한 대부분의 여자들은 한직에서 일하면서 남자들이 피땀 흘리며 싸우는 모습을 구경하며 즐길 뿐이다.

날마다 상대에게 일격을 가하고 찌르느라 많은 남자가 고통에 빠져 있다는 사실은, 주로 근로자를 대상으로 치료하는 의사들의 연구에도 잘 나타나 있다.

즉, 남자는 여자에 비해 심장마비로 사망하는 비율이 2배나 높다. 각종 암으로 죽는 환자도 남자가 여자보다 50% 많고, 심장마비에 걸릴 확률도 높다. 또한 자살하는 사람 가운데 80%가 남자이고, 알코올과 마약 중독에도 더 많이 걸리며, 소위 말하는 '중년의 위기' 역시 주로 남자에게 닥친다.[13]

이 모든 것이 직장에서 받는 스트레스 때문이다. 많은 여자들은 이처럼 장기간 스트레스 받는 것을 원치 않는다. 이 사실에 어떤 사람들은 이의를 제기할지도 모른다. 즉, 부와 권력을 쥐고 있지만 병들어 사느니, 차라리 권력은 없지만 가난하고 건강하게 살려는 여자야말로 더 현명하지 않겠느냐고 말이다.

그럴 수도 있다. 하지만 그것이 사실이라면 여자들은 애초부터 남자가 세상을 주무르고 있다며 불평불만을 늘어놓지 말아야 할 것이다. 미국의 소설가 팀 로빈슨이 이런 농담을 하지 않았던가.

"여자는 현실적으로 살지 않기 때문에 남자보다 더 오래 산다."

어쨌거나 최고급 관리자 자리에 있는 여자들이 적은 이유가 남자의 책임만은 아니다. 컴퓨터회사 HP (Hewlett-Packard)의 전설적인 여사장 칼리 피오리나는, 일하는 여성이 차별대우를 받는다고 인정하지 않는다. 즉, 오늘날에는 젊은 여성 관리자가 승진하는 것을 방해하는 장애물 따위는 거의 없어졌다는 것이다.[14]

종이 가공기계를 생산하는 회사 빈클러와 뒨네비어의 이사인 이자벨레 파르헤 역시 같은 의견을 말한다.

"나는 더이상 부담을 가지지 않아요. 오히려 남자보다 더 장애 없이 일할 때도 많답니다." 그녀는 고상한 미소를 지으며 덧붙였다.

"만일 당신이 여자로서 일을 잘하면, 모든 사람은 당신을 기억하게 될 것입니다. 왜냐하면 여자는 드물기 때문이지요."[15]

하지만 대부분의 여자들은, 여전히 남자만 권력으로 더럽혀져야 한다고 생각하며 또 그렇게 행동한다. 이렇게 해야만 여자들은 권력이 좀더 정당하게 분배되었더라면 모든 것이 훨씬 잘 되었을 거라는 주장을 계속 펼칠 수 있을 것이다. 그러나 이렇게 행동하면 세 가지 점에서 부당하게 보일 수 있다.

첫째, 여자라고 해서 남자보다 더 나은 사람이 아니므로, 실제로 권력을 행사하게 되면 남자와 똑같은 실수를 저지르기 때문이다. 둘째, 여자는 약자의 도덕을 내세우지만 알고 보면 책임을 두려워하고 있을 뿐이다. 셋째, 출발부터 잘못된 논쟁은 결국 잘못된 결론을 도출할 수 있기 때문이다.

이제 차례대로 한 가지씩 살펴보기로 하자. 많은 여자는 자신이 남자보다 상대방을 더 잘 이해하고 팀웍을 공고히 하기 때문에 훨씬 더 나은 사람이라고 공공연하게 믿고 있다. 그러나 이런 믿음에도 불구하고 여자는 남자보다 더 적절하고 책임감 있게 일을 떠맡을 준비가 되어 있지 않다.

남자가 호전적이고 냉정하며, 지배적이고 권력을 오용하는 경향이 있다고 말로만 주장하기란 매우 쉽다. 하지만 자신이 더 잘할 수 있다는 증거를 보여주지 않는 한 이 주장은 설득력이 없다.

이와 같은 위선을 무시하더라도, 여자는 남자보다 결코 더 나은 사람이 아니다. 보편적으로 남자에게는 여자와 달리 살인본능이 있다고 알려져 있는데, 이것은 사실이 아니다.

미국의 정치학 교수인 프란시스 후쿠야마가 1989년에 출판한 그의 책 『역사의 종말』을 읽어보면 다음과 같은 내용이 나온다.

'인간이 진화과정을 거치면서 남자는 폭력, 공격성, 신분을 두고 투쟁을 벌이는 성향을 갖게 되었지만, 여자는 그렇지 않았다. 때문에 부유한 서구 산업국가에서 여자들의 정치적 영향력이 점차 커지게 되면서, 전쟁을 반대하는 여론이 거세질지도 모른다.'

또 후쿠야마 교수는 평화를 사랑한다는 여자들의 성향에 대하여 의심의 눈초리로 바라보고 있다.

'유럽을 제외한 다른 많은 사회에서 태아가 여아임이 확인되면 임신중절을 종용하거나 스스로 결정하는 사람은 남자가 아니라 대부분 여자이다.' 16)

이 책이 출판된 이후 뜨거운 논쟁은 시작되었고, 후쿠야마 교수가 살인본능을 지녔다고 한 남자들은 따가운 시선을 받아야 했다.

예를 들어 미국의 여성 언론인 바바라 에렌라이히는 『포린 어페어』에 다음과 같은 내용의 글을 썼다.

'서구의 역사를 통털어 획을 칠 중대사안은, 전쟁에 대한 남자들의 두려움이었다고 한다. 남자를 전쟁터로 내보내기 위해 마약을 복용시키거나 종교적인 의식을 치르는 사회도 많았다. 나의 아버지 역시 2차세계대전 당시 부상을 당했는데, 야전병원에 입원한 그는 부상당한 장딴지를 구리동전으로 다시 감염시켰다고 한다. 산화구리에 감염되면 다리를 절단해야 될지도 모를 만큼 위험했지만, 아버지는 다시 전쟁터로 나가는 것보다 그편이 훨씬 나았던 것이다. 하지만 그런 위험천만한 시도도 아무 소용이 없었던 것이, 결국 아버지는 건강을 되찾아 전쟁터로 돌아가 계속 싸워야만 했다.

전쟁을 싫어하는 사람은 나의 아버지뿐만 아니었다. 그토록 명성이 자자했던 프로이센 군대도 숲의 가장자리에서 야영하는 것을 금지시켰는데, 그 이유는 부대 전체가 밤 사이 도주할 것을 염려했기 때문이라고 한다.

또한 역사 속에는 항상 여전사도 있어 왔다. 인류의 가장 오래된 여신은 사람들의 기대와 달리 언제 어디서나 대지의 어머니는 아니었다. 메소포타미아와 지중해 주변에서 발견된 신상들을 살펴보면, 피의 희생물을 요구하는 여자 사냥꾼이 있는데, 이들은 흔히 사자나 표범을 데리고 있다. 이로부터 시간이 훨씬 지나고 아마존의 여신은 남신과 결혼하게 되면서 부드럽게 길들여져서, 농업을 보호하는 새로운 의무를 갖게 되었다.' 17)

역사는 물론이고 대학에서 벌어지는 갖가지 논쟁을 무시하더라도, 현대의 여성 정치지도자는 권력이 지닌 어두운 면을 다루는데 있어 큰 어려움이 있는 것처럼 보이지 않는다.

영국의 수상이었던 마가렛 대처 여사는, 내각에서 유일한 남자는 자신뿐이라고 농담을 할 정도였다. 그녀는 마침 국내정치가 곤경에 빠져 있을 때, 포클랜드 섬을 되찾기 위하여 아르헨티나와 전쟁을 치렀다. 또한 이스라엘의 수상 골다 메이어는 팔레스타인을 상대하면서도 전임수상이나 후임수상과 비교할 때 여자라고 해서 더 수줍어하지 않았다. 인도의 수상 인디라 간디는 출생률을 낮추기 위해 우악스러울 정도로 노력했고, 파키스탄의 수상이었던 베나지르 부토는 남자처럼 카슈미르 지방을 두고 인도인들과 싸웠다.

독문학자이며 여성 연구가인 바바라 쉐퍼 헤겔은 『양의 털을 쓴 늑대부인』이라는 제목의 책을 썼는데, 여기서 그녀는 여성운동 가운데 권위적이고 폭력적이며, 인간을 경멸하는 부분을 지적했다.

그녀는 많은 여성운동가들이 자신의 폭력적인 성향을 정당화시킬 목적으로 다른 사람 ─ 특히 남자들 ─ 을 나쁜 사람으로 만들고 있다면서, 여자들의 천성이 반드시 남자보다 평화를 더 사랑하는 것은 아니라고 말하고 있다.[18]

여자 지배자와 여자의 지배에 대한 비판적 목소리를 듣다보니 약자의 도덕에 대한 프리드리히 니체의 사고가 생각난다.

그는 『도덕의 계보』에서 이런 식의 논쟁을 펼친다.

"선과 악의 차이, 즉 오늘날 우리가 알고 있는 도덕은 성직자들이 지어낸 것에 불과하다. 원래 신체적인 조건이 훨씬 열등한 인간은 강자에게 복종하지 않기 위하여 하나의 시스템이 필요했는데, 그것이 바로 도덕이었다. 도덕이 없던 시대에는 '선한 것'이 곧 아름다움이었고 강함과 부유함이었다. 반면에 '악한 것'은 가난하고 단순하며 약한 것이었다. 그러나 성직자들은 도덕의 영역에서 마치 노예처럼 폭동을 일으키며 모든 육체적인 것과 강한 것을 악으로 규정하기에 이르렀다."

철학교수이자 니체 전문가인 뤼디거 사프란스키는 니체의 사고를 설명한다.[19]

"약한 자는 강한 자의 막강한 힘으로부터 자신들을 보호하기 위하여 이런 방법을 취해 왔다. 이들은 우선 힘을 모아 가치를 전도시켰다. 가혹, 자부심, 용기, 낭비, 여유 등과 같은 강자의 덕목을 악덕이라 규정짓고, 반대로 굴종, 동정심, 근면, 복종 등과 같은 약자의 덕목을 진정한 미덕이라고 설명했다."

죄, 양심, 의무 등의 개념들을 만들어냄으로써 약자는 권력을 잡는 데 성공했고, 이런 식으로 만들어진 질서는 거칠고 즉흥적인 모든 강함을 억압하게 되었다. 니체에 따르면, 권력을 소유하고 있는 사람은 강자가 아니라 약자라고 한다. 말하자면 양이 독수리를 이긴 셈이 된 것이다.

내가 말하고 싶은 것은, 남자의 세계를 사악하다고 낙인 찍는 반면에 무력한 자신을 도덕적으로 더 가치 있는 사람으로 설명하는 태도가 여성운동가의 변명처럼 들린다는 것이다.

만일 강자와 권력에 대하여 악담을 늘어놓는 사람이 훗날 권력을 잡게 되면, 체면이 상할 것은 뻔한 이치이다. 즉, 여성운동이라는 고

양이가 자신의 꼬리를 문 것과 다름없게 된다. 권력이 역겹다면 우리는 모든 권력을 남자에게 맡겨두면 된다. 하지만 우리가 무언가 할말이 있다면, 반드시 권력을 가져야 한다.

'여자란 사랑스러운 존재이면서 동시에 투사가 될 수 없다고 믿는 사람이 곧 약자이다.'

해리엇 루빈은 세계적으로 히트를 친 그녀의 책『여자들을 위한 마키아벨리』에서 말하고 있다.

그녀는 수년 동안 전문서나 자서전을 출판하고자 하는 미국 기업의 사장들에게 고문역을 맡아 왔기 때문에, 막강한 권력을 지닌 남자들이 어떻게 행동하는지 가장 가까운 곳에서 관찰할 수 있었다. 이렇게 해서 얻은 전략을 그녀는 여자들을 위하여 책으로 출판한 것이다. 그녀가 주장하는 핵심은 이런 것이다.

"가장 기본적인 원칙은, 서로 상반되는 면을 채워줄 수 있는 여자가 되라는 것이다. 또한 여자들이 권력에 대한 내적인 욕구를 자유롭게 발산하고 사용하지 않으면, 그것이 자신에게로 향할 수 있다. 권력은 마치 뱀처럼 몸을 돌려 자신의 여주인을 물어버린다." [20]

많은 여자들이 직장이나 집에서 불만족스러워하며 좌절하는 것을 보면, 그녀의 말이 맞는 것일 수도 있다.

하지만 사회학자 라인하르트 크라이슬은, 여자들이 권력을 둘러싸고 내적·외적 갈등을 벌일 필요가 없다고 본다. 그의 책『영원한 2인자』를 읽어보면 이유를 알 수 있다.

'지금까지 남자들이 줄곧 독차지하던 영역에 여자가 들어와서 사회적 지위를 획득하고 공적으로 권리를 확보한 분야는, 남자들이 더 이상 점령할 가치를 상실한 분야이다. 사회의 어떤 한 영역에 여자가 넘쳐 흐르면, 그 영역이 사회적인 중요성, 특권, 권력을 모두 상실했다는 것을 보여주는 확실한 증거가 된다.'

크라이슬은 권력에 대하여 계속 말한다.

"여자가 논쟁을 잘하면 정치적 의식이 있는 사람으로 보이고, 남자가 여자의 처지를 고려한 정치적 발언을 하게 되면 훌륭한 정치가로 평가받는다. 두 사람의 상반된 역할이 서로 바뀌지는 않는다."21)

이를 증명하기 위하여 크라이슬은 여성운동을 노동운동에 비교했다. 노동운동은 나름의 도덕적 확신에 근거를 두고 있다. 즉 세상이란 부당하며, 그 원인은 노동과 자본이라는 상반된 요소 때문이다. 또 자본가가 노동자를 착취한다고 보는 것이 이들의 기본 시각이다.

여성운동도 사회의 근본적인 불행은 남자와 여자라는 상반된 요소로 인해 초래되었다고 본다.

세상은 부당하며, 그 부당한 원인은 바로 남자가 여자를 억압하고, 차별하며, 착취하기 때문이라는 것이다. 주당 36시간의 노동과 신자유주의가 도입된 이후 시들해진 노동운동처럼, 여성운동도 단지 부분적으로 성공한 것에 만족한 채 막을 내릴 위험에 직면하고 있다. 크라이슬에 따르면, 공격적이었던 페미니스트의 시각은 점점 부드러워지고, 앞으로 싸우며 쟁취해야 할 것보다 이미 성취한 것만 뒤돌아보며 흡족해 한다는 것이다. 이렇게 되면 여성운동은 내리막길을 걸을 수밖에 없다.

"결국 여성운동은 노동운동과 같은 운명의 길을 걷고 있다. 노동조합은 스스로 노동자의 이익을 대변하는 집단이라고 강변하지만, 노동자는 점차 조합에서 탈퇴해버리고, 이로써 노동세계에 변혁이 일어나고 있다."

개인적으로 나는 여자인 안젤라 메르켈이 기민당(CDU)을 이끌고, 칼리 피오리나가 HP를 이끈다고 해서 이제 기민당과 기업의 가치가 사라진 것은 아니라고 생각한다. 만약 그렇다면 나는 이 책을 쓸 필요가 없을 것이다. 그럼에도 불구하고 나는 크라이슬이 지적한 내용 가운데 한 가지는 옳다고 본다. 그것은 여자들의 시선이 점점 부드러워지고 있다는 점이다.

2001년 『슈피겔』에서는 타이틀 스토리로 '어머니의 컴백'[22]을 선정한 바 있는데, 나는 이 커버 스토리를 읽으면서 마음이 아주 심란해졌다. 대부분 여성할당제를 여성단체가 이룬 공적 중의 하나로 축하할 뿐이지, 그것이 여자의 지성에 대한 모욕이라고는 어느 누구도 생각하지 않는다. 나는 이러한 분위기를 뱀 앞에서 토끼가 거만을 떨고 있는 꼴이라고 본다.

여자들이 권력을 얻으려는 투쟁은 이제 막 시작했을 뿐이다. 이 투쟁은 여자들의 머릿속에서 먼저 일어나야 한다.

넬슨 만델라가 1994년 남아프리카 공화국의 대통령으로 취임하면서 했던 취임사를 떠올려 보자.

"우리가 가장 두려워해야 할 적은 우리의 부족함이 아닙니다. 오히려 우리는 너무 막강하기 때문에 그것이 두려운 것입니다. 우리를 가장 불안하게 만드는 요소는 빛이지 어둠이 아닙니다. 우리가 빛에 안주해버리면 세상을 구할 수 없습니다. 현재 주변에 있는 사람들에게 안정을 주기 위하여 움츠린다면, 그 행동은 현명하지 않습니다.

우리가 만약 우리의 빛을 더욱 찬란하게 빛나도록 노력한다면, 그것은 무의식적으로 다른 사람들도 똑같은 일을 할 수 있도록 배려하는 것과 같습니다."

# 권력을 쟁취했던 역사 속의 여인들

확신은 감옥이다. - 프리드리히 니체

시대를 막론하고 자신의 기준과 가치를 고집스럽게 지키며 살던 여자들이 있었다. 그 여자들은 대부분 대가를 톡톡히 치러야 했다. 동시대인은 그런 여자들을 괴팍하다며 경멸했기 때문이었다. 대신 그녀들은 삶 속에서 몇 가지 소중함을 얻을 수 있었다. 우선 개인적인 자유를 얻었으며, 경우에 따라서는 명성까지 얻게 되었다. 오늘날 우리는 괴팍했던 그녀들만 기억하지, 그녀들을 가혹하게 비판했던 도덕군자는 기리지 않기 때문이다.

테오파누 황녀(비잔틴의 귀족으로 독일의 오토 2세와 결혼했다. 황제로 즉위한 남편이 일찍 사망하자, 테오파누는 983년 당시 네 살밖에 안 된 장남 오토 3세를 지키고 권력을 잡았다)는 독일제국을 8년 동안 다스렸고, 자신을 자랑스럽게 '황제' 라고 불렀다.

힐데가르트 폰 빙엔(Hildegard von Bingen 1098~1179, 베네딕트회 수

녀였던 그녀는 백작의 딸로 태어났으나, 어릴 적부터 환영을 보고 예언하는 능력이 있었다. 중세 여인으로 그녀만큼 유명한 사람이 없다고 할 정도로 독일뿐 아니라 전세계에 잘 알려져 있다. 또한 독일 최초의 여의사이자 자연운동가로 간주되기도 한다)은 도시의 장터를 순례하며 당시의 사회문제에 대하여 불같이 뜨거운 연설을 토했다.

라헬 바른하겐(Rahel Varnhagen, 1771~1833)은 여자이자 유태인이라는 이유로 핍박을 받았으나 이에 굴하지 않았다. 또한 코지마 바그너(Cosima Wagner 1837~1930, 작곡가 리스트와 마리 다구 백작부인 사이의 딸로, 한스 폰 뷜로의 아내였으나 리하르트 바그너와 사랑에 빠져 1870년 그와 결혼한다)는 바그너를 숭배하는 문화를 만들었고, 그녀의 노력으로 오늘날 바이로이트는 성지가 되었다.

카타리나 대제나 로자 룩셈부르크 같은 여자들의 명성은 오늘날까지 계속 이어지고 있다. 18세기나 19세기의 여자들이 자신의 가치에 따라 살 수 있었다면, 21세기에는 마땅히 그래야 할 것이다.

1천년 전인 그 옛날에도 "남자들이 우리를 받아들이지 않아"라든가 "그것은 여자가 할일이 아니야"라는 말을 귀담아 듣지 않는 여자들이 있었는데, 오늘날에도 이런 식의 소모적인 논쟁을 벌이는 것은 구태의연한 일이 아닐 수 없다.

하지만 역사적으로 이름을 남긴 여자들을 살펴보면 또다른 진실을 알 수 있다. 즉, 동시대를 살았던 대부분의 여자들이 여성이자 어머니로서의 역할에 충실했을 뿐만 아니라, 자신과 전혀 다르게 살려는 뛰어난 여자들을 온갖 형태로 방해했던 것이다.

때문에 역사에 이름을 남긴 위대한 여자들은 동일하게 뛰어났던 남자들에 비하여 비교도 되지 않을 만큼 큰 어려움을 겪어야 했다. 일찍이 프랑스의 작가 스탕달도 이점을 지적했다.

"역사적으로 뛰어난 여자들을 발견하기 어려운 까닭은, 사회가 여자들에게 마음껏 표현할 수 있는 자유와 수단을 주지 않았기 때문이다. 예컨대 똑똑한 10세 소녀는 오빠보다 더 생동적이고 사고력도 뛰어나다. 하지만 20세가 되면 어린 소년은 지적인 남자로 훌쩍 성장해버리지만, 소녀는 키만 컸지 수줍음 많고 거미조차 두려워하는 서투르고 바보 같은 여자가 된다.

이렇게 되는 이유는 바로 아이들이 받는 교육 때문이다. 여자들이 타고난 온갖 천재적인 재능은 그릇된 교육으로 사장되어버린다. 여자들에게 가장 큰 장애를 안겨주는 것은 교육이므로, 이 문제를 잘 해결해야 할 것이다."

여기에 아이러니가 있다. 똑똑한 딸을 자신과 비슷하게 교육시키는 사람이 누구이던가? 바로 그녀의 할머니요, 어머니요, 이모나 고모들이었다. 다행히 예외는 항상 있어 왔고, 지금도 그렇기는 하다. 하지만 오늘날에도 대다수 여자들은 지배적인 남녀 관계를 당연한 것으로 수용하고, 자신의 딸을 그 안에 적응시키려고 한다.

역사학자인 가브리엘레 호프만은 그녀의 책 『여자들이 역사를 만든다』에서, 여자들이 진정으로 원했더라면 어떤 시대에서든 자신의 길을 발견할 수 있었을 것이라고 쓰고 있다. 그녀는 씁쓸한 어투로 책을 끝맺고 있다.

"일상생활에서 여자를 방해하는 많은 것들이 있음에도 불구하고, 대부분의 여자는 수동적인 자세로 외부의 도움만 기대하고 있다. 마치 싸워서 이겨본 역사와 전통이 없고, 오직 희생의 역사, 인내의 전통만 있는 것처럼 말이다."

하지만 이것은 사실과 좀 다르다. 언젠가 많은 여자들의 변명은 오로지 변명으로 낙인 찍힐 날이 오고 말 것이다. 수동적이지 않고 능동적인 여자들도 충분히 많이 있다. 예를 들어 "남자와 여자는 동등한 권리를 가진다"는 헌법조항은 여자 변호사인 엘리자베스 젤베르트의 용기와 고집 덕분에 만들어진 것이다.

1948년 독일 연방공화국의 기본법을 제정하기 위하여 61명의 남자와 4명의 여자로 구성된 위원회가 만들어졌다. 그중 한 사람이던 젤베르트는 몇달에 걸쳐 남녀 동등권을 위한 싸움에 임했고, 결국 그녀는 승리했다. 그녀는 말했다.

"제가 이겼습니다. 지금 제가 어떤 심정인지 뭐라고 말로 표현할 수 없습니다. 다만 저는 권력의 지팡이를 손에 쥐었고, 법률적으로 제가 행사할 수 있을 만큼 최대한 넓고 깊게 이 권력을 사용했습니다."

그후 엘리자베스 젤베르트는 여자들에게 실망하고 말았다. 여자들은 권력을 잡기 위해 노력하지 않았고, 어쩌다 우연히 쥐게 되더라도 이를 제대로 사용하지 않았던 것이다. 그녀는 여자들이 국회에서 거의 활동하지 않는 것을 무척 심각하게 바라보았다.

"과거와 달리 여자는 모든 권리를 행사할 수 있다. 왜 여자들이 국회에 앉아서 아무것도 하지 않는지, 그저 놀라울 따름이다."[1]

그녀의 말처럼 대다수의 여자가 그렇게 행동하지만, 일부 용감한 여자는 언제나 역사에 존재해 왔다.

어둠의 역사에서 빛을 밝혀주는 여성 중 한 명으로 율리아 아그리피나를 들 수 있다. 그녀가 살던 시대에는 아직 독일이라는 나라가 없었으니, 엄격히 말하면 그녀는 독일 여성이 아니다.

기원 전 15년, 그녀는 지금의 쾰른에서 로마 황제 아우구스투스의 손녀딸로 태어났다. 아버지 게르마니쿠스가 장군이었으므로 아그리피나는 로마제국의 귀족에 속했다. 그녀는 13세 때 결혼해서 아들 네로를 낳았는데, 이 아들이 훗날 로마 황제가 되어 영원한 도시에 방화를 저지르게 된다.

아그리피나의 두번째 남편은 부유한 선주(船主)였고, 삼촌이자 로마의 황제였던 클라우디우스가 그녀의 세번째 남편이 되었다. 이 결혼을 통하여 그녀는 로마제국의 실질적인 통치자가 되고, 로마제국은 건국 이래 처음으로 안정을 찾게 된다.

50년 후 역사가 타키투스는 이때를 회상하면서 한탄했다.

"이때부터 제국은 모든 것이 전복되었다. 제국은 한 여자에게 복종하게 되었노라."

이 여인이 38세 되던 해, 그녀는 권력을 동원하여 쾰른에 도시적 특권을 가져다주었다. 당시 쾰른은 콜로니아 클라우디아 아라 아그리피넨숨(Colonia Claudia Ara Agrippinensum)이라는 로마식 이름으로 불리었는데, 그후 이곳은 5세기까지 아그리피나의 이름을 딴 아그리피넨저라고 불리었으며, 훗날 콜로니아로 바뀌었다.

오늘날 아그리피나의 이미지는 권력욕과 무절제, 과도한 성욕의 여성으로 남아 있다. 하지만 당시의 그녀는 이런 비판의 말이 귀에 들어오지 않았을 것이다. 다른 것도 아닌 로마제국이 바로 그녀의 손아귀에 있었으니 말이다. 물론 그녀는 대가를 톡톡히 치러야 했다. 남편 클라우디우스가 죽자 아들 네로에게 점차 권력을 빼앗겨 44세의 나이에 살해당하고 말았던 것이다.[2]

이로부터 900년이 지난 972년에, 퀼른의 주교였던 게로는 큰 실수를 저지르고 말았다. 콘스탄티노플 황제의 딸 안나 공주는 오토 대제의 아들과 결혼하기로 되어 있었다. 그런데 게로는 오토의 제국으로 안나 공주가 아닌 테오파누를 데리고 온 것이다.

테오파누는 궁중에서 쿠데타를 일으켰던 한 장군의 질녀였다. 오토 황제의 신하들은 잘못 데려온 신부를 즉시 콘스탄티노플로 돌려보내라고 오토 1세에게 충고했지만, 귀족 출신으로 젊고 아름다운 테오파누가 늙은 황제의 마음에 쏙 들어버렸다.

때마침 황제는 독일에 제국을 건설하고자 했는데, 이는 콘스탄티노플의 축복을 통해서만 가능한 일이었다. 공주는 아니지만 귀족 출신인 테오파누가 자신의 아들 오토 2세와 결혼하여 '권력의 지분을 가진 황녀'라는 칭호만 받으면 되는 것이었다.

중세시대 사람들은 황제는 신으로부터 권력을 받고, 황녀는 이 신성한 권력을 함께 나누는 사람이라고 생각했다. 테오파누의 시어머니이자 오토 대제의 부인 아델하이드 역시 통치자라는 칭호가 따라다녔다. 결혼예물로 그녀가 이탈리아에 있는 큰 땅덩어리를 가져왔기 때문이다.

973년 5월, 늙은 황제는 숨을 거두었고 테오파누의 남편 오토 2세는 18세의 나이로 황제에 즉위했다. 하지만 테오파누는 남편과 권력을 나누어 가지지 못했다. 시어머니 아델하이드가 아들과 함께 통치하고 나섰던 것이다. 때문에 수년 동안 한 제국에서 두 종류의 권력다툼이 벌어지게 되었다. 하나는 오토 2세와 스스로 황제가 되고 싶은 여러 제후들 사이의 주도권 싸움이었고, 다른 하나는 아델하이드와 동쪽에서 온 테오파누를 둘러싸고 일어난 주도권 싸움이었다. 테오파누는 정치적 배후세력이 부족했지만 명예욕이 강하고 유능했으며, 냉철하고 현명했다.

마침내 테오파누는 아델하이드와의 투쟁에서 이길 수 있었다. 975년 남편의 궁내관인 빌리기스와 연합하는데 성공했던 것이다. 그는 젊은 황제의 측근에서 고문을 담당했는데, 그가 한편이 되어주면 권력을 손에 넣은 거나 다름없다고 말할 정도로 당시 빌리기스의 힘은 매우 막강했다. 그런 그가 테오파누의 친구이자 조력자로 나섰고, 이 관계는 그녀가 죽을 때까지 계속되었다.

결국 시어머니 아델하이드는 아들을 두고 이탈리아로 떠나야 했고, 제국을 둘러싸고 벌어졌던 투쟁은 오토 2세에게 유리한 결과로 끝이 났다. 아버지 오토 1세가 죽은 지 7년이 지나서야 비로소 제국에는 다시금 평화가 찾아왔고, 안정된 통치를 할 수 있었다.

테오파누는 남편과 함께 통치했는데, 당시 법령이나 문서를 보면 그녀의 인장이 찍혀 있음을 볼 수 있다. 980년까지 그녀는 세 명의 딸과 한 명의 아들을 낳았다. 이 아들 역시 오토라고 불렀다.

때는 981년, 오토 2세는 사라센과 전쟁을 치렀다. 이 싸움으로 세력이 약해진 그는 바이에른과 슈바벤을 다른 가문에 넘겨주어야 했지만, 그래도 세 살배기 아들 오토 3세는 황제로 즉위할 수 있었다. 오토 제국은 안전을 보장받았던 것이다. 하지만 983년 12월, 오토 2세는 말라리아에 걸려 28세의 젊은 나이로 숨을 거두었다.

남편이 죽자 테오파누에게 불안한 나날이 계속되었다. 제국의 북쪽과 동쪽 국경지방에서 폭동이 일어나 많은 사람이 피를 흘린다는 소리가 들려오는가 하면, 수도원에 있는 어린 오토 3세를 욕쟁이 하인리히가 유괴했다는 소식도 들려왔다.

오토 2세가 사망하자, 독일의 제후들은 어린 황제의 후견인을 결정해야 했는데, 이들은 오토 2세와 오래 전부터 견원지간이었던 욕쟁이 하인리히를 시킬 것인지, 아니면 테오파누로 정할 것인지를 놓고 고민하였다. 하인리히는 제후들에게 지키지도 못할 약속을 남발했고 뇌물도 사용했다. 이런 것이 소용없을 때는 협박까지 서슴지 않았다. 심지어 그는 귀족들에게 황녀가 성직자와 잠자리를 함께 한다는 소문까지 퍼뜨렸다.

테오파누 역시 가만히 앉아서 당하지는 않았다. 우선 그녀는 프랑스의 로타르 왕에게 어린 오토의 후견인이 되어달라고 부탁했다. 하지만 그가 실제로 후견인이 될 가능성은 거의 없었다. 독일 귀족의 대다수는 프랑스 왕을 받아들이지 않을 것이 뻔했다.

물론 테오파누도 이 사실을 알고 있었지만 그녀가 이런 제스처를 취한 것은 이를 통하여 하인리히의 권리를 뒤흔들어놓고자 한 계략이며, 그를 추종하는 무리에서 서로간의 사이가 벌어지도록 하기 위한 계획이었다.

그러는 사이 하인리히는 심각한 실수를 저지르고 말았다. 추종자들에게 자신을 왕으로 추대하라고 종용하자 많은 제후가 등을 돌려버린 것이다. 이들은 하인리히의 이런 처사를 신뢰를 저버린 행동으로 간주했으며, 피후견인의 권리를 무시한 행동으로 보았다. 또한 그처럼 야비하게 움직이는 사람은 제국에서 최고의 재판관이 될 자격이 없다고 판단했다.

충성심이 강한 빌리기스는 테오파누의 군대를 이끌고 하인리히를 궁지로 몰아 마침내 어린 오토를 어머니에게 돌려보냈다. 마침내 테오파누가 통치하게 되자, 빌리기스는 그녀를 보좌했다.

역사를 기록했던 티에트마는 그녀에 대해 호의적으로 적고 있다.

"원래 약하게 태어난 여성이었지만, 예의바르고 단호했으며, 적절하게 변신하는 능력이 있었다. (……) 그녀는 아들이 통치를 잘할 수 있도록 남자처럼 지켜주었다."

물론 황녀를 나쁘게 평가하는 사람도 많다. 하지만 독일제국은 테오파누가 다스리는 동안 번성했다. 인구가 늘었고, 통상이 꽃을 피웠으며, 도시와 수도원이 세워졌다. 또 10세기 후반에만 25개의 로마식 대성당이 세워졌다. 많은 수도원에서 멋진 서적이 나왔고, 공장에서는 상아를 다듬는 장인과 금속세공사들이 일하기 시작했다.

테오파누가 통치하던 기간은 바로 중세 예술의 황금기였다. 오늘날 우리가 오토 시대의 문화적 전성기에 대하여 얘기할 수 있는 것도 모두 그녀의 덕분인 셈이다.

하지만 991년 테오파누는 사망했다. 때문에 995년 오토 3세가 성인이 될 때까지 할머니 아델하이드가 그의 후견인이 되어, 당시 사람들로부터 '세기의 기적'이라고 불리던 오토 3세가 정권을 잡을 때까지 제국을 보살폈다. 오토 3세는 비잔틴 문화를 널리 퍼뜨렸으며, 국민에게 비잔틴 삶의 양식을 전파했다.

여류 역사가 가브리엘레 호프만은 이렇게 적고 있다.

"그는 친절에 있어 타고난 천품이 있었고, 어머니와 마찬가지로 당대 최고의 인재들을 끄는 매력이 있었다. 그는 할아버지, 아버지, 어머니가 원했던 모든 것, 아니 그 이상이었다. 테오파누는 영리한 아들에게 지대한 영향을 미쳤던 것이다."3)

카타리나 대제(1729~96)도 테오파누와 비슷한 운명을 살았다. 그녀는 제2의 고향인 러시아를 위하여 위대한 업적을 남겼지만, 그녀가 죽은 지 200년이 지난 오늘날까지도 악평이 늘 그녀의 뒤를 따라다니고 있다. 그녀의 삶을 살펴보기로 하자.

1762년 독일의 안할트-체룹스트 출신인 소피 프리데리케 공주는 모스크바에서 즉위하여 카타리나 2세가 된다. 그녀는 마리아 테레지아, 프리드리히 대제 등과 동시대인이다. 그녀가 황제의 자리에 즉위할 때까지 궁궐에서는 선혈이 난무하는 끔찍한 사건들이 잇달아 일어났고, 편파적 인사가 횡행하고 있었다.

하지만 프로이센의 철저한 정신으로 무장한 이 젊은 여인은 즉위하자마자 개혁의 칼날을 들이댔다. 그녀는 제일 먼저 고관들에게 러시아에는 몇 개의 도시가 있느냐고 질문했다. 그러자 아무도 대답하지 못했다. 또 지도를 보자고 제안했으나 어느 누구도 지도를 가지고 있지 않았다. 이들이 유일하게 알고 있는 사실은 러시아에 이미 엄청나게 많은 부채가 있다는 것뿐이었다.

카타리나 대제는 직접 러시아 영토를 둘러보았다. 그녀가 본 러시아에는 미신이 팽배해 있었으며, 전통에 완고했고, 낙후되었으며, 수많은 노예와 극심한 굶주림으로 그야말로 엉망진창이었다. 이 참혹한 현실에 카타리나는 이 땅에 반드시 복지를 가져와야겠다고 결심했다. 그리고 농촌에서부터 시작해 나갔다.

러시아는 거대한 농업국가였다. 그녀는 전문가를 파견하여 농지를 검사하고 이곳에 적합한 품종이 무엇인지 추천하라고 명령하였다. 또한 카타리나는 영국에서 좀더 발달된 농업기술을 들여왔고, 벌과 누에를 치도록 장려했으며, 높은 수확을 올린 농민에게는 포상금을 내리기도 했다. 그리고 소와 말을 사육하는 앞선 기술을 도입하고 수천 명의 독일인 농부를 러시아 농가로 이주시켜 그들에게 토지를 나누어주었다.

카타리나 대제는 광산업도 장려하였는데, 기술자를 배출하기 위하여 학교를 세우기 시작했다. 또한 상업의 자유와 직업의 자유를 권장했고, 공장을 세우고자 하는 사람이면 누구에게라도 허가를 내주었다. 상품을 생산하는 공장은 내국인이 세울 수 있는 능력이 부족했기 때문에, 외국인 ― 특히 영국인 ― 을 국내로 불러들였다.

이밖에도 그녀는 행정을 일원화하였고, 지방에 지사를 파견하여 사회간접자본을 구축하고 방화를 방지케 했으며, 감옥과 고아원이 잘 운영되도록 감독하는 임무도 주었다. 앞에서 얘기했지만, 기술자를 양성하기 위하여 학교를 세운 일은 당시로선 획기적인 사건이었다. 그렇게 세워진 학교에서는 무료 수업이 진행되었을 뿐만 아니라, 소년은 물론 소녀들까지 학교에 다닐 수 있었다.

그녀는 병을 치료하는 시설도 없던 러시아에 최초로 의과대학을 세웠다. 이와 같은 조치로 여러 해에 걸쳐 각 지방의 대표적인 도시마다 병원이 들어서게 되었다.

러시아의 이 여황제는 34년 동안 지치지 않고 제2의 고향을 문명화하기 위한 고행을 계속했다. 살아 있을 동안에도 그녀의 이름에는 '대' 라는 호칭이 따라다닐 정도로 국민들은 그녀를 존경했다. 그러나 자신의 업적에 대하여 후세만 평가를 내릴 수 있다고 보았던 그녀는 단지 이렇게 말할 뿐이다.

"짐의 머리는 강철처럼 단단해서 누구도 뚫지 못하오."[4]

이렇듯 강한 의지로 그녀는 귀족의 특권을 무너뜨리는 데도 앞장섰는데 이에 대한 결과는 잘 알려져 있다. 즉 카타리나는 '대제' 로 불리기도 하지만 권력욕과 지배욕에 사로잡힌, 그야말로 이기적이고, 성적으로 만족하지 못하는 여성으로도 평가받게 되었다.

이런 유의 비난 중에는 바른 말도 있다. 실제로 그녀는 왕좌에 오르기 위하여 무능한 남편 페터를 제거했다. 이밖에도 테오파누에게 일어났던 일들이 그녀에게 비슷하게 있었을 것이다. 하지만 그녀에게 쏟아진 비난 중 사실이 아닌 부분도 많을 것이다. 다른 사람으로 인해 자신이 지닌 특권을 내놓아야 하는 사람이라면 그렇게 만든 상대에 대한 비난을 험하게 하기 마련이니까.

카타리나 대제와 비슷한 삶을 산 여성으로 카롤리네 슐레겔-셸링 (Caroline Schlegel-Schelling, 1763~1809)을 들 수 있다.

그녀는 괴팅겐의 유명한 동양학자이자 신학자의 딸로 세상에 태어났다. 어린 시절 그녀의 집에는 대학생과 교수, 또 당시 유명했던 레싱, 리히텐베르크, 괴테와 같은 사람들이 손님으로 드나들었다.

20세로 성인이 된 그녀는 여러 면에서 뛰어난 의사와 결혼했다. 이때부터 그녀는 자신이 품고 있던 이상이 하나둘씩 무너지는 것을 경험했다. 하지만 어쩔 수 없는 현실에 세 아이의 엄마로, 평범한 여자로서 만족하며 살아갔다. 그런데 4년 후 남편이 사망하고, 두 명의 자녀도 오래 살지 못하고 세상을 떠나고 말았다.

이런 고통을 겪고 난 그녀는 결혼 전 자신의 강인했던 모습을 되찾을 수 있었다. 그녀는 재혼의 권유를 뿌리치고, 홀로 남은 딸 아우구스테를 데리고 친구들이 살고 있는 마인츠로 떠났다.

모녀가 이곳에 도착했을 때 마침 프랑스의 혁명군이 이 도시를 점령했고, 마인츠는 공화국이 되어버렸다. 카롤리네는 이 모든 것에 완전히 매료되었다. 그녀는 시민혁명이라는 사상을 열렬히 추종하게 되면서 자코뱅 당원과 열띤 토론을 벌였다. 하지만 이 모든 것은 그녀가 불행을 겪게 되는 출발점이 되었다.

첫번째 불행은 젊은 프랑스 인과의 관계에서 임신을 하게 된 것이며, 두번째 불행은 공화국이 무너지고 마인츠가 다시 프로이센의 지배를 받게 된 것이다. 이로써 혁명은 끝이 났고, 그녀의 정치적인 삶은 물론 사생활까지 불행의 연속이었다.

1793년 카롤리네는 매국노로 몰려 감옥에 갇히는 신세가 되었지만, 다행히 오빠의 도움으로 무사히 풀려날 수 있었다. 하지만 그녀는 가는 곳마다 홀대를 받았다. 당시 사람들의 눈에 그녀는 단지 창녀에 불과했던 것이다.

만약 도덕 운운하는 자들이 그녀의 임신에 대하여 알았더라면, 그녀는 미망인 연금도 받지 못했을 터이고, 딸에 대한 후견인 자격도 잃었을 것이다. 어쩔 수 없이 그녀는 이름을 바꾸고 몰래 아들을 낳았지만, 이 아이도 얼마 지나지 않아 죽고 말았다.

아무리 강렬한 혁명 추종자여도 계속되는 모진 불행과 역경에 마지막 힘마저 소진해버리고 난 다음, 그녀는 더이상 혼자 힘으로 버텨낼 자신이 없었다. 카롤리네는 혼자 사는 것을 그만두고, 문학비평가인 아우구스트 빌헬름 슐레겔과 결혼하여 예나에서 살게 되었다.

하지만 그녀는 이 남자를 사랑하지 않았으며, 그가 자신보다 훨씬 열등하다고 생각하였다. 그들은 형식상 부부일 뿐 거의 친구나 다름없는 생활을 했다.

그때부터 슐레겔 부부가 살던 작은 집에는 두 사람을 중심으로 독일 낭만주의를 대표하는 인물들이 모여들었다. 노발리스, 루드비히 티에크, 그리고 23세의 나이에 예나대학 철학과 교수가 된 천재 프리드리히 빌헬름 셸링이 자주 모이곤 했다.

운명은 다시 한번 카롤리네에게 타격을 가했다. 사랑하는 딸마저 잃고 만 것이다. 그녀는 이 모든 것이 자신보다 12세나 어린 셸링을 사랑하기 때문에 신으로부터 벌받는 것이라고 생각했다. 하지만 그것도 잠시, 그녀는 슐레겔과 이혼하고 사랑하는 사람을 선택해야 하는 어려운 결단을 내렸다.

"신이 내게 가혹한 벌을 내리고 사람들이 비웃는다고 해도 나는 나의 행복을 선택할 거야"라고 그녀는 결심했다. 물론 그녀의 예상대로 사람들의 비난은 만만치 않았다.

"한때 뜻이 통했던 친구는 적이 되고 말았다. 사람들은 그녀가 온갖 수치스러운 행동이란 행동은 모두 저지르고 다닌다며 수군거렸고, 멍청한 교수 부인들이 그녀를 향해 품은 증오심은 하늘을 찌를 정도였다"라고 여성 언론인 카롤라 슈테른은 인물평에서 적고 있다.

"똑똑한 사람은 멍청한 사람이 나쁜 마음을 먹고 시기하게끔 행동한다"라는 말이 있다. 이것은 오늘날에도 여전히 유효한 말이다. 평범한 여자들이 사는 방식대로 살 준비가 되어 있지 않은 여자는, 기존의 질서에 복종하며 사는 여자들의 미움을 사기 마련인 것이다.

고루한 동시대 여성들의 눈에는 카롤리네가 지극히 이기적이고 애정도 없는 여자로 비추어졌을 것이다. 하지만 남자들은 그녀에 대해 정반대로 말했다. 슐레겔은 여성적인 매력을 갖추었으면서도 '남성적인 독립성'을 지니고 있는 그녀에게 반했다고 말한 바 있다. 그런가 하면 셸링은 '사랑으로 가득한 마음'과 '명철한 정신'을 모두 가진 비범한 여인이라고 그녀를 평가했다.[5]

카롤리네는 여자들을 별로 좋아하지 않았다고 하니, 어쩌면 거만한 행동으로 다른 여자들에게 상처를 주었는지도 모르겠다. 때문에 그녀는 개인주의자들의 우상이 될 수는 있겠지만 여성운동에서 본보기 인물로 내세우기에는 적합하지 않다.

라헬 바른하겐(Rahel Varnhagen, 1771~1833)은 카롤리네와는 다르게, 삶을 마감할 무렵 유토피아적인 사회주의자가 된 경우이다. 그녀는 인간의 권리와 여성의 권리를 위해 싸운 투사였으며, 오늘날까지 여성운동의 선구자 중 선구자로 존경받고 있다. 평생 자신의 출생을 '불명예스러운 탄생'이라고 불렀듯, 그녀는 가난과 여자와 유태인이라는 3중의 고통을 겪어야 했다.

라헬은 베를린의 상인 마르쿠스 레빈의 딸로 태어났다. 아버지는 프리드리히 대제가 보호해주는 500명의 유태인 중 한 명이었다. 프로이센에 살고 있던 유태인 남자가 시민으로서의 자유와 경제적인 성공을 얻기 위해서는 유태인의 전통과 문화를 포기해야 가능한 일이었다. 여자 유태인에게는 탈출구가 더욱 좁았는데, 유일한 방법은 기독교도 남자와 결혼하는 것이었다.

아버지가 죽자 라헬의 가족은 곤궁에 처했다. 그녀는 지참금이 없었고 그렇다고 눈에 띄는 미인도 아니었다. 결혼할 남자도 없고, 일자리도 없는 라헬이 독서 외에 달리 할 수 있는 일이 무엇이었겠는가? 모든 것이 자신에게 달려 있다고 생각한 그녀는 우선 교양 있는 인물이 되고자 노력했다. 이렇게 하여 그녀가 살고 있던 조그마한 방은 베를린 지식인들의 살롱이 되었다.

훔볼트 형제, 슐레겔 형제, 티에크 형제, 슐라이어마허(F. D. E. Schleiermacher(1768~1834), 낭만주의자들과 교류하였고, 훗날 베를린대학의 교수가 되었다. 그는 1839년에 발표된 『해석학』에서 철학을 학문으로 정립하려고 시도했다. 신학자이며 철학자이고, 교육학자이기도 했다), 장 파울(Jean Paul(1763~1825), 라이프치히대학에서 신학과 철학을 공부했으나 너무 가난하여 중도에 그만두었다. 그가 쓴 소설 가운데 대표적인 것은 『거인 Titan(1800~03)』으로, 독일 교양소설에 속하는 장편이다. 이밖에 『미학 입문』도 중요한 저서로 손꼽히고 있다), 브렌타노, 샤미소(Adelbert von Chamisso(1781~1838), 프랑스 혁명이 일어나자 그의 가족은 독일로 도주했다. 그는 1815~18년 배를 타고 세계일주를 했으며, 이 여행에 돌아와서는 베를린의 식물원에서 일했다. 식물학자이며 문학가였던 그는 1813년 악마에게 그림자를 판 불행한 한 남자의 이야기를 다룬 『페터 슐레밀의 이상한 이야기』로 유명해졌다)와 클라이스트도 모임에 나타나는 주인공이었다. 이들뿐 아니라 오늘날에는 거의 잊혀진 학자와 연극배우, 공무원과 외교관 등도 있었다.

이 모든 지식인은 그녀의 위트와 비판적인 판단력에 경탄을 금치 못했다. 그러나 손님이 모두 떠나고 나면 그녀는 몹시 외로웠고 자신의 정체성 때문에 괴로웠다. 그때까지도 라헬은 여전히 유태인이었고, 가난했으며, 미혼이었던 것이다.

그녀는 자신을 방문하는 남자 손님들의 집에 초대받지 못했으며, 어떤 사교계의 모임에도 속하지 못했다. 게다가 그녀의 주변에는 유태인 여자와 결혼하려는 남자도 없었고, 설령 유태인이 아니라고 해도 그녀의 뛰어난 지성은 오히려 결혼에 방해만 될 뿐이었다.

사실 남자들은 그녀의 지성에 감탄했지만 자신보다 더 뛰어날까봐 두려워했던 것이다. 1803년, 그녀는 너무나 부당하게 여겨지는 삶의 주제에 대하여 이렇게 썼다.

'흑인매매, 전쟁, 결혼!'[6]

1806년 나폴레옹이 베를린을 점령하자 왕정이 복고되면서 동시에 초기 낭만주의가 실험한 신분 없는 사회는 사라져버렸고, 과거 귀족들이 다시금 사교계의 새로운 주인으로 나타났다.

예를 들자면, 아힘 폰 아르님이 주관하던 독일인 기독교 사교모임에는 여성, 프랑스 인, 유태인의 출입이 금지되었다. 이상주의자들은 한때 자신들이 약속했던 것을 지키지 않았고, 사회 분위기는 그야말로 숨막힐 듯했다.

1814년 마침내 라헬에게 탈출구가 생겼다. 그녀는 세례받을 수 있게 되었고 자신보다 13세나 어린 아우구스트 바른하겐과 결혼도 하게 되었다. 이때부터 그녀는 남편의 성과 신분을 이용하여 그토록 원했던 시민사회에 발을 들여놓게 되었다. 한편 남편 아우구스트가 언론인이자 정치인으로 성공한 것은 모두 그녀의 내조가 만들어낸 결과였다. 이제 라헬은 프리드리케 바른하겐 폰 엔제로 불렸으며, 유태인이 아니라 프로이센 여자가 되었다.

하지만 그녀는 남편과 함께 살면서 많은 것을 참고 인내했을 것이 분명하다. 혼자서는 사회적으로 무가치한 존재였기에 그녀는 늘 자신에게 새로운 성과 신분, 그리고 재산을 가져다준 남편의 뒤에 서 있어야 했을 것이다.

하지만 언제까지나 그렇게 살 수는 없었다. 마침내 그녀는 스스로에게 충실하기로 결심하고, 사회적으로 출세했지만 소외계층으로 살던 힘든 시절을 잊지 않았다. 노년에 이르러 라헬은 정치의식을 키워 여성의 권리는 물론 인간의 권리를 쟁취하기 위하여 노력했다.

이제 라헬은 공무원의 아내로서 베를린에 두번째 사교모임을 열었다. 이곳에 들른 많은 손님은 그녀의 말솜씨에 매료되었다.

첫번째 모임이 학문적 성격을 띠었다면, 두번째 모임은 정치적 성격을 띠었는데, 여기에서 그녀는 그릴팔처, 헤겔, 하이네 등 유명인사와 함께 헌법과 공화국에 대하여 열띤 토론을 벌였던 것이다.

어떤 직업도 가질 수 없었던 라헬 바른하겐은, 자신의 삶과 편지를 하나의 예술작품으로 승화시켰다. 그녀는 자신을 발전시킬 기회를 전혀 주지 않는 사회에서 살던 사람들의 고통을 후세에 알리고자 애썼고, 이런 의도에서 1833년 익명으로 자신의 수필집과 편지 모음집을 출간했다. 이 책을 읽어보면, 그녀의 관심이 여성의 해방에만 한정되어 있지 않고, 개인의 자유를 이야기하고 있음을 알 수 있다.[7]

여성해방을 위한 라헬의 투쟁은 다른 여성들이 계속 이어나갔다. 헬레네 랑에는 여성에게 교육의 기회를 주기 위해 싸웠으며, 클라라 체트킨과 릴리 브라운은 여성의 노동 권리를 위하여, 아니타 아우그스푸르크는 여성이 성적인 문제를 스스로 결정할 수 있는 권리를 위하여 싸웠다.

베티나 폰 아르민, 마리 폰 에브너-에센바흐, 또는 프란치스카 폰 레벤트로프는 글을 썼고, 파울라 모더존 - 베커는 그림을 그렸고, 클라라 비크는 음악을 통하여 여성해방을 외쳤다.

역사에서 앞서간 이 여성들을 보면 알 수 있듯이, 투쟁하지 않고서는 아무것도 얻을 수 없다. 자유는 우리에게 그저 주어지는 것이 아니다. 우리 힘으로 얻어내야 한다. 다른 사람들이 변화시켜줄 것이라고 기대하지 말라.

만약 당신이 기존의 규칙을 깨버린다면 주변사람들로부터 사랑받기는 힘들겠지만, 삶과 여성의 역사를 위해서라면 큰 기여를 하는 것이다.

# 4. 여자는 남자보다 오래 산다

## 그러니까 돈이 필요해!

돈이 많아서 생기는 문제는 돈이 없어서 생기는 문제보다 낫다.

−말콤 포브스 *

★ Malcolm Forbes(1919~90); 미국의 최고 부자 중 한 사람이었고,
유명한 경제잡지 『포브스』의 창간자이기도 하다.
사망한 뒤 엄청난 재산을 유산으로 남겼는데, 아직까지도
상속문제가 완전히 끝나지 않았다고 한다.

에스티 로더에 대하여 들어본 적이 있는 가? 그레테 쉬케단츠나 안네 부르다, 혹은 베아테 우제라는 이름은? 이들은 각각 화장품, 패션잡지, 디자인, 섹스 관련 상품을 판매하여 수백만 유로씩 벌어들이고 있는 여성이다. 또한 도나 캐런이나 질 샌 더와 같은 패션계의 여왕은 패션쇼 무대에서 뿐만 아니라, 주식시장 에서도 자신들의 능력을 증명해보였다.

이런 사실은 우리에게 무엇을 가르쳐주는가? 여자와 돈이 결합하 면 이윤을 낼 수 있다는 것을 말해준다. 그렇게 될 수 있다는 것이지, 꼭 그렇게 해야 한다는 뜻은 아니다. 그래서인지 현실을 보면 여자는 유감스럽게도 돈에 신경을 쓰지 않는다.

세계의 거부 200명 가운데 여자는 고작 13명에 머물고 있다. 그나 마 대부분이 엘리자베스 2세나 네덜란드 여왕 베아트리체처럼 스스 로 부자가 된 것이 아니라 상속으로 부자가 된 경우이다.

물론 이렇게 될 수밖에 없는 이유에는 역사적인 탓도 있다. 수백년 동안 여자는 계약을 맺지 못했으며 신용대출을 받거나 돈을 저축할 수 없었다. 중세시대에는 여자들이 가족의 사업을 많이 도왔지만, 임금을 받거나 이윤을 나누어 가질 수 없었다.

1976년까지만 해도 독일 법조항에는 사치스러운 아내의 낭비로부터 남편을 보호하기 위한 절약 관련 문구가 들어 있었다. 하지만 오늘날에는 이토록 불합리한 법조항이 역사의 쓰레기통으로 버려졌음에도 불구하고, 아직까지 남아 있는 굴레는 '남자가 돈을 벌고 여자는 돈을 소비한다' 는 생각이다.

때문에 절약하고 남을 위해 희생하는 여자는 복을 받고, 낭비벽이 있고 이기적인 여자는 복을 받지 못한다는 관념이 지금도 여전히 남아 여자를 괴롭힌다.

오래된 독일의 동화를 보면 부자가 된 여자는 예외 없이 공손하고 검소하다고 묘사되어 있다. 예를 들어 슈테른텔러(엄마와 아빠가 죽고 나자 어린 소녀 슈테른텔러에게 남은 것은 입고 있는 옷과 빵 몇 조각뿐이었다. 어느날 길을 걷던 슈테른텔러는 굶주려 있는 한 가난한 남자에게 가지고 있던 빵을 내주었고, 불쌍한 아이에게 모자를 벗어주었다. 날이 어둑어둑해지고 숲에 이르렀을 때, 소녀는 추위에 떨고 있는 한 아이를 발견하고는 자신이 입고 있던 마지막 속옷까지 벗어주었다. 그러자 하늘에 떠 있던 별들이 모두 돈이 되어 소녀에게 떨어졌고 소녀는 그 돈으로 새 옷도 사고, 평생을 부자로 살았다는 동화이다)는 돈벼락을 맞기 전까지 불쌍한 아이에게 입고 있던 마지막 속옷까지 벗어주었다.

또한 너무도 잘 알려진 신데렐라를 보면 잔뜩 몸치장을 한 사악한 언니 대신, 여리고 착한 신데렐라가 왕자와 결혼하게 된다. 그녀는 노예처럼 일하면서도 친절하고 사랑스러웠기 때문이다.

한 경제신문의 여기자 코르넬리아 하인스는 그녀의 책에서 다음과 같이 의미 있는 질문을 던졌다.

"우리 여자들은 날마다 필요한 것을 사기 위해 저축하고 살림하는 방법을 배웠다. 그러나 우리는 지금껏 투자라는 것을 모르고 살아왔다. 왜 많은 여자들이 수십년 동안 생활비를 관리하면서도, 정작 자신에게 중요한 재정문제가 등장하면 돈에 희생되는 것일까?"[1]

정말 왜 그럴까? 하인스는 '돈에 희생된다' 라는 표현을 사용했는데, 그녀는 무슨 뜻으로 이런 표현을 쓴 것일까?

여자들이 교회에 내는 성금을 두고 이런 말을 하지는 않았을 것이다. 그녀의 말은 오늘날 연금을 받게 될 여자들의 80%가 훗날 연금을 받게 되더라도 그 돈만으로는 살아가기 힘들 거라는 사실을 의미한다. 또한 전체 가정주부 가운데 27%가 남편의 정확한 수입을 모르고 있다는 점을 시사한다. 그러니 남편이 자신의 수입으로 무엇을 하는지는 더더욱 모를 수밖에.

여자들의 80%가 재산증식을 남편에게 맡겨둔다고 한다. 여자는 재산을 늘리기 위하여 저축하는 것이 아니라, 살림장만과 자식을 위하여 저축한다는 것이다.[2]

따라서 독일처럼 부유한 나라의 복지도 여자들과는 무관함을 알 수 있다. 물론 독일만 그런 것은 아니다. 전세계적으로 가난한 인구 13억 가운데 70%가 여자이니 말이다.[3]

그렇다고 여자들이 재정관리 능력이 부족하여 남자보다 더 가난하게 사는 것은 아니다. 캘리포니아대학이 3만 5천 명의 주식투자자를 대상으로 조사한 결과, 여자가 남자보다 투자를 훨씬 잘하는 것으로 나타났다. 이들은 남자에 비해 평균 수익률을 더 많이 올렸다.[4]

게다가 성공한 주식분석가나 증권중개인, 혹은 증권관리인 가운데 많은 사람들이 여자이다. 또한 월스트리트에서는 오래 전부터 골드만 삭스 투자은행의 이사이자 공동회장을 맡고 있는 애비 코헨의 말이 생생한 금언처럼 여겨지고 있다. 메리 미커는 월스트리트에서 기술주 분석의 대가로 알려져 있고, 앤 윈블래드는 최초의 여성 벤처사업가로 알려져 있다.

독일에도 미국에 뒤지지 않을 만큼 활발한 활동을 펼치고 있는 전문직 여성들이 있다. 엘리자베스 바이젠호른은 독립하여 사업체를 만들기 전에는 DWS 펀드에서 고수익을 올린 매니저였으며, 카롤라 페르스틀은 ntv 방송에서 증권 뉴스를 담당하고 있다. 또한 키르스텐 쟁어는 뒤셀도르프에 있는 HSBC 은행에서 투자회사나 고객의 투자 상담을 맡고 있다. 그녀는 여자 은행원에 대하여 이렇게 말한다.

"그녀들은 장기간 고객과 유익한 관계를 맺기 위해서라도 일을 급하게 서두르지 않습니다. 이런 점에서 여자 은행원은 고객을 적극적으로 고려하여 전략적으로 행동하는 편이고, 남자 은행원보다 성공하는 경우가 더 많지요. 은행처럼 이윤을 추구하는 업종에서는 금세 실적이 숫자로 나타나기 때문에, 남자들도 이점에 대하여 반론을 제기하지 못합니다."[5]

부실경영도 결코 여자들이 일으키는 문제가 아니다. 자영업을 하면서 파산하는 사람은 여자보다 남자가 훨씬 더 많고, 세계적으로 성공한 프로젝트 중에도 여자들이 똑부러지게 돈을 관리하여 성공에 기여한 사례가 많다.

방글라데시에 있는 그래민(Grameen) 은행은 수년 전부터 가난한 여자들에게 돈을 빌려주는 제도를 시행하고 있다. 돈을 빌리는 여자 중 대부분이 몇 달러가 없어 장사를 못하거나, 얼마 되지 않는 빚 때문에 몸을 파는 여자들이었다.

이 은행의 건립자인 경제학 교수 무하마드 유누스는 다음의 사실을 알게 되었다. 즉, 은행에서 대출받은 돈으로 여자는 가족의 복지를 위하여 쓰는 반면에, 남자는 오토바이를 구입하는 등 자신만을 위하여 돈을 사용하기 때문에 가족의 생계에는 아무런 보탬이 되지 않는다는 점을 말이다.

유누스가 알게 된 또다른 사실은, 대출한 여자들은 다른 여자들도 대출받을 수 있도록 자신이 빌린 돈과 이자를 정확하게 갚는다는 점이다. 그동안 방글라데시에 사는 여자들 중 240만 명이 이 은행에서 대출받아 비참한 생활로부터 가족을 구출하고자 노력했다. 그래민 은행의 이런 전략은 다른 많은 개발도상국가에 본보기가 되었다.

여성은 아무리 문맹자라도 자신의 돈을 잘 관리할 수 있다. 물론 그런 의지가 있다면 말이다.

독일처럼 부유한 나라에서 가난한 여자들이 유독 많은 이유는, 스스로에 대한 책임을 떠맡지 않으려는 어리석은 태도에서 비롯된 것이라고 볼 수 있다. 실제로 많은 여자는 소비에만 관심을 보일 뿐 돈을 버는 일과 투자에 대해서는 자신이 알 바 아니라고 생각한다. 그녀들은 보험을 계약할 때 계약서에 쓰여 있는 깨알 같은 글씨를 철저하게 읽는 경우가 거의 없다.

베스트셀러 작가이자 투자의 구루인 보도 쉐퍼는 '여자와 돈'에 대하여 다음과 같이 썼다.

'나는 이런 말을 자주 듣는다. "너무 바빠서 돈을 늘리는 데까지 신경 쓸 수 없어요." 혹은 "돈을 잘 다룰 줄 모릅니다."'[6]

여자들에게 재정상담을 해주고 있는 헬마 지크도 여자는 흔히 상속 문제를 현명하게 처리하지 못한다는 점을 알게 되었다. "여자들은 상속받을 부모님과 문제를 일으키거나, 자신의 무릎 위로 떨어진 재산도 제대로 받아내지 못한다."[7]

점잖은 여자들은 대부분 돈을 필요악으로 간주하며, 엄청나게 큰 돈을 보면 더러운 사업으로 벌어들인 것으로 여기는 경향이 있다.

'우리 여자들은 더러운 것이라면 타이어를 가는 일도 남자에게 시키는데, 하물며 더러운 돈이라니!'

이런 형편이니 끔찍할 정도로 적은 이자밖에 주지 않는 은행에 가지고 있는 돈을 저축하는 어리석은 여자가 당연히 전체 여성 가운데 절반이나 될 수밖에!

이렇게만 본다면 남자의 69%는 여자보다 훨씬 더 똑똑하다고 할 수 있다. 이들 중 41%는 투자할 돈이 생기면 주식을 선택하는데 장기간 투자하여 고수익을 올릴 수 있는 방법을 적극적으로 고려한다. 이

에 반해 주식투자를 하는 여자 가운데 장기투자를 선택하는 사람은 26%밖에 되지 않는다.[8]

특히 여자는 노후대책에 대하여 무관심한 태도를 취한다. 여자들 중 1/3은 이 문제를 전혀 관심없어 하고, 60%는 먼훗날을 위해 당장 들어가는 비용이 무척 부담스럽다고 대답했다. 겨우 2%의 여자만이 국가는 앞으로 개인의 노후준비를 지원해야 될 것이라며 긍정적으로 답했다(독일 노후대책연구소에서 30~59세의 여성 1,052명을 대상으로 조사한 결과).

여자가 남자에 비해 평균 7년을 더 오래 산다는 점을 고려해볼 때, 이토록 준비 없이 사는 여자들이 이해가 안 된다.

"많은 여성은 나이가 들면서 매력도 없어지고 외롭게 되기 때문에, 노후대책과 같은 주제에 대해 말하기조차 두려워 한다."

슈테파니 발은 노후대책에 소극적인 태도를 취하는 여성들을 이렇게 해석하고 있다. 그녀는 여론조사를 실시하는 본 경제사회연구소에서 일하고 있는데, 특히 여성을 대상으로 노후대책에 대한 조사를 담당한 바 있다.[9]

그녀의 조사 대상자였던 여성들은 평균 노후에 필요한 돈을 매달 1,280 유로 정도라고 추정하고 있었다. 하지만 그들이 받게 될 연금은 500 유로 이하였다. 다섯 명 중 한 명이 실제로 자신이 받게 될 연금보다 더 많이 받을 것으로 예상하고 있었다.

"여자들은 자신이 받게 될 연금을 처음으로 확인하는 순간, 충격을 받아 어리둥절해 합니다."

주로 여성 고객을 상대로 재정문제를 상담해주는 스베아 쿠셸은 말했다.

이 책에서 4장의 제목으로 '여자는 남자보다 오래 산다'로 잡은 것도 모두 그녀에게 얻은 힌트 덕분이다.[10]

사태가 너무 심각하다고 판단한 노동부는 공익광고를 제작하여 캠페인을 벌이기도 했다.

"당신은 스스로 벽에 그림을 겁니다. 그리고 스스로 자동차 타이어를 갈기도 합니다. 이제 나이가 들어 노인이 되어도 스스로 부양할 수 있을까요?"

"당신은 사랑에 빠져 약혼하고 결혼했습니다. 그리고 사랑하는 가족을 위하여 희생했습니다. 하지만 이제 이런 것이 노후대책에 무슨 도움이 될까요?"

이 카피들은 분명 여자에게 악의적이지만 현실적으로 타당한 말이다. 노후대책이 가장 허술한 사람들은 연금만 믿고 사는 여자와, 남편만 믿고 사는 가정주부이다.

연구원 슈테파니 발은 "대부분의 여자들이 노후에 얻게 될 수입은 모두 자신이 책임져야 한다는 사실을 잘 알면서도 적절하게 행동하지 않는다"고 말했다.

한 중견 출판사에서 실시한 여론조사도 이 사실을 뒷받침해준다. 옷을 구입하는데 좀더 많은 돈을 투자하고 싶다는 응답자는 56%에 달했지만, 노후를 위하여 더 많은 돈을 투자하고 싶다는 여성은 겨우 28%뿐이었다.[11]

『신데렐라 콤플렉스』라는 책으로 베스트셀러 작가가 된 콜레트 다울링은 옷과 골동품을 사느라 그동안 모은 돈을 모두 탕진했다. 그녀는 이렇게 말했다.

"필요하다면 나는 소처럼 일할 수 있다. 실제로 그렇게 일하기도 했다. 하지만 계획을 세운다거나 미래를 대비하는 일은 내가 바라는 노동이 아니었다."

그 결과 베스트셀러 작가였던 그녀는 다른 많은 여자들처럼 재정파탄에 빠지고 말았다. 그러나 다울링처럼 똑똑한 여자는 흔치 않을 것이다. 궁지에 몰렸을 때 그녀는 『슈테른텔러 - 여자들은 돈을 어떻게 다루는가』라는 책에 펴내어 대박을 터뜨렸으니 말이다.[12]

다울링은 사치성이 너무 심해서 익명으로 채무자 단체에 가입했을 정도였다. 이곳은 알코올 중독자가 스스로 중독을 치유하기 위하여 가입하는 단체와 유사한 성격의 모임이다. 그녀가 이곳에 가입하기 전, 채권자들은 그녀를 고소하겠다며 위협했고, 그녀는 법정까지 가야 할 위기에 처해 있었다.

돈에 강박관념을 지닌 사람은 다울링뿐만 아니다. 수백 명의 여성을 대상으로 한 재정문제 해결방식에 대한 마가렛 랜달의 설문조사에 따르면, 대부분의 여자들은 자신의 재정상태를 솔직하게 밝히지 않는 것으로 드러났다.

예를 들어 여자들은 물건을 실제 가격보다 더 싸게 또는 더 비싸게 샀다고 말하는가 하면, 신용대출이 몹시 힘들어도 내색하지 않으며, 심지어 현재 가지고 있는 돈보다 더 많은 돈이 있는 것처럼 행동한다

는 것이다. 그러면서 이들은 씀씀이가 커진다.[13]

프랑스의 유명 코미디언 자크 타티는 여자들의 이런 행동을 은근히 꼬집는다.

"돈이란 보통 여자가 가질 수 있는 유일한 것이지요!"

여자들의 재정과 관련하여 서비스를 제공해주는 회사 '여자와 돈' 의 소유주인 헬마 지크는 이런 농담의 의미를 잘 알고 있다. 그녀는 수많은 여자들로부터 돈은 자신에게 그다지 중요하지 않다는 발언을 직접 듣는 당사자이기도 하다. 그녀의 책을 읽어보면 갖가지 주장을 펼치는 다양한 여자들을 만나볼 수 있다.

가톨릭을 믿는 여자는 결혼의 신성함이란 절대 깨어질 수 없고, 마 땅히 남편은 자신을 평생 부양해야 한다고 주장한다. 쾌락주의 여자 는 오늘이 중요할 뿐, 20년 후까지는 예상해보지 않았다고 한다. 또, 5 년 후 암에 걸릴지도 모르는 미래를 어찌 알겠는가, 따라서 노후대책 따위는 필요없다며 비관적인 입장의 여자도 있다.

그밖에 '나는 믿음만 가지면 된다, 그러면 누군가 나를 돌봐줄 것이 다'라고 종교적 의미의 주장을 펼치는 여자가 있고, 나이가 들면 돈 이 별로 필요하지 않다고 말하는 검소한 여자도 있다.

끝으로, 돈문제보다 더 중요한 일을 해야 한다며 거만하게 대답하 는 여자도 있고, 더이상 어떻게 할 방법이 없을 때는 어디서 누군가 구원의 손길을 뻗쳐올 것이라고 참으로 순진하기 그지 없는 발상을 펼치는 여자도 있다.[14]

이렇게 답답한 주장을 펼치는 여자들이 돈과 관련하여 저지르는 실수에 대하여 알아보자.

1. 여자는 돈문제를 남편에게만 맡기고 자신은 신경 쓰지 않는다.
2. 여자는 돈이 떨어질까봐 걱정하지만, 투자를 잘해서 수익을 올리는 방법에 대해서는 연구하지 않는다.
3. 여자는 위험을 두려워한다. 직원을 거느리고 매일 중요한 결정을 내리는 여자조차도 조금이라도 위험하면 사유재산을 투자하지 않으려 한다.
4. 여자는 남자보다 돈을 적게 벌지만, 지출할 때는 비슷하게 쓴다. 그 결과 여자는 돈을 소비하고 남자는 재산을 증식시킨다.
5. 여자는 남편의 빚보증을 서주거나 신용대출 계약서에 함께 서명하기 때문에 평생 가난할 수밖에 없다. 이혼한다 해도 보증은 계속 살아 있으니 말이다!
6. 여자는 남편에게 돈을 달라고 부탁하고, 어디에 쓸 것인지 설명해야 한다. 왜냐하면 가정주부라는 직업도 적정한 보수를 받을 가치가 있고 우리 사회에 필요한 직업이기 때문이다. 남자가 이렇게 생각하도록 만드는 것이 중요하다.
7. 여자의 90% 이상은 결혼할 당시 자신에게 불리한 법적 규정을 이의 없이 그대로 따른다. 그렇기 때문에 이혼한 여자들이 생활고를 겪는다.

왜 그런가? 이혼할 경우에도 아내는 법적으로 남편이 받는 연금의 일부분을 양도받을 권리가 있다. 하지만 그 돈만으로 살아가기에는 너무나 빠듯한 금액이다.

예를 들어 어떤 남자가 근로자의 평균 임금을 받으면서 45년 동안 일했고, 퇴직 후 그가 받게 되는 연금이 1,114.40 유로라고 가정해보자.[15] 이때 남자의 아내는 20년 이상을 전업주부로서 남편과 함께 동고동락했다고 할 때 훗날 그녀가 받게 되는 연금은 고작 245 유로에 그친다. 남자들은 대부분 이런 사실을 잘 알고 있기 때문에, 돈도 불릴 겸 자신이 먼저 죽을 경우 아내의 생계보장을 위하여 별도의 보험을 들어두기도 한다.

물론 부부가 이혼하더라도 개인적으로 가입한 노후연금은 나누어 가지도록 되어 있다. 하지만 보험이란 오랫동안 불입해야 하는 제도이다. 보험료를 지불한 지 얼마 되지 않으면 이득이 거의 생기지 않는다. 최소한 몇년이 지난 뒤에야 이자가 붙고, 만기일에 두둑한 목돈을 받을 수 있다.

이때 보험이 남편 이름으로 되어 있으면, 이혼했을 경우 부인이 받을 수 있는 보험금은 매우 적다. 게다가 이혼한 남편이 재혼이라도 하게 되면 사태는 더욱 심각해진다. 남편이 사망할 경우 새 부인이 우선적으로 보험금을 탈 권리를 갖기 때문이다. 전 부인이 아무리 절약하여 보험료를 불입하여도 혜택받지 못할 수 있는 것이다.

재정전문가 헬마 지크는 여자들에게 조언한다. 보험에 가입할 때 '철회할 수 없는 선인수권'을 남편이 지정해주도록 요구하라고. 이 권리는 아내의 동의가 있어야만 변경될 수 있다.[16]

헬마 지크는 돈과 관련하여 여자들이 범하는 여섯번째 실수로, "여자는 남편에게 돈을 달라고 부탁해야 한다"는 점을 지적했는데, 이것은 흥미로운 주제가 아닐 수 없다. 실제로 대부분의 여자들이 당당하게 돈을 요구하지 못하며, 주부로서 정당한 권리를 지니고 있음에도 불구하고 스스로 이를 의문시한다. 어쩌면 여자들이 남자와 동일한 일을 하면서도 25%나 적은 월급을 받는 것은, 바로 이러한 태도 때문인지도 모르겠다.

쾰른에 있는 독일경제연구소의 조사에 따르면, 여자 엔지니어는 남자 엔지니어가 받는 월급의 69%를 받고 있으며, 여자 수학자, 여자 경제학자, 여자 법학자도 동일한 직종에 종사하는 남자들이 받는 보수의 77%를 받고 있다고 한다.[17]

에바 되핑하우스는 뮌헨 근교 프라이싱에서 여성문제를 연구하고 있다. 그녀는 여자들이 안고 있는 문제를 이렇게 설명한다.

"여자들은 흔히 연봉 인상이나 특별 보너스, 신용대출에 관한 문제가 나오면 부탁하는 태도를 취한다. 그녀들은 돈에 대하여 말하는 것을 몹시 불편해 한다."[18]

이것뿐만 아니다. 입사 면접시험에서도 여자는 자신이 받을 연봉에 대하여 묻는 것을 잊어버렸다고 얼버무린다. 남자는 당당하게 높은 연봉을 요구하는데 반해, 여자는 월급에 대한 협상조차 불투명하게 하여 결국 낮은 급료를 받게 되는 것이다.

자영업을 하는 여자는 마땅히 챙겨야 할 자신의 보수조차 무시해버리고, 가정주부는 자신을 위해 물건을 사면 양심의 가책을 느끼고, 남편이나 아이들을 위하여 구입하는 건 당연하게 여긴다.

돈이라고는 벌지 못하고 이런 모습으로 살아가는 유일한 사람들이 바로 가정주부이다. 오늘날까지 이 직업은 유독 여자만 맡고 있다. 여자는 이 일을 받아들였고, 이로부터 비극이 탄생한 것이다.

오늘날 인류에게 돈이란 성공, 지위, 명성을 나타내는 기준, 다시 말해 인간존재를 판단하는 보편적 기준이 되었다. 그런데 전업주부는 이런 기준으로 도무지 평가할 수 없으므로, 그들의 자존심은 갈 곳을 잃어버렸다.

또다른 처지에 있는 여자들도 고려해보자. 남자와 동일한 일을 하면서도 여태껏 남자보다 낮은 임금을 받아온 여자들은 전문가로서의 자부심에 큰 상처를 입었을 것이다. 때문에 자신의 업무 성과에도 정당한 의미를 부여하지 못할 것이다.

한편 성적인 매력으로 무장한 젊은 여자들은 열등감으로 고통스러워하지 않는다. 그녀들은 오히려 부자인 나이 든 남자로부터 돈을 얻어 잘 살아가는 경우를 종종 볼 수 있다.

직장에서도 대부분의 여성은 전통적인 관습에 따라 절약하고 검소하게 살아가지만, 남자들 사이에서 '생크림 케이크'라고 불리는 소수의 섹시한 여자는 언제나 풍요롭기 그지없다. 예로부터 남자들이란 금발의 젊은 애인으로부터 흘러나오는 보석의 광채를 바라보며 흐뭇한 미소로 즐기기를 좋아하는 법이다.

마리아 칼라스뿐 아니라 한때 미국의 퍼스트 레이디였던 재클린 케네디의 마음을 얻는데 성공한 선박왕 아리스토텔레스 오나시스는 어떤 말을 남겼던가!

"이 세상에 여자가 존재하지 않는다면, 돈은 아무짝에도 쓸모없는 휴지조각에 불과하다."

남자는 재산을 잘 불려나간다. 그들은 금발미녀에게 주는 돈쯤은 '홍보비' 정도로 생각한다. 사실 아름다운 미녀는 남자의 눈을 즐겁게 해주므로, 그녀가 남자로부터 돈을 받는 행동은 정당한 거래라고 볼 수도 있다. 두 사람의 거래는 공정하게 이루어진다. 여자는 돈을, 나이 든 남자는 섹스와 미인이라는 특권을 누리게 되는 것이다.

한편 이 돈 많고 늙은 남자는 조강지처와 아이들에게 풍족한 삶을 제공한다. 그의 가족은 남편과 아버지의 바람기를 그저 본능에 의한 행위로, 사랑과 무관한 버릇쯤으로 받아들이면서 위안을 얻는다. 돈 없는 늙은이가 여자를 전리품으로 소유한 모습을 본 적 있는가? 그러니까, 돈이 너무 많아서 생긴 일을 어쩌랴!

돈이 더럽고 천하다면서 고상하게 회피하는 여자는 결국 은행에다 자신이 손해보는 것보다 더 많은 권한을 넘겨줄 뿐이다.

한때 나의 동료 기자였던 울슬라 트릴러는 함부르크에서 온라인 회사를 세우기 위하여 기자생활을 그만두었다. 얼마 후 그녀는 나에게 속상한 심정을 털어놓았다.

"은행에서 융자를 받기 전에는 여성차별이 없는 줄 알았어."

은행 직원은 남편을 데려오라고 요구하면서 그녀를 마치 바보 같은 아이로 취급했다는 것이다. 우여곡절 끝에 결국 대출을 받긴 했지만, 남자가 대출받는 것에 비해 시간이 훨씬 오래 걸렸고, 격렬한 언쟁까지 벌여야 했다고 그녀는 한숨지었다.

어느 잡지사에서 실시한 조사가 그녀의 말을 뒷받침해준다.

상품의 품질을 테스트하여 그 결과를 싣는 잡지 『바렌테스트』는, 독일 전역에 있는 은행 200개에 남녀 직원을 파견하여 재정에 대한 상담을 받아보도록 명령 내렸다. 그러자 남자 직원의 50% 이상은 평균 이상의 수익률을 올릴 가능성이 있으며, 투기하는 매력도 괜찮고, 인플레이션의 위험이 없다는 이유로 주식에 투자하라는 조언을 들었다고 답했다.

반면 여자 직원이 은행에서 받은 주식투자 권유는 남자의 1/2 정도에 그쳤다. 여자에게 주식투자는 위험하다는 이유로.

'무엇보다 주식에 직접 투자하기 위해서는 시장에 대한 지식은 물론 지속적인 정보가 있어야 하는데, 초보자에게는 힘든 일' 이라고 은행 상담원은 지적했다.[19]

이들은 주식에 관련해서만 여자에게 다르게 충고한 것이 아니라 다른 부분에서도 마찬가지였다.

『바렌테스트』는 다음과 같이 보고하고 있다.

"상담원 앞에 여자가 자리잡으면, 그들은 자동적으로 이자율이나 이자가 확실한 자은행의 유가증권, 또는 투자 펀드를 집어든다. 또 그들은 여자 고객을 진지한 대화 상대로 인정하지 않는다."

이제 자연스럽게 '닭이 먼저냐, 계란이 먼저냐' 라는 질문이 등장하게 된다. 은행 상담원이 여자를 무시하는 막돼먹은 녀석이라서 그럴까, 아니면 실제로 여자들이 돈문제에서 멍청이처럼 행동하기 때문일까? 두 가지 모두 맞는 대답이라고 할 수 있다. 게다가 이 두 성향은 서로 부채질하는 상승효과까지 있다.

이런 논쟁이 있을 즈음, 특별히 여자들의 욕구를 수렴한 금융상품이 등장했는데, 흔히 이것을 '레이디 투자'라고 부른다. 함부르크의 여성재정단체에서 일하는 수잔네 카체미는 이를 두고 '레이디 허풍'이라고 일축해버렸다. 이 금융상품은 순전히 새로운 고객을 잡기 위한 '마케팅 개그'에 불과하다고 말이다.[20]

그렇지 않고서야 여자 고객만 전문으로 상담한다는 게 도대체 말이 되는가? 좋은 상품이 있고 나쁜 상품도 있으며, 수익률이 높은 투자가 있으면 낮은 투자도 있다. 돈은 돈일 뿐인데, 남자가 하는 펀드가 따로 있고 여자가 하는 펀드가 새롭게 있단 말인가?

한쪽에서는 로레알이나 에스티 로더, 또는 식품 보존을 위한 플라스틱 용기업체의 주식을 구입하고, 다른 한쪽에서는 지멘스, BMW, 무기회사의 주식만 산다는 말인가? 이처럼 말 같지 않은 말을 듣는 것도 흔치 않은 일이다. 주식을 살 때는 앞으로 그 기업이 성장할 가능성이 있는지, 경영인의 자질과 혁신성 등을 고려하는 것이 우선 과제이지, 구매자의 성별 따위는 문제되지 않는다.

여자 고객만 전문으로 상담하는 뮌헨의 재정전문가 스베아 쿠셀은 "상품은 충분히 있습니다. 그러니 정확한 상품을 고르는 게 중요하지요. 남자를 위한 특별요금이 없는 한, 여자에게 적용되는 특별요금도 필요 없겠지요"라고 냉담한 결론을 내렸다.[21]

나는 '여성 펀드'라는 말을 들으면 우리 잡지계에서 일어났던 비슷한 사건이 떠오른다. 여성지『부르다』에서는 '여자만을 위한 특별한 잡지'『비비안』을 새로 만들었다.

새롭고, 흥미롭고, 생생한 소식이면 모두 뉴스거리가 된다. 뉴스거리가 있는 내용을 담고 있으면 남녀노소 구분 없이 그 잡지를 읽을 것이요, 그렇지 않으면 읽는 사람이 없을 것이다.

'여성 펀드'라는 것도 마찬가지이다. '여성을 위한 소식'만 담았던 잡지와 동일한 길을 걷는다면, 아마도 곧바로 쓰레기통으로 직행하지 않을까.

# 5. 그것이 옳다는 걸 그냥 느낌으로 알아!

개인생활에서 여성의 행동

아무리 높은 곳이라도 정신을 바짝 차리고 올라가면
다리가 부러지는 사고 따위는 생기지 않는다.
하지만 평평한 길이라도 정신을 놓고 걷다보면 그렇지가 않다.

– 프리드리히 니체*

★ Friedrich Nietzsche(1844 - 1900); 독일의 시인, 철학자.
   실존주의와 현대철학의 선구자로 추앙받는다.

몇년 동안 아내에게 매를 맞고 각종 학대를
당해도 방어조차 못하는 연약한 남자를 상상해보라. 남자는 밤마다
두려움에 떨면서 침대에 누워, 계단을 올라오는 술취한 암소의 불규
칙한 발소리를 듣는다. 이윽고 문앞에 이르자 이 무시무시한 여인(술
만 먹으면 이유 없이 남편과 아이들을 때리고 물건을 부수는)은 비틀거리
며 주머니에서 열쇠를 꺼낸다.

과연 우리는 이런 여자를 상상이나 할 수 있는가? 힘들 것이다. 설
령 있다고 할지라도 한번 정도는 아내에게 맞을지 모르겠지만, 다음
에는 남자가 도망칠 것이다. 하지만 여자는 몇년이든 이런 남편을 참
고 산다. 남자의 폭력으로 맞고 사는 여자는 스스로에 대한 증오심에
가득 차 있다. 이 증오심은 그녀들의 내면 깊숙한 곳에 자리잡고 있는
희생의 기질과 연결된다.

독일에서만 매년 4만 명의 아내가 남편에게 매를 맞고 '여성의 집'
으로 도피하고 있다. 이들은 자신을 괴롭히는 존재로부터 벗어날 수

있었지만, 여전히 수십만의 여자들은 집안에 머물면서 자신과 아이들을 위험 상태에 빠뜨리고 있다. 그러면서 이렇게 외친다.

"비록 그이는 나와 아이들에게 폭력을 휘두르지만, 실은 우리를 너무나 사랑하고 있어. 그를 버릴 수 없어!"

심리학자는 이처럼 모든 것을 운명으로 돌리고, 끝없이 상대를 용서하는 배우자의 선량한 행동을 '희생적인 태도'라고 부른다. 희생자인 듯 행동하는 사람은 당연히 희생자가 되는 법이다.

독일 여성 여섯 명 중 한 명이(세 명 중 한 명 꼴이라고도 한다) 남편에게 매를 맞거나 학대당한다고 한다. 폭력범은 대다수가 남자이다. 독일사회는 폭력으로 인하여 매년 150억 유로의 손실을 입고 있다고 사회학자 발터 홀슈타인은 밝혔다.[1]

하지만 우리의 문제는 범죄가 아니라, 남성 호르몬인 테스토스테론이다. 열 명의 폭력범 가운데 아홉 명이 남자이고, 사람들을 크게 해치는 심각한 범죄는 대부분 젊은 남자들이 저지르고 있다. 그러니 이들 주변의 여자, 즉 어머니, 누나, 여동생, 딸, 여자친구, 아내는 이들의 폭력을 어느 정도 참아내면서 살아가고 있다는 뜻이 된다.

여자들이 자신에 대한 증오심을 조금 부드러운 형태로 나타내면, 그것은 자신감 부족이 된다. 사람들의 고충을 들어주고 충고해주는 상담가들은 이점에 대하여 할말이 아주 많다.

심리 상담가이자 처세 분야의 작가인 우테 에르하르트는 이렇게 적고 있다.[2]

"20년 전부터 지금까지, 나는 내 세미나에 참석한 사람들의 능력을 개발하고, 동기를 부여하고, 향상시키려고 노력해왔다. 그런데 요즘에 내가 자주 목격하는 것이 있다. 여자는 여러 영역에서 남자보다 훨씬 뛰어난 기술을 지니고 있음에도 불구하고, 자신을 믿지 못해 늘 괴로워한다는 것이다.

반대로 남자는 나름대로 전략이라는 것을 세우지만 영 형편없을 때가 많다. 하지만 이들은 불안함을 표시하지 않는다. 나는 많은 여자들에게 자신을 믿으라고 강요한다. 남자들에게는 왜 그들이 실패할 수밖에 없었는지 조심스럽게 설명해준다."

다음의 몇 가지 설문조사도 이 사실을 뒷받침해주고 있다. 설문조사의 결과를 보면 아주 놀랍다. 여자들은 이성적으로는 여자 의사도 남자 의사처럼 믿을 수 있고, 여자 변호사 또는 여자 약사를 인정하지만, 막상 심각한 문제가 발생하여 전문가의 도움이 필요하게 되면 남자를 훨씬 더 선호한다고 한다. 다시 말해 은행이나 병원, 변호사사무실에서도 유독 남자만 찾는 사람은 모두 여자라는 것이다.

국회의원 역시 여자들은 남자에게 더 많은 표를 던진다. 만약 여자가 여자를 국회의원으로 뽑아주었다면, 오늘날 민주주의와 법률은 여자들의 욕구를 더 많이 반영했을 것이다.

여자는 여자를 믿지 않을 뿐 아니라 자신조차 믿지 않는다. 성공한 여자들에게 비결을 물어보면 한결같이 "운이 좋았을 뿐이에요. 그리고 정말 훌륭한 분들이 저를 이끌어주셨죠"라고 겸손하게 대답한다. 하지만 남자들은 자신이 좋은 교육을 받았고, 열심히 일했으며, 강도가 센 스트레스로 몹시 고생했다고 대답한다.

여자들의 자신감 부족 현상은 갈등을 두려워하는 여자들의 특성과도 일맥상통한다. 그래서 여자들이 선량하게 보이는 것이다. 도저히 용서할 수 없는 남자의 행위조차도 너그럽게 용서하는 여자를 볼 때면, 나는 이 여자가 마조히스트적인 성향을 지니지 않았나 하는 의심이 들기도 한다.

사생활의 영역에서 남편과 아이들에게 헌신하는 것뿐 아니라 직장에서도 마찬가지이다. 이점에 대한 자세한 설명은 다음 장에서 다루기로 하고, 여기서는 독일 직장여성연합회의 회장을 맡고 있는 안젤리카 로스의 말을 인용하는 것으로 그치겠다.

"여자들은 사회에서 그다지 존경받지 못하면서 별로 유쾌하지 못한 일은 도맡아 하고 있습니다." 3)

여자들의 자신감 부족으로 하나의 산업까지 생겨나게 되었다. 그것이 바로 상담 시장이다. 이 시장은 가난하고 차별대우를 받으며 사랑받지 못하는 여자, 금전문제, 직업적인 성공, 이상적인 배우자, 자녀교육, 대인관계, 행복, 매력적인 몸매 등 여성의 모든 문제와 관련한 상담을 펼치느라 북새통을 이루고 있다 ― 물론 남자도 상담코너를 이용하지만 이들은 다른 종류의 질문을 한다. 즉 디지털카메라를 사용하는 방법, 돈을 투자하는 방법, 오래된 시계를 잘 보관하는 방법 등 ― 현재 상담코너에는 여자들을 위한 4천 개 이상의 조언이 준비되어 있는데, 그중에는 이런 내용도 있다.

'여성은 남성보다 쉽게 우뇌와 좌뇌 사이를 이동할 수 있기 때문에 복잡하게 생각할 수 있다.'

그래서 우리 여자들은 손재주도 좋고 말도 유창하게 잘하는 것일까? 사실 이런 것들은 그다지 중요하지 않다.

진실로 중요한 것은 우리 여자가 이상적인 CEO가 될 수 있다는 것이다. 왜냐하면 여자는 감성지수가 높고, 감탄을 자아내는 능력, 대화능력, 그밖에 상대의 입장이 되어 생각하는 능력에다 재치까지 갖추었으니, CEO로써 이보다 더 훌륭할 수 있겠는가?

또한 남자보다 평균 7년을 더 사는 우리가 40세가 되면 사정은 좀더 나아질 것이다. 어쩌면 갱년기를 지나면 우리가 여자로서 전성기를 맞이하게 될지도 모르겠다. 얼마나 신나는 일인가!

하지만 이 모든 것들이 헛소리에 불과하다! 왜 여자들은 '여자도 남자처럼 잘한다' 라든가 '남자보다 더 잘한다' 는 소리를 들어야 하는가? 마치 3~4세의 어린이가 "엄마, 나도 어른이지, 응? 그렇지?" 라고 종알대는 것과 다를 바 없지 않은가.

다시 말해 내게는 이런 충고 따위가 아무짝에도 쓸모없는 것처럼 여겨질 뿐이다. 혹자는 여자들이 보다 행복해질 수 있는 방법이라고 충고하지만, 사실 누구나 알고 있는 말이 아닌가.

이런 책도 있다. 『착한 여자는 하늘나라에 가고, 나쁜 여자는 세상 아무데나 보내진다』 『남자가 원하는 것은 단 하나인데, 여자는 너무 요구가 많다』 『말을 듣지 않는 남자, 지도를 읽지 못하는 여자』 『여자는 거짓말하는 방식이 다르다』 『화성에서 온 남자, 금성에서 온 여자』……

만약 이슬람교도와 기독교인에 대하여 이와 비슷한 주장을 펼친다면 민중선동죄로 재판에 회부될지도 모를 일이다.

그런데 왜 여자들은 이런 종류의 책을 읽는 것일까? 나는 그 이유를 잘 모르겠다.

나탈리아 긴즈부르크는 그녀의 책 『여자에 대하여』에서, 주부든 미혼이든 현대여성은 '순수하게 자기 자신이 될 수 없는 사람'으로 묘사하고, 모든 여자는 규칙적으로 우울증이라는 깊은 우물에 빠진다고 설명한다.

그렇다면 남자는 왜 그렇지 않을까? 나탈리아는 이렇게 말했다.

"남자는 여자보다 신체적으로 훨씬 강하고, 존재를 잊은 채 자신이 하는 일에 푹 빠져 있다. 그들은 자신의 삶을 스스로 확정지을 수 있으므로 훨씬 자유로울 수 있다. 그런데 여자는 자신에 대하여 너무 많은 생각을 한다. 그것도 고통스럽고 조급한 방식으로."[4]

특히 여자는 자신의 외모에 신경을 많이 쓰는데, 자신감이 지나치게 결여된 여자는 아주 자연스럽게 성형외과를 찾기도 한다. 사람들은 외모로 괴로워하는 남자에게 코웃음을 치지만, 외모로 괴로워하는 여자에게는 걱정과 안타까움의 눈빛을 보낸다.

또 여자는 같은 고민을 가진 친구나 동료들끼리 모여 앉아 몇 시간이고 서로의 문제에 대하여 얘기하곤 한다. 여자들의 이런 심리는 CF 광고에도 자주 이용된다.

뜨거운 여름날, 태양빛이 내려쬐는 해변의 모래사장에서 비슷한 나이로 보이는 두 명의 남자가 선탠을 하고 있다.

한 남자가 갑자기 다른 남자에게 묻는다. "아버지 피부는 언제 보아도 매끈하고 탱탱해요. 그 비결이 뭐죠?" 그러자 아버지는 친절하게 대답한다. "내 아들에게만 특별히 비법을 가르쳐주지. 매일같이 비네아 센시티브 바디로션을 발라주면 된단다. 너도 늦기 전에 지금부터 발라보는 게 어떻겠니?"

우스꽝스럽지 않은가? 그런데 이런 상황을 어머니와 딸이 연출하고 있다면 아주 자연스러운 광고가 될 것이다.

여성잡지 『엘르』의 편집장 레나테 로젠탈은 친구에게 들은 재미난 일화를 잡지에 소개한 적이 있다.

"어느 대형 세탁소에서 몇달 동안 하루도 빠지지 않고 비타민 E를 복용한 직원을 해고시켰다고 한다(비타민 E를 과잉복용하면 머리카락이 많이 빠지기 때문에). 피부가 좋아지도록 하기 위하여 먹는 비타민 E 캡슐을 피부에 직접 바르면, 알레르기가 생길 수 있다.

또 어느 뷰티살롱에서 일하는 여자로부터 들은 소문에 의하면, 에스트로겐(여성 호르몬)이 함유된 질 크림을 얼굴에 바른 여자가 있었다고 한다. 이것 때문에 여자의 얼굴이 어떻게 되지는 않았지만, 산부인과 의사를 당황시키기에는 충분했다. 바로 처방전을 써달라고 요구했던 것이다."[5]

여자가 성공하려면 유머와 지성, 따뜻한 마음과 책임감보다는 자신의 가슴과 다리, 엉덩이에 얼마나 많은 남자들의 눈길을 받느냐에 달려 있다고 주장하는 여자들이 있다. 그야말로 30년 간의 여성해방운동을 한순간에 뒤집는 발언이다.

"이런 여자들에게 내적 가치라는 게 있을까?" 하는 질문에 "그거야, 무슨 속옷을 입었느냐에 달려 있겠지"라며 쾰른의 한 여성 풍자가는 빈정거렸다.

여자들이 라이프 스타일을 삶으로 혼동하고, 새로 구입한 옷을 자신의 영향력으로 혼동하는 한 이런 식의 빈정거림은 계속될 것이다. 영국의 국보급 디자이너 비비안 웨스트우드는 "모든 사람은 멍청해지지 않도록 스스로 많은 노력을 기울여야 한다. 실제로 이런 노력을 하는 사람들이 옷도 잘 입는다"[6]고 말했다.

지금까지 미모에 대한 광적인 집착을 가장 멋지게 표현한 것은 바디샵 창시자 아니타 로딕의 말을 인용한 광고문구이다. 전국적 바디샵 체인을 소유하고 있는 그녀는 광고에 이런 문구를 넣었다.

"슈퍼모델처럼 멋진 여자는 8명이고, 그렇지 않은 여자가 30억이다. 자기 자신을 사랑하라."

하지만 이 광고는 성공을 거두지 못했다. 이유는 바디샵에 드나드는 여자들이 하나같이 자신에게가 아니라 남자로부터 사랑받고자 원했기 때문이다.

할리우드는 이처럼 타인, 즉 남자만 염두에 두는 행태를 주제로 한 내용으로 <브리짓 존스의 일기>라는 코미디 영화를 만들었다. 이 영화는 대단한 성공을 거두었고 관객 중 많은 사람이 여자였다.

일하는 여성은 불안하고, 슬픔에 잘 빠지며, 의지가 박약하다는 게 이 영화의 핵심이다. 여자라면 모두 결혼을 꿈꾸는데, 이 문제가 잘 해결되지 않으면 스트레스 때문에 과식을 하고 술도 마시게 된다. 그러면 살이 찌게 되고 결국 결혼과는 더욱 멀어진다.

애초에 이 영화는 신경이 예민한 여자에 대한 가벼운 코믹물로 제작할 계획이었지만, 결국 한 세대의 초상화가 되어버렸다.

여자들은 이성적인 것을 별로 부러워하지 않는다고 한다. 여성잡지 『글래머』는 온라인상에서 자신이 가장 시기하는 것에 대한 설문조사를 실시한 바 있다. 결과를 보면 좋은 직업을 가진 여자를 시기한다는 대답이 10%, 인간관계가 좋은 여자는 13%로 저조한 대답이 나온 반면, 이웃집 여자나 가까운 여자들의 미모를 시기한다는 대답은 무려 30%에 달했다.[7]

만일 이웃집 여자처럼 예뻐지지 않는다면 어떻게 할 것이냐는 질문에, '외모에 신경 쓰지 않겠다'는 대답은 지극히 일부였고, 대부분 쇼핑하러 가겠다고 답했다. 그래서인가? 대도시의 백화점에는 항상 쇼핑하는 여자들로 흥청거린다. 그런데 쇼핑이 진정으로 여자들을 행복하게 해줄까?

영국의 한 설문조사에 의하면, 쇼핑은 아주 잠깐 동안 만족감을 줄뿐, 쇼핑하고 나서는 물건을 잘못 샀거나, 충동구매로 아까운 돈만 낭비했다는 느낌이 들어 후회할 때가 많다고 한다.[8]

온 세상은 여자들이 외모를 가꾸기 위한 쇼핑몰로 가득 차 있는 것 같다. 사실 여자들이 자신을 가꾸는데 이처럼 열심인 이유가, 성적인 매력으로 성공하고 침대에서 쾌감을 느끼기 위한 것이라면 조금은 이해할 수 있겠다. 하지만 전혀 그렇지 않다는데 문제가 있다.

18~65세까지의 독일 남녀 1,213명을 대상으로 성경험에 대한 설문조사가 있었다. 이 결과를 보면 나의 말이 이해될 것이다. 즉, 남자

가운데 63%는 자신이 멋진 남자라고 자신만만해 하는데 비해, 여자 가운데 76%는 자신이 성적으로 문제 있다고 대답했다.

신문에도 이런 제목의 기사가 난 적이 있다. "왜 남자들은 여자친구가 피임약을 살 때 돈을 함께 지불하지 않는가?" 이 질문의 정곡을 찔러 표현을 바꿔보면 이렇다.

"왜 어머니들은 아직도 자신의 아들을 이기적인 남자로 키우고 있는가?"

세상의 모든 어머니들이 자신의 아들에게 여자를 배려하도록 교육시킨다면, 여자들끼리 더욱 강한 연대의식이 생길 텐데 말이다. 사실 근육질의 폭력적 남성우월주의자인 마초들을 누가 키워내는가? 여자들이다. 또 그렇게 행동하는 것을 허락하는 사람은 누구인가? 바로 여자들이다. 옆에서 지켜보며 허락하는 여자가 없다면 마초도 없는 법. 오직 발기문제로 고민하는 남자만 있을 뿐이다.

평균적으로 여자아이가 남자아이보다 성숙이 빠르고 힘도 세다. 그런데 부모에게 아들과 딸 중에서 누가 더 강한지 물어보면, 대부분 아들이라고 대답한다. 왜냐하면 부모는 그렇게 되기를 마음속으로 기대하기 때문이다.

따라서 아버지는 아들에게는 아주 엄격하고 거칠게 대하며, 어머니역시 일찍부터 아들과의 신체접촉을 피하고 애정표현을 줄인다. 그리고 아들이 전형적인 남자의 것이 아닌 행동, 예를 들어 인형을 가지고논다든지 하면 호통을 치지만, 딸이 자동차를 가지고 놀면 진취적인모습이라며 대견해 한다. 또 어머니는 딸의 정서에는 많은 관심을 가지고 걱정하지만, 아들의 감성에는 별로 신경 쓰지 않는다.

이점을 관찰한 하버드대학의 심리학자들은, 남자에게는 영웅적인 심리가 크지만 동시에 감정적으로 많은 억압을 당해 왔다고 밝혔다.[9] 즉, 지금까지 남자들이 어머니에게 배운 것은 내적인 세계는 무시하고, 외적인 세계는 정복하라는 가르침이었다.

어머니들이 담당한 자녀교육은 아이가 성장하면서 아이의 삶에 그대로 반영된다. 이것은 여론조사기관인 알렌스바흐가 2천 명 이상의 사람들을 대상으로 실시했던 설문조사에도 잘 나타난다.

남녀평등을 위해 숱한 노력을 기울였지만, 오늘날 여자아이들은 여전히 남자와 전혀 다른 희망을 품고 있었다. 즉 미래의 직업으로 가능하면 책임을 피할 수 있는 일을 원한다는 것이다.

대부분의 여자아이는 스튜어디스, 꽃꽂이전문가, 패션디자이너, 연예인, 교사, 모델 등의 직업을 선호하는 반면, 대부분의 남자아이는 운동선수, 사업가, 선장, 우주비행사, 주식중개인 등의 직업을 선호한다. 다시 말해 남자아이는 자유롭게 활동할 수 있으며, 적극적이고 흥미진진한 직업을 꿈꾸고 있지만, 여자아이는 스스로를 꾸미는 것은 물론, 집안이나 극장, 무대 등을 꾸미길 희망한다는 것이다.

사실 여자아이들의 이같은 바람은 이미 정해져 있는 룰을 착실하게 따라가는 것일 뿐이다. 아이들은 이점을 생각해본 적이 없을 게 분명하다. 더욱 안타까운 것은 어릴 때 배우지 못한 사실은 어른이 되어서도 배우지 못한다는 점이다.

또 반드시 체험하고 싶은 것이 무엇이냐는 질문에 남자 중 61%가

모험 넘치는 휴가를 떠나고 싶어했고, 여자의 75%는 그런 휴가라면 가고 싶지 않다고 대답했다. 38%의 남자가 낙하산을 타고 뛰어내려 보고 싶어했으나, 여자는 19%만 그렇다고 대답했다.

마지막으로, 사회적으로 더 많은 여자들이 진출해야 할 곳이 어디이며, 남자들이 더 많이 진출해야 할 곳이 어디인지를 묻는 질문이 있었다. 그러자 신기하게도 남녀 모두 여자는 정치·경제·연구 분야에, 남자는 육아와 부엌일에 더 열심히 참여해야 한다는 의견이 나왔다. 그러니까 남녀 모두 보다 많은 여자들이 사회의 지도자로 성장해야 한다는 점에 의견을 같이한 것이다. 이렇듯 이상과 현실은 서로 일치하지 않고 있다.

이 설문조사를 직접 지휘했던 에드가 필은 결과에 대하여 "현실에 무관심한 여자보다 권력을 탐하는 마초들이 오히려 기존의 남녀 관계가 변화되는 것을 덜 방해한다"고 해석했다.10)

사실 수많은 여자들이 잠재의식 속에서 명예를 꿈꾸고, 남편을 지배하고 싶은 욕구를 품은 채 살아간다. 하지만 이들은 남편의 성공이 곧 자신의 성공이라고 굳게 믿는다.

이미 1971년에 에스터 빌라는 그녀의 책 『길들여진 남자』에서 이점을 지적한 바 있다.

"여자는 남자가 자신을 위하여 일하고, 생각하고, 책임을 지도록 만든다. 여자가 남자를 착취하고 있는 것이다."11)

에스터 빌라가 주장하는 핵심은 바로 이렇다.

"여자는 자신을 잘 부양할 수 있도록 능력 있는 남자를 선택하여 그를 직장에 보내고 성의껏 도와준다. 대신 이들은 남편에게 정규적으로 자신의 질을 제공한다. 남자가 부양자의 역할을 잘할수록 여자에게 듬뿍 사랑받게 된다.

결혼과 동시에 남편의 생활수준과 사회적인 지위를 함께 얻게 되는 여자가, 그러한 수준과 특권을 얻기 위하여 직접 하는 일은 아무것도 없다. 모든 것은 남편이 다 이룩한 것이기 때문이다. 따라서 여자가 가장 빨리 성공하는 길은 성공한 남자와 결혼하는 것이다.

많은 여자가 자신의 욕구에 복종하는 남자를 사냥하기 위하여 최선을 다한다. 또 남자가 더 열심히 일하고, 더 크게 성공하고, 더 많은 돈을 벌 수 있도록 동기를 부여한다. 여자들이 이렇게 행동하는 데에는 두 가지 이유가 있다. 첫째, 돈이 있어야 스스로 꾸밀 수 있기 때문이다. 둘째, 다른 여자들에게 자랑하기 위해서이다.

남자는 여자의 감탄을 자아내려고 부단히 시도하고 노력하지만, 사실 여자들 세계에서 남자는 그다지 중요하지 않다. 한 여자가 길을 걷고 있는데 어떤 남자가 몸을 돌려 그녀를 바라본다. 그녀에겐 당연히 기분좋은 일이다. 만약 이 남자가 명품을 입고 있거나 비싼 스포츠카를 몰고 있다면, 그녀는 은근히 더 기뻐할 것이다.

그런데 남자가 아닌 여자가 그녀를 보기 위하여 몸을 돌린다면 — 여자는 다른 여자의 기준에 따라 자신을 평가하기 때문에 자신의 잣대로 평가하는 남자보다 훨씬 가혹한 면이 있다 — 여자는 최상의 것을 획득했다고 생각하여 몹시 뿌듯해 한다. 사실 여자는 다른 여자의 감탄을 자아내기 위하여 산다고 해도 과언이 아니다."

할리우드의 스타 산드라 블록은 이렇게 말한다.

"남자들은 우리가 아무리 예쁜 옷을 입어도 별로 감탄하지 않는다. 그들이 진정으로 원하는 것은 우리의 알몸이니까. 오래 전부터 여자들이 옷을 잘 입으려고 애쓰는 것은 다른 여자들 때문이다."12)

남편의 능력이 뛰어날수록 부인의 옷차림과 액세서리, 별장이나 자동차 등은 비례하여 세련되어진다. 그런 만큼 이웃집 부인이나 여자 친구의 시기심은 더욱 커질 것이다.

또한 대부분의 여자들은 자신이 남편을 보호하지 않았더라면, 남편은 절대로 출세하지 못했을 거라며 고집스럽게 주장한다. 그도 그럴 것이 가정을 돌보고, 아이를 교육시키고, 손님을 접대한 사람은 바로 여자이다. 그러므로 대부분의 여자들은 남편이 결혼기간 동안 쌓아놓은 재산의 반은 당연히 자신의 것이라고 생각한다.

이와 관련된 흥미로운 사건 하나가 있었다. 로르나 벤트는 GE 캐피털(전설적인 대기업 제너럴 일렉트릭의 금융 자회사이다)의 회장 게리 웬트와 결혼하여 32년 동안 함께 살았다. 이혼할 때 그녀는 남편 게리가 결혼기간 중 모았던 1억 달러 가운데 절반을 요구했지만, 그녀가 받은 돈은 2천만 달러에 불과했다. 그래도 남편이 제안한 8백만 달러보다는 큰 액수이었다. 판결문에 따르면, 남편은 그녀가 유지했던 생활 수준만 보장해주면 된다는 것이다.

우리는 이제 이런 질문을 던질 수 있다. 집안일을 하는 사람과 밖에서 돈을 버는 사람의 노동은 서로 동일한 가치가 있는 것일까? 만약 로르나가 아닌 다른 여자, 가령 수지나 캐서린, 혹은 로렌이라는 여자가 가사를 돌보는 바람에 남편이 1억 달러를 못 벌었다면? 남편 역시 로르나와 결혼하지 않고 평생 제너럴 일렉트릭의 공인회계사로 머물러 있었다면? 이런 점까지 생각할 때 그녀의 가사노동은 어느 정도의 가치가 있는 것일까?

독일의 사정을 한번 살펴보자. 게르하르트 슈뢰더는 아내가 힐루였건 도리스였건 간에 수상이 되었다. 또 외무부 장관 요슈카 피셔는 네 번째 아내와 살고 있다. 만일 자신이 여기자 출신인 지금의 젊은 아내와 결혼하지 않았다면, 아직도 프랑크푸르트에서 택시운전을 하고 있을 거라는 요슈카 피셔의 말이 조금 거북스럽게 들린다.

명예욕이 강한 남자는 누가 부엌을 청소하든, 누가 자신의 셔츠를 다림질하든 상관없이 자기만의 길을 잘 간다. 다시 말해 여자는 안중에도 없다는 뜻이다.

명예욕이 강한 여자도 보통 그녀들의 길을 볼 수 있다.

힐루 슈뢰더는 게르하르트 슈뢰더를 만나기 전 한 경찰관과 교제했었다. 그녀가 만일 그 경찰관과 결혼했더라면, 니더작센 주의 여성 장관이 되는 것은 한낮 꿈에 불과했을 것이다. 오늘날 그녀의 책이 독자들에게 큰 인기가 있는 것도, 사람들이 그녀에게 관심 있어서라기 보다는 오직 수상 부인이었던 여자에게 관심이 쏠리기 때문일 것이다. 이것은 차용한 삶이 아니고 무엇인가!

결혼한 여자는 흔히 다른 여자의 남편을 실패자라고 생각하면, 인정사정 없이 그들을 비난한다. 나는 직장을 잃거나 불행한 일을 당한 동료를 남자들이 그토록 무자비하게 비난하는 모습을 한번도 보지 못했고 듣지 못했다. 하지만 기업이 어떻게 돌아가는지 잘 모르는 여자들은, 종이 한 장 차이로 성공할 수도 있고 파산할 수도 있다는 사실을 모른다. 누구나 특별한 능력이 있음에도 불구하고 쉽게 망할 수 있다는 사실도 잘 이해하지 못한다.

모든 면에서 결정을 쉽게 회피하는 여자들이지만 신기하게도 휴가를 떠날 장소나 가구의 선택, 혹은 아이가 다닐 유치원을 고를 때에는 절대로 결정권을 포기하지 않는다. 이렇듯 여자들의 일관성 없는 행동 때문에 소위 멍청하다는 뜻을 표현하고자 할 때에, '여자의 논리' 라는 단어를 사용하게 되는 것이다.

애초에 여자에게는 하나의 논리, 즉 주장하는 바를 먼저 내세우는 연역적 사고방식이 있을 뿐이었다. 2 곱하기 2가 4라는 것은 남자가 생각하든, 여자가 생각하든 똑같은 논리이다. 그밖의 모든 것은 감정이 개입되거나 끝없는 수다로 이어지는 잡다한 생각일 뿐이다.

높은 감성지수니, 센스 있다느니, 대화능력이 뛰어나다느니 하는 여자에게 흔히 칭찬처럼 붙어다니는 표현들이 있다. 이 칭찬은 우월하다는 인정의 표현이 아니라, 덫이나 속임수에 가까운 표현이다. 왜냐하면 더이상 알 수 없거나 확신이 서지 않을 때 여자는 자신의 직감에 의지하는 경우가 아주 많기 때문이다.

우테 에르하르트는 그녀의 책 『똑똑한 여자는 굴복하지 않는다』에서 이렇게 지적했다.

"남자에 비해 여자는 자신의 감정보다 다른 여자들의 감정을 훨씬 민감하게 받아들인다. 다른 여자의 신체적 징후를 아주 분명하게 알아차리고, 미세하지만 이를 마음의 표시라고 본다."13)

에르하르트는 이점을 여자가 지닌 장점으로 보고 있다.

남자들 사이에서는 "그것이 옳다는 걸 그냥 느낌으로 알아!"라고 말하는 것은 거의 불가능하다. 남자는 어떤 기준에서 평가하는지, 어떤 사실을 바탕으로 그렇게 생각하게 되었는지를 알고자 원하므로, 그밖의 다른 이유는 받아들이지 못한다. 그러니 머리가 아닌 가슴으로 결정하고 직감을 동원하는 여자들의 결정을 남자들이 진지하게 받아들이지 않을 것은 뻔한 이치이다.

여류작가 모니카 마론은 이에 대하여 정확하게 지적했다.

"본능이라고 말하면 더이상 논쟁의 여지가 없고, 논쟁의 여지가 없으므로 반박할 수도 없다."14)

때문에 '여자의 논리'라는 표현은 예의바른 신사들이 사고능력이 부족한 여자들을 일컬어 친절하게 대해주는 말에 불과하다. 이런 표현을 여자들이 자신을 칭찬하는 말로 오해하거나, 혹은 여성이 태생적으로 우월하다는 식으로 받아들이는 한, 남녀 관계에는 어떠한 변화도 일지 않을 것이다.

아무리 급진적인 페미니즘이라도 이런 사실을 바꿀 수는 없다. 사실 여성운동은 소수의 여성만이 적극적으로 참여하고 있다. 대부분의 여자들은 편안한 삶을 훨씬 더 선호한다. 젊은 여성조차 페미니즘이니 우먼파워니 여성해방이니 하는 개념에 나쁜 이미지를 갖고 있는 형편이다.

젊은 여성들은 이런 단어에 불편한 심사를 드러낸다. 이런 주제는 오히려 복잡한 문제를 야기시키며 여자들끼리 파벌을 짓게 한다는 것이다. 또 70년대의 문제를 지금에 와서 다시금 끄집어내려 한다고 불평한다.

이렇듯 여성운동이 젊은 여자들에게 푸대접받는 이유를 적극적으로 어성운동을 펴고 있는 여자들에게서 찾아볼 수도 있다. 현대의 신세대 여성은 여성운동가들이 신는 신발, 단어의 선택과 의상(펑퍼짐한 스타일)까지 하나같이 매력이라고는 눈곱만치도 없는 것으로 생각한다. 그러니 자신은 절대로 여성운동을 하는 여자처럼 보이고 싶지 않은 것이다. 이런 현상에 대하여 이미 제2 텔레비전 방송인 ZDF에서 적나라하게 해부한 바 있다.

한 토크쇼에서 독일의 섹스 심벌인 베로나 펠트부쉬와, 독일 여성운동의 대표라고 할 수 있는 알리스 슈바르처가 정면으로 부딪힌 것이다. 수백만의 시청자들이 이 방송을 매우 흥미롭게 지켜보았는데, 『슈피겔』은 마침내 펠트부쉬의 손을 들어주었다.

슈바르처는 멋지게 차려입거나 높은 구두를 신고 다니는 여자를 멍청하다느니, 천박하다느니 하는 식으로 깎아내렸다. 그러니 당연히 미움을 살 수밖에. 그녀는 또 이런 말도 했다.

"하이힐은 무기가 아니라 하나의 구속이다."[15]

이렇게 답답할 수가! 매사에 똑똑한 것은 가능하지만 예뻐서는 안 된다고 주장하는 식의 여성운동에 젊은 여성이 어떻게 관심을 가질 수 있겠는가. 또한 여성운동이 내걸었던 슬로건, '개인생활이 바로 정치이다'라는 구호는 더이상 신세대의 관심을 끌지 못했다. 이들은 개인의 개발과 행복을 매우 중요하게 생각하기 때문이다.

독일에서 여성운동의 전통을 이어갈 후진이 부족한 가장 큰 이유는, 페미니즘 운동이 현실적으로 여자가 수용할 수 있는 여성의 역할을 제대로 제시하지 못하기 때문이다.

예를 들어 여자는 집단으로 경제적 독립을 추구해야 하고, 자신을 억압하는 남자와 헤어져야 한다는 전제는 불행하게 끝날 유토피아의 허구에 불과하다. 왜냐하면 남자들이란 그렇게 나쁜 사람이 아니며, 대부분의 여자 역시 남자와 함께 살기를 원하기 때문이다.

하지만 페미니스트는 여자들에게 남자와 건설적인 관계를 맺으며 능동적으로 살아가는 방법을 가르쳐주지 못했다.

이점과 관련하여 사회학자 바바라 쉐퍼 헤겔은 "여자들을 하나로 묶어주는 공감대는 바로 고통이었다"라며 경험을 털어놓았다. 그녀는 정치와 경제계에서 여성 지도자를 배출하려는 목적으로 '유럽 아카데미'를 창립한 발기인 중의 한 명이기도 하다.

"늘 불만에 쌓인 여자들이 있었고, 이들은 불만에 쌓인 또다른 여자들을 발견하고는 모든 것이 얼마나 끔찍한지 함께 공감했다. 하지만 그렇게 해서 달라진 것은 아무것도 없었다."

함부르크의 여류작가이자 페미니즘의 비판자, 시그네 체란도 이런 행동을 '소름끼치는 자기연민'이라고 비판했다. 젊은 여자들은 이미 예감하고 있었던 것이다. 즉, 자신을 희생자로 취급하는 사람은 항상 그렇게 행동하게 된다는 점을 말이다.16)

미국 버클리의 캘리포니아대학 철학과 여교수인 주디스 버틀러 역시 여성운동에 신랄한 비판을 가하고 있다.

"전세계에 살고 있는 매우 다양하고 수많은 여자들을 페미니즘처럼 공통된 목표를 가진 정치적 집단이라고 부를 수는 없다. 생물학적 특성이 운명이 되어서는 안 된다고 요구하는 사람은, 가부장제 사회의 이상이던 여성적인 아름다움에 집착하지 않을 수 있다.[17] (생물학적 특성에 관한 논쟁은 '좀더 읽기 2'를 참조하기 바란다)."

카타리나 러츠키는 그녀의 책 『'엠마'와 그녀의 자매들』에서 이렇게 말했다. "페미니즘은 왜 이 운동이 전통을 이어가지 못하게 되었는지 깊이 반성하는 대신, 이 운동을 그만둔 여자들에 대하여 조사를 펼치거나, 선배들이 이룩한 신화만 만지작거리고 있다."[18]

영국의 뛰어난 작가이자 한때 페미니스트로 이름을 드날렸던 도리스 레싱도 여성해방이라는 썩은 열매에 대하여 공포의 전율을 느낀다고 말한 바 있다.

"세상에서 가장 멍청하고 교육도 받지 못했으며 끔찍하게 생긴 여자들이, 마음이 따뜻하고 친절하며 그녀들과 비교할 수 없을 만큼 지적인 남자들을 비판하고 있다. 그리고 어느 누구도 이를 탓하지 않는다. 오히려 생각이 짧고 교활하기까지 한 페미니즘의 문화가 남자를 억압하는 것에 대항하여야 한다."[19]

원래 훌륭한 뜻을 가지고 시작했던 이 운동을 지켜보는 남자들의 시각에서 보면, 어찌 되었든 페미니즘은 역사에 살아 남았다.

워런 패럴은 '역사상 가장 많은 특권을 향유한 그룹은 미국의 중산층 백인 여성'이라고 말한 바 있다. 그녀들은 남편과 국가로부터 재정적 지원을 받고, 섹스와 임신뿐 아니라 자녀양육권까지 지닌 채 남부럽지 않은 삶을 향유하고 있다는 것이다.

또한 인류의 52%를 차지하는 여자들이 오늘날처럼 남녀동등권, 모자보호법, 자녀양육권 등으로 자신을 보호한 적도 없었다. 그 결과 역사상 최초로 생긴 남성보호그룹은, 자녀양육권과 낙태권을 자신들도 함께 결정할 수 있는 권리를 얻기 위하여 싸우고 있는 형편이 되었다.

# 여자와 남자의 생물학적 특성

당신의 얼굴이 데드마스크가 되기 전에, 충격받은 채 잠자코 있던지, 아니면 저항하라!

- 페터 륌코르프★

지난 수십년 동안 남녀평등을 위하여 갖가지 법을 제정하고 여성을 지원했지만, 왜 아직도 모든 영역에서 활동하는 여자들의 수가 늘지 않는지, 오늘날 독일의 많은 사람들이 고심하고 있다. 가장 현실성이 큰 대답으로 '여자는 스트레스를 아주 싫어한다' 는 이유를 들 수 있겠지만, 이것만으로 충분하지 않다. 때문에 현대 생물학과 행동연구학에서는 그 원인을 밝히려는 노력이 활발하게 일어나고 있다.

신경 단위인 뉴런에 대한 얘기가 나오고, 뇌의 크기도 측정하게 되

---

★  Peter Ruehmkorf; 독일의 시인. 함부르크대학에서 독문학, 심리학, 교육학, 미학을 공부했다. 졸업 전에 시집을 출간했고, 1960년에는 「그룹 47」에 들어갔다. 기센대학의 명예박사이며, 게오르크-뷔히너 상을 비롯하여 수많은 문학상을 수상하였다.

었으며(남자의 뇌는 여자의 뇌보다 10% 정도 더 크다고 한다), 갓난아기와 영장류를 비교하여 관찰하기도 한다. 말하자면 최근 들어 남자와 여자가 지닌 다양한 특징과, 유전자의 차이에 따라 남녀를 설명하려는 경향이 유행하고 있는 것이다.

캘리포니아대학의 인류학 교수인 니콜 헤스는 이러한 실험을 거친 뒤 '여자는 자신의 삶을 위하여 수다를 떤다'고 주장했다. 이외에도 남자는 자신에 대하여 나쁜 소문을 퍼뜨리겠다고 협박하는 것보다 폭력적으로 협박하는 것에 더욱 예민한 반응을 보인다는 것과, 반대로 여자는 자신의 명예가 더럽혀질 것을 염려하는 성향이 더 강하다는 사실을 밝혀냈다.

또한 여자들은 "내가 생각하고 행동하는 것처럼 다른 사람도 그렇겠지"라고 말하지만, 사실은 다른 사람이 자신을 어떻게 생각하는지에 신경을 곤두세운다고 한다. 이에 대한 설명으로 헤스 교수는 "여자는 경쟁자의 사회적 지위와 명성에 해를 입히기 위하여 잡담이라는 도구를 사용하기 때문"이라고 말했다.[1]

그밖에 이런 내용도 있다.

포유류는 가능하면 빨리 짝짓기를 끝낸다. 짝짓기를 하는 동안이라도 외부로부터 공격받는다면 재빨리 방어해야 하기 때문이다. 인간의 경우 서로 껴안고 애무하는 행위는 동물적인 유산을 넘어 문명화된 행동일지도 모른다. 오르가슴에 도달하는 시간이 남성은 2~5분, 여성은 13분이라고 한다. 그러므로 여자가 남자에게 다음번에는 좀더 오랫동안 애무해달라고 부탁했을 때, 그가 무안해 하면서 은근슬쩍 대답을 회피해도 기분 나빠하거나 놀랄 필요가 없다.

남자 역시 다음번 파티 때 여자가 멍청하기 짝이 없는 마초 타입의 남성을 곁눈질하더라도 화낼 필요가 없는 것이다.

바보 같은 소리라고 생각하는가? 사실 나도 그렇게 생각한다. 그러나 이런 조사나 연구의 결과를 우리는 자주 접하게 된다.

예를 들어 '여자는 본능적으로 아이를 원하고 자신을 보호해줄 강한 남자를 원한다. 유전자로 인해 그럴 수밖에 없다' 내지는 '남자 역시 본능적으로 종족을 퍼뜨리려는 욕구가 강하다. 그러므로 어쩔 수 없는 경우 폭력을 사용해서라도 그렇게 하고 만다' 등등의 온갖 말들이 쏟아져 나온다.

"다른 방법이 없다. 모든 것은 동굴과 관련이 있다"고 볼프강 륄은 쓰고 있다. 『슈테른』의 집필자인 그는 현대적 학문이 발표한 촌스러운 자료를 다음과 같이 요약했다.

"석기시대의 남자들은 무리지어 사냥을 나가면 본질적으로 중요한 정보만 주고받았다("왼쪽에 맘모스가 있다!" 따위). 남자들이 사냥을 하는 동안 동굴에 남아 있던 여자들은 모여서 수다를 떨었다. 이런 점을 고려했을 때, 오늘날 여자들이 아나운서나 통역사, 광고직에 많이 종사하지만, 등대지기나 낚시꾼 등은 거의 없다는 점이 우연이나 교육 때문만은 아니다."[2]

그렇다면 여러 조사와 볼프강 륄의 기사를 근거로 이런 상상을 한번 해보자. 즉, 호모 사피엔스는 생물학적 특성에 의하여 움직이기 때문에 인간의 자유의지는 기대하는 바일 뿐, 현실에서 이것은 있을 수 없다고 말이다. 우리는 무엇을 배울 수 있을까?

일반적으로 널리 알려져 있는 생각, 즉 여자가 남자보다 훨씬 나은 운전자라는 생각조차 유감스럽지만 사실이 아니다. 우선 여자 가운데 90%는 남자보다 공간감각이 떨어지므로(또 여자가 남자보다 열등한 능력으로 즉각적인 반사능력을 들 수 있다), 남자보다 훨씬 더 힘들게 후진하고 주차한다.

좀더 구체적으로 말하면, 먼저 남자의 82%는 처음으로 주차할 때에도 정확하게 해내지만, 여자는 겨우 22%만 그렇게 할 수 있다. 그리고 여자도 남자만큼 난폭하게 운전하며, 앞차와의 안전거리도 유지하지 않는다. 물론 남자에 비해 느린 속도로 운전한다.[3]

보험회사는 여자 고객을 유치하기 위하여 혈안이 되어 있는데, 이유는 평균적으로 여자들이 남자보다 적게 운전하며, 운전을 하더라도 아는 길만 다녀 그만큼 사고율이 낮기 때문이다. 여자는 미장원이나 유치원, 직장에 갈 때만 차를 몬다. 여자도 남자만큼 운전을 자주 하게 되면, 사고율이 훨씬 높아질지 모르겠다.[4]

여자가 방향감각이 부족하다는 점은 학문적으로 입증되었을 뿐 아니라 예부터 잘 알려진 사실이다. 대부분의 여자는 지도를 잘 읽지 못한다. 그래서 지나칠 정도로 유머러스한 영국인은 남쪽이 위에 있는 여성 전용 지도를 만들기도 했다. 말하자면 '업사이드다운 지도'인 셈이다. 그러나 남자는 지도 없이도 길을 잘 찾는다.

황당하게 들리는가? 전혀 그렇지 않다. 오히려 매우 실용적이다. 만일 모든 것이 생물학적 특성 때문이라면, 그 누구의 책임도 없지 않겠는가. 즉 남자는 언제나 주인공이 되고, 여자는 수다를 떠는 인물로 전락한 것이 그 누구의 잘못도 아닌 것이다.

여자가 자동차를 몰다가 부수고, 남자가 바람을 피우는 것 역시 유전자 때문이며 운명적이다. 현대 생물학은 남녀문제뿐 아니라, 다른 문제에도 이런 식의 해석을 내림으로써 행동에 대한 책임을 아주 쉽게 회피하도록 도와준다.

동굴이론은 여자에게도 커다란 위로가 된다. 여자는 계속 수다를 떨면 되고, 남자는 사냥을 나가면 그만이다. 남자도 그것을 원할 것이다. 아니, 남자는 그밖의 다른 것은 원치 않는다.

하지만 남자가 그렇게 할 수 없다고 나온다면? 또 여자도 그것을 원하지 않는다면? 진정 석기시대에나 통용되었던 입장이 현대의 우리를 판단하는 기준이 되고, 우리의 인생에 있어서 행동지침이 되어야 하는 걸까? 물론 당시에 획득했던 인류의 능력이 현대사회에도 여전히 도움되는 부분이 있겠지만, 남자조차도 그러한 태도가 바람직하다고 주장하지 않는다.

유전이 인간의 행동에 영향을 미칠 수 있다고 해도, 성인이 되면 자신이 한 일에 대한 책임을 져야 한다. 지구상에 존재하는 모든 법치국가는 그렇게 규정하고 있으며, 민주주의 국가라면 예외 없이 책임지지 않아도 되는 것에 대하여 명확한 정의를 내려놓고 있다. 건강한 사람이라면 유전자 따위에 갈팡질팡하지 말고, 자신이 무슨 행동을 하든 판단할 수 있다는 전제에서 출발해야 한다.

# 6. 일터에서 여자들의 태도

## 여자라고 가산점을 주는 곳이 있을까

여자는 마치 티백과 같다.
뜨거운 물을 부었을 때에야 비로소 여자가 얼마나 강한지 알 수 있다.

－해리엇 루빈★

★ Harriet Rubin; 미국의 작가이자 컨설턴트.
리더십과 트렌드에 대한 강의를 하고 있다. 세계적 베스트셀러가 된
『여자들을 위한 마키아벨리』와 『홀로 되기—야망을 실현하라』의 지은이이기도 하다.

농림부 장관 레나테 퀴나스트는 『슈피겔』 과의 인터뷰에서, 슈뢰더 정부가 들어선 이래 한꺼번에 5명의 여성 장관이 입각하게 된 이유에 대하여 자문했다. "독일에서 지금처럼 남녀평등이 잘 이루어진 적도 없었는데, 여자는 왜 항상 두번째 줄에 있을까요?" 그녀는 이렇게 자답했다.

"과거에는 달랐지요. 2차세계대전 이후 배고프던 시절, 여자들은 살아 남으려고 최선을 다했습니다. 고생은 되었지만 여자들에게 있어 그다지 나쁜 시절은 아니었지요. 하지만 전쟁이 끝나고 남자들이 하나둘 고향으로 돌아오자 위기의 시기에 잠깐 동안 자리잡았던 모권 사회는 자취를 감추었습니다. 여자들은 쥐고 있던 권력을 내놓아야 했으며, 과거의 역할로 돌아가야 했지요. 그때부터 오늘까지 여자들은 잡지에서 상품을 테스트한 결과 따위나 읽으면서 자신의 미모와 집안을 가꾸는 데만 신경 쓰게 된 것입니다."

퀴나스트는 이렇게 결론 내렸다.

"언젠가 남자들이 여자에게 권력을 나누어줄 것이라고 인내심 있게 기다려봐야 아무 소용이 없어요. 한탄해도 소용 없고, 여자의 자리까지 모두 차지해버린 남자들의 사악함을 비난해도 전혀 도움이 되지 않아요. 오늘날까지 여자가 계속 참고 인내해 왔기 때문에 남자가 권력을 쥐고 있는 겁니다."[1]

실제로 50~60년대의 식탁은 완벽하게 차려졌다. "내 아내는 직장에 다닐 필요가 없지요"라고 말하는 남편은 능력 있는 남자였다. 당시의 CF 광고도 거의 동일한 상황을 연출한다. 즉, 아내는 남편이 출근할 때 키스를 하고, 남편이 돌아올 때쯤이면 맛있는 음식이 식탁 위에 가득 차려져 있다. 온 집안이 윤이 날 정도로 깨끗하고 반짝거리는 모습에 남편은 매우 흡족해 한다.

이런 풍경은 우리에게 무엇을 가르쳐주는가? 많은 여자들이 과거나 지금이나 집밖에서 일하는 것을 원치 않고, 책임지고 프로젝트를 맡거나 인사업무를 보는 것도 좋아하지 않으며, 스스로 돈을 벌고 싶어하지 않는다는 점을 말해준다. 저녁 무렵, 자발적으로 돈을 버는 남편이 나타나면 여자들은 안도의 한숨을 내쉰다.

스위스에서 실시한 한 연구를 보면, 여자는 결혼한 지 얼마 되지 않아도 싱글로 사는 비슷한 또래의 여자에 비해 평균 6시간 정도 적게 일하는 것으로 나타나 있다.[2]

사실은 이런 현상이 1천년 전부터 계속되어 왔다고 말한다면 이의를 제기할 사람이 많을 것이다. 뉘른베르크에서 직업을 연구하는 마리아 융쿤스트와 게르하르트 엥엘브레히는 독일에 사는 3천 명의 어머니들을 대상으로 여론조사를 실시했다.

이에 따르면, 구동독 지역에 사는 어머니 가운데 24%는 여전히 직장에 다니기를 원했고, 서독 지역에 살고 있는 어머니는 7%만 원했다. 부모 중 한쪽이 반나절만 일하는 경우는 구동독이 2%, 서독은 9%나 되었다. 이로써 대부분의 여자들이 세워둔 현대적인 삶의 청사진이 분명해진다. 즉, 남편은 직장에 다니고 아내는 약간의 일만 하는 것이다. 이런 스타일로 살기 원하는 여자들은 구동독과 서독에서 거의 비슷하게 나타났는데 무려 65%에 달했다.3)

그러니 결과는 뻔하다. 교육을 많이 받은 현대여성은 예전에 비하여 고급 노동력을 제공할 수 있지만 관리자급에 속하는 여자는 거의 찾아볼 수 없다. 통계적으로 볼 때, 여자는 늦어도 30대 중반이 되면 블랙홀로 빠져버리니 그럴 수밖에.

익명으로 대답하는 한 여론조사에서, 서구산업사회에 사는 남자들의 70~80%가 자신의 삶에 있어 가장 중요한 것은 직업이라고 대답한 반면, 여자들의 70~80%는 가족이라고 대답했다.4)

여자는 한참 경력을 쌓아 재정적으로나 회사의 서열상으로 아주 유리한 위치에 있을 때 직장을 그만둔다. 그리고는 남편에게 자식의 교육문제에 참여하도록 협조를 구하고, 자신은 파트타임 계약을 맺어 일한다. 물론 이런 형태로 일해도 되겠지만 직장에 다니는 것만큼 경력을 쌓을 수 없다.

젊은 여성이 지니고 있던 명예욕이나 모험심, 실험정신은 모두 어디로 갔단 말인가? 직장을 그만둔 여자들은 신도시에서 정신적으로 퇴화된 채 살아가거나, 잘해봐야 남편이 운영하는 회사에서 함께 일하는 가정주부가 되어 있을 것이다.

얼마 전 나는 여고 동창모임을 가졌다. 20년 전 우리가 고등학교를 졸업했을 당시, 우리 학교는 바이에른 지방에 마지막으로 남아 있던 여자고등학교였다. 나를 포함한 동기생 두 명은 어느날 갑자기 잃어버린 시간을 찾고 싶었다. 그래서 당시 세 개의 반에서 공부했던 동기생 모두에게 일제히 편지를 보냈다. 그날 저녁 이미 30대 중반이 된 여고동창생 20명 정도가 동창회장에 모습을 드러냈다. 고등학교를 졸업한 뒤 서로 다른 교육을 받았으므로 미용사에서부터 생물학 박사까지 다양한 일을 하고 있었다. 그리고 대부분 자식이 있었는데 심지어 6명의 자녀를 둔 동창도 있었다.

우리는 저녁식사를 하면서 현재 하고 있는 일에 대하여 서로 얘기를 주고받았다. 알고보니 동창생 중 대부분이 남편이나 아버지, 또는 오빠의 일을 함께 하고 있었다. 음향기술을 배운 동창은 의사인 남편을 도와주고 있었고, 경제학을 공부한 동창은 오빠가 운영하는 가구제작소에서 일하고 있었으며, 경제학을 공부한 또다른 동창은 남편이 운영하는 물리치료 병원에서 일하고 있었다. 이들은 모두 가족의 일을 도와주기에는 아까울 정도로 훌륭한 교육을 받았는데 말이다. 하지만 이들은 야망을 쫓는 남편을 내조하고 자식에게 훌륭한 어머니가 되겠다는 신념으로 살고 있었다.

이렇듯 가족의 일을 도와주는 많은 여자들이 독일 중산층을 받쳐주며, 국민경제에서 결코 과소평가할 수 없는 역할을 맡고 있다. 하지만 이들은 함께 일하는 다른 직원의 신경을 건드리는 횟수가 빈번하다. 이들 중 대부분이 그 작업장에서 필요한 교육이 아닌 전혀 다른 교육을 받았음에도 불구하고 중요한 일을 맡고 있기 때문이다.

루프트한자에서 스튜어디스를 하던 친구는 치과의사를 만나 결혼했고, 두 아이를 낳은 뒤 남편의 병원일을 도우면서 치석제거 과정을 배웠다. 물론 비공식적으로 그녀는 다른 간호사들의 상사가 되는 것이다. 전문교육을 받은 간호사들이 한때 여승무원이었던 상사의 가르침을 제대로 받아들일 수 있을까. 하지만 그녀가 원장의 부인이니 또 어쩔 것인가.

전업주부인 어떤 여자는 대학에서 전공한 영문학을 마침내 써먹을 기회가 생겼다. 남편의 사업 파트너에게 편지를 써주는 일이었다. 하지만 그녀는 셰익스피어의 작품이라면 모르겠지만, 사업상 사용하는 영어에 대해서는 아는 게 별로 없었다. 적어도 한 달에 7장의 편지를 써야 하는데 말이다. 이런 것을 배우기 위하여 그녀는 사무실이 필요했고 컴퓨터도 필요했다. 회사에서 이 업무를 담당하고 있던 여직원과 그녀의 조수는 바쁜 업무에 쫓기고 있었다. 때문에 이들은 사장 부인의 도움을 진심으로 고마워할지도 모른다.

그런데 사장 부인이란 여자는 일에 대하여 아는 것이 거의 없고, 고작 일주일에 몇 시간 정도 회사에 얼굴을 내밀면서 나타날 때마다 거침없이 명령을 해댄다. 공적인 지위를 따지자면 말단 수준에 불과하지만, 남편의 권력을 등에 업은 그녀는 마치 부사장처럼 행동하는 것이다.

이렇듯 갑작스레 나타나 휘둘러대는 비공식적인 권력은 회사를 삭막한 분위기 속으로 몰아넣는다. 믿었던 사장마저 알게 모르게 부인의 행동을 지지하기 시작한다. 그에게는 사무실 분위기보다 집안 분위기가 더 중요하기 때문이다.

사장 부인의 감독을 받는 직원들은 점차 동요하기 시작하고, 급기야 하나둘 사표를 내기 시작한다. 이때 사장 부인은 단지 자신이 모든 것을 잘해보려고 노력했을 뿐인데, 왜 이런 일이 생겼는지 모르겠다며 어이없어 할 뿐이다. 사실 그녀는 자상한 어머니, 책임감 있는 아내, 회사의 수입을 걱정하는 진정한 파트너의 역할을 잘해내고자 했을 뿐인데……

만약 이런 여자들이 다른 일터, 즉 자신이 받은 교육에 걸맞는 일을 구한다면 훨씬 더 좋은 결과를 가져올 것이다. 이들은 남편의 회사나 다른 회사에서 파트타임으로 일하면서, 자신이 지닌 능력을 제대로 발휘하지 못하고 있다. 이는 결과적으로 회사는 물론이고 나아가 사회 전체에 큰 손해를 끼치는 행위이다. 왜 그럴까?

여자들의 이런 행동이 순전히 아이 때문만은 아니다. 남편도 어느 정도 아이를 돌봐줄 수 있으니까. 하지만 여자는 자신도 높은 수준의 교육을 받았음에도 불구하고 남자가 야망을 실현하는 것을 말없이 도와줄 뿐이다. 자신이 얼마나 행복하게 될지 스스로 알아야 한다는 데 반대할 여자는 아무도 없을 것이다.

만일 남자의 자유가 자신의 자유보다 더 중요하다고 판단하는 여자라면 안심하고 가정이라는 새장으로 들어가도 괜찮다(물론 이 새장은 황금으로 만든 것이 아닐 것이다). 하지만 그녀들은 이 세상이 남자들 천국이라고 한탄해서는 안 될 것이다.

여자들은 자신의 행동이 결국 남녀 관계를 시멘트처럼 고정시킨다는 점을 분명히 깨달아야 한다. 왜냐하면 남자들이 유치원에서 아이를 데려오기 위해 매일 5시에 퇴근한다거나, 아이가 아파서 회사에 출근하지 못한다거나, 1년 동안 육아휴가를 낼 때에야 비로소 고용주는 남자 직원을 채용해야 할지, 여자 직원을 채용해야 할지 고민하게 될 것이기 때문이다.

울리케 자데는 파트타임에 대해서 아예 언급조차 하지 않는다. 그녀는 '주 38시간씩 일한다 해도 커리어우먼이 되기에 턱없이 부족하다'라고 말한다.

13세 아들의 어머니이기도 한 그녀는 40대가 되어서야 한 자전거 회사의 베를린 지국장이 될 수 있었다. 그녀는 아들의 교육을 남편과 함께 분담했으며, 베이비시터를 고용했고, 아들을 유치원에 데려다주고 데려오는 일을 남편과 번갈아 가면서 했다.

"내 아들은 그런 생활을 좋아했어요."

자데는 많은 여자들이 가정생활 속에서 희생하며 살아가고, 직업적으로도 자신에게 불리한 결과를 가져오는 성향이 있다는 점을 지적한다. 즉, 여자는 스스로를 신뢰하지 않는데, 주위에서 아무리 일을 잘한다고 인정해주어도 자신을 형편없이 평가내린다고 한다.

안네테 힐데브란트 (여성지 『브리기테』의 편집장을 맡고 있으며 동시에 그루너와 야르 출판사의 공동 소유주이기도 하다)는 그녀의 책 『일은 여

이점을 인정하여 적당한 여사장을 물색하는 회사도 많다.

루프트한자는 관리자 가운데 39%를 여자로 충원했으며, 뮌헨의 한 보험회사는 육아비용도 부분적으로 지불하고 있으며, 도이치 텔레콤은 남녀평등을 담당하는 부서까지 생겼으며, 중간관리자의 16%를 여자들에게 맡겼다.

도이치 뱅크는 뱅커스 트러스트(Bankers Trust)와 합병한 후, 미국에는 관리자급 은행원 중 여성이 흔하다는 사실을 접하고, 그 시스템을 유럽에 도입하기 위해 시도하고 있다.

세계 최대의 다국적 경영 컨설팅회사인 맥킨지는, 더 많은 여성이 회의실에서 활약할 수 있도록 여자만을 위한 행사를 열기도 한다. 이런 행사가 이루어질 수 있는 것 자체가 남자 사장들이 필요한 자료를 준비해주는 덕분이 아니겠는가.

모 회사의 고문인 비르지트 쾨니히는, 누구에게 책임이 있는지 시시콜콜히 따지는 일은 전혀 생산적이지 않다는 점을 발견했다. 즉, 내가 일하고 있는 환경이 남자에게 우호적인지 아닌지를 깊이 생각하는 따위는 전혀 도움되지 않는다는 것이다.

하지만 안타깝게도 여자들은 남자에게 우호적인 주변환경에 맞닥뜨리게 되면, 자신의 잘잘못은 생각해보지도 않고 발전 가능성이 있는 중요한 자리를 쉽게 그만둬버린다.

우리의 현실은 이러한데, 얼마 전 한 언론에서 전형적인 남자의 직업세계에서 성공한 여자들에 대하여 쓴 어떤 기사는, 제목에서부터 '적의 나라에서' [27]라고 과장되게 붙여놓아 눈살을 찌푸리게 했다. 도대체 누가 '적의 나라'를 만들고 있는지 모를 일이다.

또 경제잡지에서 편집장을 맡고 있는 한 남자가 경험한 웃지 못할 에피소드가 있다. 그는 사무실에 있는 자신의 컴퓨터에 메일이 도착하면, 요염한 목소리의 여자가 "주인님, 편지왔습니다!"라고 말하도록 프로그래밍해두었다.

그런데 이를 두고 함께 일하는 여직원들이 여자를 무시하는 태도라며 마구 화를 내더라는 것이다. 하는 수 없이 그는 여자 목소리를 지울 수밖에 없었다고 한다.

사실 이렇게까지 반응할 필요는 없다. 이것은 유머감각이 부족한 우둔한 행동일 뿐이다. '차별당하고 있다'라는 심리로 괴로워하는 여자들이 이런 어리석은 행동을 함으로써, 여자들이 합리적인 행동을 잘하지 못한다는 점을 확실하게 보여준 셈이다. 이렇게 행동하는 것보다 차라리 남자들과 똑같은 방식으로 농담을 던지는 편이 훨씬 나을 것이다.

이런 종류의 농담을 모른다면 하나쯤 가르쳐주겠다. 반드시 효과가 있을 테니 한번 시험해보길 바란다.

"남자들이 '쉬'를 한 다음, 언제 변기의 좌대를 내려놓을까요?"

"성전환 수술을 받고 난 다음이겠죠!"

# 쉬어 하이트의 『섹스와 비즈니스』 읽기

> 여자가 자신도 인간이라는 점에 쉽게 동의할 수 있을까.
>
> – 라헬 바른하겐

서기 2001년. 현재도 여러 형태의 경영 세미나에서 '어떻게 여자를 리더할까?'라는 주제를 심심찮게 만날 수 있다. 사실 남자와 여자가 함께 일하는 공간에서 아직까지 불편한 긴장감이 해소되지 않고 있는 것이다.

유럽에 비해 여성 관리자가 많은 미국도 사정은 비슷하다. 하지만 쉬어 하이트가 '직장에서의 남녀 관계'에 대한 조사를 벌일 수 만큼 중간급 여성 관리자는 충분히 많다.

그녀는 남녀 협력에 관한 주제로 10개의 기업에서 일하는 직원들에게 설문조사를 실시했는데, 전형적이라고 말하기는 곤란하지만 어쨌든 무척 흥미로운 결과를 얻었다. 그녀는 이 연구를 통하여 남자만 여자 동료에게 이상한 상상을 하는 게 아니라, 여자도 마찬가지라는 점을 밝혀 주었다.

그럼, 우선 통계부터 살펴보자.

"여자 동료와 함께 일할 때 당신은 어떤 느낌이 듭니까?"라는 질문에 51%의 남자가 "차별대우를 하거나 틀에 박힌 남자처럼 행동하지 않으려고 무척 노력한다"고 대답했다. 같은 질문에 여자들은 63%가 "자주 불편함을 느끼고, 어떻게 행동해야 할지 잘 모르겠다"고 대답했다. 남자가 이처럼 불편하게 느낀다고 대답한 사람은 30%도 되지 않았다.

여자 부하직원에 대한 질문에서, 31%의 남자들이 두 사람의 관계에 "전혀 문제 없다"고 답했으며, 18%는 "그들이 따라올 수 있도록 도와준다" 내지는 "여직원은 일에 관한 문제로 내게 도움을 청하지만, 나는 사적인 문제로 그들에게 도움을 청한다"고 답했다.

같은 회사에 근무하고 있는 여자에게 남자 상사에 대해 물어보았더니 전혀 다른 결과가 나왔다. 즉, 27%만 "나를 공정하게 대우해준다"고 말했으며, 51%는 "상사는 나를 이해하지 못하고 과소평가한다. 그는 이런 사실을 알지 못한다"라고 했다. 또 "나는 상사 때문에 심각한 차별대우를 받고 있다. 그는 남자 동료에게 더 호의적이며, 그도 이런 사실을 알고 있다"라고 대답한 여직원은 22%에 달했다.

어떻게 이런 결과가 나올 수 있는가? 하이트는 다음과 같이 결과를 해석하고 있다.

"경영상 발생하는 많은 문제의 배후에는 남녀 관계와 관련하여 틀에 박힌 전통적 역할모델이 숨어 있다. 여자는 자신보다 뛰어난 장점을 지닌 남자를 좋지 않게 바라보고, 남자는 더이상 노동이 남자에게만 부여된 특권이 아니라는 점을 떠올리며 경쟁자가 된 여자를 싫어하는 것이다."

물론 남자 관리자 중에 권력의 불평등한 분배를 두고 매우 불편하게 생각하는 사람도 많았다고 하이트는 설명한다. 그들은 이를 변화시키고 싶은 의사가 있지만, 실제로 그들이 한두 명의 여자를 채용하거나 승진시켰을 때, 다른 남자 동료가 이를 빈정거릴까봐 우려를 표시했다. 또한 일이 잘못되었을 때, 혹은 자신이 그 여직원과 보통 사이가 아니라는 의심을 받는 것도 원치 않았다.

그런 의심을 받는 것이 두려운 남자들은 여자에게 친절하기보다 오히려 뻣뻣하게 행동하는 것이다. 이것은 하이트가 지적하듯이, 꼭 동료에게 빈정대는 말을 듣는 것이 두려워서만은 아니다. 남자들은 흔히 사춘기 때부터 또래의 소녀나 어머니와 함께 있으면, 친구들로부터 겁쟁이 또는 마마보이 하며 놀려대는 소리를 들어야 한다.

남자들은 사춘기 시절에 겪었던 여러가지 체험을 통하여 자연스럽게 남자 그룹을 두려워하게 된다. 다시 말해 그들은 어머니의 치마폭과 어릴 적 소년의 이미지를 벗어나 진정한 사내가 되기 위하여 남자들 속에 합류해야 한다는 묵시적 요구를 받는 것이다.

"많은 남자들이 직장생활에서도 내심 이러한 원칙—여자를 멀리해라, 그렇지 않으면 너희들을 남자로 취급하지 않겠다—을 지키고 있어서, 점점 늘어나는 커리어우먼과 함께 일하는 기회를 몹시 힘들어 한다"고 하이트는 말하고 있다.

반대로 여자는 자신이 다니는 직장의 사장을 전형적인 아버지상으로 받아들이는 경향이 있다고 한다. 수많은 가정에서 아버지는 이상화되고 존경받으며 위엄을 갖춘 인물이지만, 늘 집에 존재하지 않기 때문에 정확히 파악되지도 않는 존재이다.

직장에서 강력한 위치에 있는 남자들도 이와 비슷한 느낌을 준다. 말하자면 이들 역시 두려움과 그리움이 혼합된 감정을 주는 존재인 것이다. 여자들은 그로부터 총애를 받게 되면 지위가 높아질 거라고 판단하여, 흔히 아주 기특한 딸처럼 행동한다. 그러면서 아양을 떨거나 좀더 여성적이고 부드럽게 행동하려고 한다.

그녀가 인터뷰한 남자 사장들은 하나같이 요즈음 직장여성은 남자보다 더 열심히 일하지만 돈은 적게 요구한다는 말을 강조했다고 한다. 그러나 여자라고 계속 그렇게 행동하지는 않을 것이다.

하이트에 따르면, 남자는 성희롱을 하고 여자는 떼지어 회사를 떠난다고 한다. "남자란 여자를 무시하거나, 어떻게든 한번 건드려보려는 마초들밖에 없어" 내지는 "여자는 일보다 사랑이 중요해"라고 말하며 결국 여자는 직장을 그만둔다고 한다.

이에 대한 하이트의 해석을 인용해보자.

"많은 사람은 사생활이나 가족관계에서 얻게 되는 유형을 직장 동료에게도 적용시키려는 경향이 있다. 그렇기 때문에 많은 경우 비극적인 결과를 초래하는 것이다. 특히 이런 심리적인 투사법은 사업상 중요한 결정을 내릴 때 전혀 유익한 방법이 되지 않는다."

마지막으로 하이트는 "남자들만 직장에서 실수하면서 지배적인 세

력으로 행세할 것이 아니라, 여자들도 그녀들이 지니고 있는 전형적
인 유형과 편견으로부터 자유로워지는 방법을 배워야 한다"고 강조
하며 결론짓는다.

# 7. 쇼핑만 다니는 한심한 여자

누가 더 똑똑한 여자일까

여자들이 가장 결혼하고 싶어하는 남자는 위대한 남자이다.
그런 남자의 기를 꺾는 것이 매력적이기 때문이다.

– 모리스 슈빌리에★

★ Maurice Chevalier(1888~1972); 샹송 가수, 영화배우.
1929~35년 할리우드의 인기스타로 주로 뮤지컬, 희극영화에서
활약하다가 1968년 은퇴하였다.

　　사무실은 스트레스로 넘쳐난다. 사장은 우
리가 몇 번의 수정 끝에 올린 기획서를 쓰레기통에 던져버렸고, 동료
중 한 명이 중요한 약속을 펑크내는 바람에 우리 모두는 약속시간을
다시 정해야 한다.

　이런 와중에 전화벨 소리는 끊임없이 들리고, 메일박스는 폭발하기
일보직전이다. 어떤 메일이 중요하고 중요하지 않은지는 아무도 말해
줄 수 없다. 설상가상으로 집에 가야 할 일도 생겼다. 식기세척기를
고치기 위하여 엔지니어가 낮에 오기로 되어 있기 때문이다.

　또 사람들이 자신을 무시한다고 불평을 터뜨리며 전화해 온 철부지
같은 엄마도 위로해주어야 하고, 가장 친한 여자친구의 생일선물도
준비해야 한다.

　엄마의 기분은 인터넷을 통해 꽃을 보내드리면 풀어지겠지만, 친구
에게는 그럴 수 없다. 작년 이맘 때 친구의 생일날 인터넷으로 선물을
보냈더니 친구는 은근히 서운해 했던 것이다. 선물이야 직접 고르면

되는 거고, 무엇보다 걱정되는 건 오늘 저녁 생일파티에 참석하는 동안 아이들 맡길 곳을 물색해야 하는 일이었다.

점심시간, 여자는 엔지니어에게 문을 열어주기 위해 서둘러 집으로 향한다. 그녀는 수리가 끝날 때까지 기다릴 수 없기에 그에게 계산서를 식탁 위에 올려놓고, 문은 그냥 닫고 나가라고 부탁한다. 남자가 착한 사람이기를 바랄 수밖에 별다른 도리가 없다. 여자는 허겁지겁 사무실 쪽으로 발걸음을 옮긴다. 가는 도중에 친구의 생일선물을 사야 하기 때문이다.

그녀는 한길가에 있는 고급 부띠끄를 향하여 빠르게 걸어간다. 그리고 화장이 지워져 얼룩덜룩해진 얼굴로 가게에 들어선다. 분명 우아하게 단장한 가게의 판매원들에게 형편없는 여자로 취급될 모습이다. 아니나 다를까, 판매원 아가씨는 여자가 입고 있는 구겨진 블라우스를 빤히 쳐다본다. 표정만으로도 그녀가 어떤 생각을 하는지 충분히 알 수 있다. '아휴, 저 블라우스 좀 봐! 색이 다 바랬잖아!'

"손님한테 어울리는 물건이 있나 어디 한번 볼까요?"라고 그녀가 말하지만, 속으로는 '당신 같은 사람이 살 수 있는 물건은 우리 가게에 없어요'라고 비웃는 것 같다.

어쨌거나 손님은 손님다운 대접을 받아야 한다는 구호가 이곳에서는 통하지 않는다. 더욱이 멋진 취향을 선호하는 판매원 여자가 하루종일 계산대 뒤에서 버는 돈보다, 내가 몇 배 더 많이 번다고 외쳐도 소용없는 일이다. 그냥 여자로서 비참하다는 생각이 들 뿐이다. 꾸미지도 않고, 바보 같으며, 과도한 일에 지쳐 있는 여자.

여자는 기분이 상할 대로 상했지만 사랑하는 친구를 위하여 꾹 참고 옷을 고른다. 마침내 너무나 멋지고 엄청나게 비싼 옷 한 벌을 구입하고는 재빨리 가게를 빠져나온다.

고급 부띠끄를 나온 여자는 시내 한복판을 걷기 시작한다. 그런데 이게 웬일인가? 멋지게 꾸민 숙녀 몇 명이 짝을 지어 쇼핑의 즐거움에 빠져 있는 게 아닌가.

그녀들이 입고 있는 옷은 여자가 한 달 동안 뼈빠지게 일해서 받는 월급보다 비싼 것들이고, 그보다 몇 배나 더 비싼 보석을 주렁주렁 달고 있다. 게다가 그들이 들고 있는 쇼핑백은 명품(샤넬! 구찌! 프라다!)으로 가득 차 있다. 도대체 얼마나 비싼지 가늠할 수조차 없다. 무엇보다 여자의 눈에 비친 이들은 스트레스와 거리가 먼 사람으로 보인다. 그녀들은 완벽하게 화장했고, 헤어스타일 역시 세련된 것이 감탄사가 절로 나온다.

그녀들의 자녀는 학교에 가 있거나, 가정부가 돌보거나, 아니면 승마나 발레, 음악 레슨을 받고 있을 것이다. 집안에 식기세척기가 고장나면 집안일 하는 사람이 알아서 수리시킬 것이고, 재수없는 사장이나 지각하는 동료들의 얘기는 남편이나 아버지에게만 들을 것이다. 그리고 그녀들의 핸드폰으로 걸려오는 전화는 대부분 예쁜 옷을 발견했다는 여자친구의 전화일 것이다.

이런 여자들의 남편은 명품을 구입하며 써버린 아내의 카드대금을 갚느라 등골이 휘지 않을까.

이제 많은 여자들에게 질문할 순서이다. 여기에 소개된 두 유형의 여자 중 누가 더 똑똑한 여자일까?

석사학위 졸업장에, 전문직 경력에, 가사일에, 아이와 가족에, 스트레스까지 갖춘 여자, 즉 무엇이든 하려면 그만한 대가를 지불하며 사는 여자가 똑똑한 것일까. 아니면 남편이나 아버지가 준 돈으로 느긋하게 쇼핑이나 다니고, 자존심 상하는 일 따위로 절대 괴로워할 필요가 없는 여자들일까?

전자의 여자들은 때로 그렇게 사는 자신의 삶을 한탄한다. 이것에 대하여 진지하게 이야기해보자. 이들인들 몇 주 동안 쇼핑을 하고, 친한 친구와 커피숍에서 한가롭게 차를 마시거나, 술집에서 한 잔 하고 싶지 않겠는가?

하지만 이들은 자녀 교육문제와 가사일을 잘 알아야 하고, 남편도 챙겨주어야 하며, 거기다 고정된 수입까지 있어야 한다.

그러나 바꾸어 생각해보면, 풀어야 할 과제가 없고 문제가 없다는 것은 동시에 도전할 일이 하나도 없다는 것을 의미한다. 그러면 지금처럼 어려운 일을 성사시키고 난 후의 플로를 경험하지 못할 것이며, 성공적인 한해를 보내고 나서 축하파티도 열지 못할 것이다. 사장에게 칭찬받지도 못하고, 멋진 수주를 따내거나 어렵사리 월급인상을 이루어내고 난 다음 동료들에게 인정받지도 못할 것이다.

또 직업이나 재정문제, 정치나 아이들 미래에 대하여 남편과 동등한 대화도 나누지 못한다. 대신 남편에게 돈을 달라고 부탁해야 한다. 게다가 휴가 기분도 느끼지 못할 것이다. 휴가나 일상이나 서로 비슷하기 때문이다. 얼마나 지루할까.

내가 한편으론 시기하고 한편으론 '쇼핑만 다니는 한심한 여자' 라고 비아냥대는 여자들은, 누군가에게 잔뜩 흥분하여 수다를 떨지 않으면 공허한 시선을 하고 있는 경우가 많은데, 이들은 전혀 행복하지 않은 게 틀림없다.

이들의 대화를 들어보면, 옷이나 화장품에 대한 애기 아니면 탄식과 험담이 흘러나온다. 이들은 우선 나이가 들면서 생기는 현상, 가령 주름살이라든지 불어난 체중에 대하여 한탄한다. 힘들게 일하는 남편에게 이들이 유일하게 제공해줄 수 있는 것이 미모와 아름다운 육체이니 사실 그다지 놀랄 일도 아니다. 자신의 매력이 어느날 갑자기 사라진다고 생각하면 당연히 끔찍하지 않겠는가.

하지만 매력이란 언제든지 사라질 수 있고, 시간이란 이 세상에서 유일하게 공평한 것이다. 이들은 피부에 좋다는 온갖 크림을 바르고 멋진 옷으로 젊음과 매력을 얻으려 하지만, 나이들어 핏기 없는 얼굴을 보면 어느새 절망감에 빠져든다. 그러면 쇼핑도 더이상 즐거움을 주지 못한다.

이들이 두번째로 즐겨 대화하는 내용은 자기들끼리 잘 아는 어떤 여자의 외모("가비 말이야, 걔 정말 뚱뚱해졌어!")와 결혼생활에 대한 것이다. 화제에 오른 문제의 여자는 언제나 남편이 원하는 것만 하기 때문에 남편은 그런 아내가 지겨워져 바람을 피우게 되었다느니, 반대로 여자가 남편이 원하는 것을 절대로 하지 않기 때문이라는 등의 험담을 해댄다. 아니면 또다른 누군가를 도마 위에 올려놓고 마음대로 요리한다.

"부끄럽지도 않나, 도대체 얼마를 요구하는 거야!"

"맙소사, 얼마나 먹어대든지! 뚱뚱한 이유가 다 있다니까."

세번째로, 그녀들은 자신의 남편 얘기를 한다. 집에 있는 시간이 거의 없다, 이해심이 없다, 저녁이면 너무 피곤해 해서 오페라는 커녕 외식도 못한다, 오로지 직장일과 자동차, 보트나 사냥, 골프 같은 취미생활밖에 생각하지 않는다, 아이들에게 전혀 신경 쓰지 않는다, 결혼기념일을 잊어버렸다, 애인이 있는 것 같다 등등.

하지만 이 모든 악행에도 불구하고 이들은 "이혼할 것도 아닌데 남편을 미워해서는 안 되지"라고 결론내린다.

네번째로, 그녀들은 다른 여자의 남편에 대하여 얘기한다. 자신의 남편에 대해 말한 내용과 똑같은, 즉 집에 있지 않는다, 늘 피곤해서 어쩌고 저쩌고 험담을 해댄다.

그밖에 여자들이 좋아하는 얘깃거리는 아이들의 형편없는 담임선생이나 단골가게 직원에 대한 얘기이다.

"내 미용사가 글쎄, 헤어스타일을 어떻게 했는지 들으면 기절초풍할 거야. 세상에, 다시는 그 녀석한테 가지 않을 거야!"

이들은 그야말로 하루종일 지루함에 몸을 비틀고 있다 해도 지나친 표현이 아니다.

소설가 마틴 발저는 이처럼 쇼핑이나 하면서 시간을 죽이는 여자들의 무의미한 삶을 다룬 내용의 소설을 발표했다.[1]

그의 『사랑의 이력서』는 뒤셀도르프에 살고 있는 수지 게른에 대한 이야기이다. 그녀는 분홍색 포르셰 자동차와 온갖 보석으로 남편의 외도를 잊으려 애쓰면서 몹시 고통스러워한다.

남편 에드문트는 애인과 장기간 로마여행을 즐기지만, 부인과는 고작해야 사업상 파트너를 방문하기 위해 구동독 지역에 가는 정도이다. 그러면서 "당신도 잘 알잖아, 그가 당신을 얼마나 보고 싶어하는지!" 또 "그는 내가 당신을 꼭 데려오기를 원한단 말이야. 당신과 함께 아니면 오지도 말라는 거야!"라고 변명한다.

수지가 에드문트의 외도를 비난하면 그는 버럭 소리를 질러댄다. "그럼, 내 거시기를 잘라버려야 한다는 거야?"

그런 남편 앞에서 수지는 더이상 반박하지 못하고 순응하며 살아간다. 심지어 그녀는 남편이 밀애를 즐기려고 떠나는 출장이라는 사실을 알면서도 가방을 챙겨주어야 한다. 그때마다 수지는 스스로를 멍청한 패배자라고 생각한다.

하지만 그녀는 남편이 다른 여자와 함께 가는 여행이 마치 그녀의 기분을 홀가분하게 해주는 것처럼 아무렇지도 않은 듯 여행가방을 챙긴다. 그러면서 '꼭 복수하는 거야.' '어느 것도 잊지 않을 거야, 이 모든 것을 앙갚음하고 말거야' 라고 다짐한다. 그리고는 집, 옷, 보석, 자동차 등의 물건을 마구마구 사들인다. 그녀는 이런 행동이 남편에게 복수하는 것이라고 생각한다.

이 책에 나오는 여주인공 수지는 전문교육을 받은 바 없고, 평생 동안 직장일이라고 해본 적이 없는 여자이다. 집안일조차 가정부가 도맡아 처리한다. 감정적인 면은 물론 재정적인 면까지 그녀의 삶 전체는 오로지 남편의 손에 달려 있다.

결혼 전 아직 젊은 여인이었던 수지는 지금의 남편을 기다리다가 눈사태를 만나 죽을 뻔했다. 그 바람에 남자는 수지와의 사랑 없는 결혼을 결심한 것이다. 사실 이때부터 그들의 결혼생활은 이미 성격이 결정된 셈이다. 즉 그녀는 사랑하는 사람을 기다리고, 그는 따뜻한 외투를 살 수 있도록 돈을 대주는 관계로 말이다. 그렇지만 겨울밤의 추위는 여전히 남아 있었다.

수지는 그에게서 돈보다 사랑받기를 간절히 원했지만, 나이 오십줄에 든 남자가 변하기란 거의 불가능했다. 게다가 그녀는 다른 남자를 사귈 수도 없었다. 이들이 원하는 매력을 그녀는 더이상 갖고 있지 않았던 것이다. 이제 값비싼 앤디 워홀의 초상화 밑에서 값비싼 고양이의 머리를 쓰다듬으면서 술을 홀짝거리는 것이 그녀의 유일한 낙이 되고 말았다.

물론 이것은 소설 속 얘기지만, 훌륭한 소설가란 그 시대의 문제를 포착하는 법이다. 때문에 나는 이 책 『사랑의 이력서』가 70년대에 나온 것이라고 보고 싶다. 아니, 사실은 그보다 훨씬 전의 얘기인데 2001년도에 출판된 것이라고 보고 싶다.

에스터 빌라의 『길들여진 남자』는 정확히 1971년에 나온 것이다. 에스터 빌라는 이 책에서 쇼핑이나 하면서 멍청하게 살아가는 여자들 때문에 생겨나는 사회적 메커니즘을 얘기하고 있다.

늦어도 여자의 나이 12세가 되면, 대부분의 여자는 매춘부의 삶을 살기로 결정한다. 이 말의 뜻은 훗날 한 남자로 하여금 자신을 위해 일하게 만들고, 이에 대한 보답으로 적절한 시간에 자신의 성기를 제공한다는 것을 의미한다. 사실상 이때부터 여자는 정신적인 발전을 멈추게 된다.

물론 여자도 지속적인 교육을 받고 졸업장도 따지만, 실제로 여자들이 그런 결정을 내린 다음부터 남녀는 완전히 다른 길을 가는 것이다. 그러므로 남자들이 여자를 자신과 똑같은 사람, 즉 여자도 남자와 같이 감정과 이성에 따라 움직인다고 판단한다는 것은 여자들에 대한 커다란 착각이다.

예를 들어 하루 동안 아내가 요리하고 청소하고 설거지하느라 보내는 시간을 지켜본 남편은, 당연히 아내가 그런 일에 만족하지 못할 거라고 생각한다. 왜냐하면 그런 일들은 아내의 지적 수준에 적합하지 않기 때문이다. 가사일이 아내의 발목을 잡는다고 생각한 남편은 아내에게 식기세척기, 진공청소기 등의 살림살이를 마련해준다. 하지만 그런 다음에도 남자의 실망은 끝나지 않는다.

에스터 빌라에 의하면, 아내는 그렇게 해서 얻은 시간을 독서나 문화생활에 소비하지 않고, 빵을 굽거나 욕실을 꾸미거나 커텐에 주름장식을 달면서 보낸다는 것이다. 이를 본 남편은 아내에게 반죽이 다 되어 있는 밀가루와 바로 달 수 있는 주름장식 커텐를 사다주지만, 아내는 이제 남은 시간을 자신의 미모를 가꾸는데 사용한다.

아내를 끔찍히 사랑하고, 아내의 행복 외에 그 어떤 것도 바라지 않는 남편은 할 수 없이 이 과정에 동참한다. 그는 아내를 위해 키스하고 싶을 만큼 매혹적인 립스틱을 선물하고, 울어도 지워지지 않는 마스카라를 선사한다.

간단히 말하면, 여자들이 정신적인 활동을 할 수 있도록 도와주는 남자들의 모든 노력은 실패하고 만다는 것이다. 여자는 점차 스스로에게 정신적인 과제가 아니라 물질적인 과제만 요구한다.

에스터 빌라가 내린 결론은 이렇다.

"여자는 선택할 수 있다. 이것은 여자를 남자보다 우월하게 만들어줄 수 있는 유일한 요소이기도 하다. 즉 여자는 남자와 똑같이 사는 방식과, 어리석은 기생충처럼 남자에게 빌붙어 사치스럽게 사는 방식 사이에서 선택할 수 있다. 이때 거의 모든 여자는 후자를 선택한다. 하지만 남자는 그런 선택을 할 수 없다."

그런데 여자를 길들이는 이러한 행동을 때로는 남자도 함께 한다. 왜냐하면 남자는 그 대가로 섹스를 할 수 있기 때문이다. 그리고 여자들은 남편의 성적 욕구를 불러일으킬 수 있다면 무슨 일이든 한다. 그녀들은 끊임없이 화장하고 자신을 꾸민다. 또 여자는 가능하면 일찍 아기를 낳아 평생 인질로 삼고 싶어한다.

"남자가 자신의 아내와 아이를 위해 일하는 것은 가족을 위해, 즉 여자이기 때문에 일하기 싫어하는 아내와 아직 어리기 때문에 일할 수 없는 아이를 위해서만은 아니다. 그는 아내와 자식 이상의 무엇, 다시 말해 하나의 사회적 시스템을 위해 일하는 것이다. 그것은 바로 가난하고 힘이 없어 보호가 필요한 모든 것, 자신을 필요로 하는 온갖 사물과 제도를 포함하고 있다."[2]

이 책 『길들여진 남자』는 70년대 초반에 나왔고 상당히 공격적으로 쓰여진 책이다. 이 책의 내용은 오늘날 다시 읽어보아도 절대로 구태의연하다고 생각되지 않는다. 87년 개정판이 나왔을 때 에스터 빌라는 머리말에서 과거와 마찬가지로 지금도 여전히 존재하는 가슴아픈 현실을 거듭 말하고 있다.

"남자는 여자보다 늦게 퇴직한다(여자보다 수명이 짧으니 좀더 일찍 퇴직할 수 있음에도 불구하고). 실제로 남자는 자신의 아이에 대하여 어떤 영향력을 행사할 수도 없다(남자는 피임약도 없고, 임신중절을 할 수도 없다. 그들은 여자가 동의해야지만 아이를 얻을 수 있다). 남자는 여자를 부양한다. 그러나 여자는 남자를 부양하지 않는다. 부양한다고 해도 일시적이다. 남자에게 있어 자식은 마치 빌려온 것 같고, 여자는 늘 자식을 끼고 산다."

무엇이 맞는 말일까? 쇼핑만 다니는 여자들은 소설가 마틴 발저가 여자주인공 수지를 통해 묘사했듯이, 사랑과 관심 대신에 돈만 주는 이기적인 남편들이 만들어낸 희생물일까? 아니면 중산층에 속하는 가정주부란 자신은 집에서 편안한 시간을 보내면서 남편은 파김치가 될 때까지 일하도록 직장에 내보내고, 결국 자기보다 먼저 사망하게 만드는 착취자일까?

현실적으로 대학을 나온 여자 가운데 많은 여자들이 남편을 직장으로 내보낸다. 독일에서 유명한 여성잡지를 읽는 독자 가운데 직장여성 547명에게 설문조사를 한 결과, 일을 해서 경력을 쌓고 싶다는 여자가 거의 없었다. 권력이 중요하지 않다고 보았는데 여자들은 몇 가지 이유를 제시했다.

두 명 중 한 명은 사생활이 더 중요하다고 대답했다. 세 명 중 한 명은 자신은 커리어우먼이 아니라고 했으며, 다섯 명 중 한 명은 직업적으로 성공했을 때 받아야 할 스트레스가 두렵다고 말했다. 그리고 7%는 성공함으로써 떠맡아야 할 책임이 싫다고 대답했다.[3]

과거의 여성이나 현대의 여성이나 여자는 스스로를 부양하기 싫어하며, 가족에 대한 재정적 책임은 오로지 남편에게 떠넘기려 노력한다. 그리고 파트타임으로 번 돈은 용돈이라 생각하고, 진정한 의미에서 생활비를 벌었다기보다 자신도 돈을 벌 줄 안다는 식으로 위안을 삼는다.

또다른 사실을 보자. 많은 남자는 여자들의 이런 태도를 문제 있다고 본다. 이들 중 대부분은 한때 자신의 아내가 자립적이고, 자기만의 생각이 있고, 경제적 능력도 있는 교양 있는 여자라고 생각했다. 그런 여자와 결혼한 것이다.

그런데 결혼생활이 10년 정도 지나면, 남자는 아내가 전혀 자립적이지 않다는 사실을 확인하게 된다. 어느날 갑자기 남자는 가족 전체의 생계를 짊어진 사람이 되어 있고, 설상가상 관심 있는 주제에 대하여 한마디도 못하는 아내의 모습을 보게 된다. 결국 남자는 거의 모든 시간을 일과 취미생활에 매달리게 되거나, 젊고 야망 있는 여자 동료를 애인으로 사귀게 된다.

많은 여자들이 아이를 낳고 몇년 동안은 여자로서의 전통적인 역할에 만족하지 않고 남편에게 불만을 품는다고 한다. 여자들끼리 아이의 교육문제에 대하여 한가롭게 얘기하는 동안, 일에서 삶의 의미를 찾는 남편은 가정에 있는 시간이 점점 줄어든다.

안타까운 사실은, 새롭게 직장생활을 시작하는 중년의 여자들이 일로 인하여 진정 행복해질 수 있다는 점을 깨닫지 못한 상태에서 다시금 일터로 나간다는 것이다.

자녀가 유치원에 입학하면 열 명의 어머니들 가운데 네 명은 파트타임이라도 일을 시작한다. 그러나 이들은 자신의 능력에 훨씬 미치지 못하는 일을 한다.

이렇게 일을 다시 시작한 여자들은 집밖의 일을 야무지게 하고 남편을 가족의 일원으로 강하게 결속시키는 대신, 어디에 문제가 있는지 구체적으로 말도 하지 않으면서 남편에게 자신의 좌절감을 감지하라고 요구한다. 말하자면 이런 식이다.

"당신은 나를 너무너무 실망시켰어. 언제 무슨 일로 나를 힘들게 했는지 잘 생각해봐."

유감스럽게도 이 대화의 해결책은 이혼으로 끝나는 경우가 많다. 운이 좋은 여자라면 이혼한 후에 반드시 일을 해야 할 것이다. 일하는 것이 왜 운이 좋은 것이냐고 생각할지 모르지만, 일을 통해서 마침내 진정한 성인의 삶을 살 것이기 때문이다.

자신의 삶에 대하여 책임을 지고, 스스로 일을 하여 수입을 얻을 수 있는 기회를 만드는 것이다. 남편에게 돈을 얻어 쓰는 대신, 자신의 능력으로 프로젝트를 따내 돈을 벌면 자부심도 생기고 사회적 인정도 받는다. 이제 새로운 남자를 만나게 되면 여자는 동등한 권리를 자신있게 원할 것이고, 새로운 파트너와 함께 내적인 삶(아이들과 집안일 등)과 외적인 삶(직업, 소득 등)을 함께 나눌 수 있을 것이다.

다음 8장에서는 바로 이런 주제를 다룰 것이다. 그런데 인간이기에 똑같은 실수를 두번 반복할 수도 있다. 이를테면 여자는 아버지에게 용돈을 타듯이 어린 소녀처럼 살 수도 있는데, 그렇게 되면 마틴 발저의 소설을 또 한번 연기하는 것밖에 안 된다.

이런 경우도 남자의 잘못일까?

# 8. 어머니 혼자 십자가를 짊어진다는 철학

아이의 교육에는 엄마가 절대 필요해!

남녀의 차이란 인간의 본질적인 문제가 아니며,
우리의 뜻대로 결정할 수 있는 것도 아니다.
지금까지 그것은 우리가 해야 하는 일의 문제였다.

—주디스 버틀러*

★ Judith Butle; 미국 버클리의 캘리포니아대학의 철학과 교수이며,
　　　뛰어난 페미니스트 학자이자 문화비평가이다.

　　　　　오늘날처럼 모성애가 넘쳐 흐르는 시대는
없었다. 네 살배기 아이는 아직도 엄마 아빠와 함께 잠을 자고, 엄마
는 아이 때문에 저녁 외출은 몇년 동안 꿈도 꾸지 못한다. 단지 아이
가 엄마 없이 잠을 못 잔다는 이유로 말이다.

　　조금만 부스럭거려도 엄마는 본능적으로 아이가 잠든 침대로 돌진
한다. 혹은 밤새 자지 않고 보채는 아이를 돌보느라 진을 빼다가 아이
가 잠들고 나서야 겨우 눈을 붙인다. 또 아이는 엄마가 다른 사람과
잠깐 동안 얘기하는 것도 싫어하며 전화도 못하게 한다. 아이가 원치
않으므로 엄마도 굳이 하려고 하지 않는다.

　　오늘날처럼 여자들이 아이를 위해 많은 시간을 바친 적은 없었다.
농경시대만 해도 대부분의 여자들은 하루종일 밭에서 힘들게 일해야
했기 때문에 엄마가 일하는 동안 갓난아기는 밭 근처 나무 밑에 누워
있어야 했다.

　　산업혁명 직후 도시의 사정은 더욱 열악했다. 부모들이 자식을 내

다버리는 경우가 허다했기 때문이다.

이렇게 버려진 아이들은 고아원으로 보내졌고, 이곳에서 갓난아기의 80%가 한 살도 넘기지 못하고 죽었다. 자식을 버리지 않는 부모라도 기계적으로 아이를 다룰 뿐 정성껏 돌보지 않는 유모에게 맡기곤 했다. 파리에서는 20명 중 1명의 아기만, 그것도 아주 가끔씩 엄마의 젖을 먹고 자랐다. 하긴 당시의 여자들은 거의 매년 아기를 낳았으니 그럴 수도 있었으리라.

상류층 가정의 아이들은 태어나자마자 유모의 손에 맡겨졌고, 성장 과정 내내 고용인이 아이를 돌보았다. 아이는 식사할 때조차 부모와 함께 먹을 수 없었고, 오직 잘 시간이 되었을 때 잠깐 동안 인사를 드릴 수 있을 뿐이었다. 이렇게 성장한 아이는 곧바로 기숙학교로 보내졌다. 당시의 사람들은 아이를 보는 것은 괜찮지만 아이의 소리를 들어서는 안 된다고 믿었던 것이다.

'희생정신으로 무장된 모성애'의 신화는 보다시피 그리 오래된 전통이 아니라 시민사회로부터 출현한 역사가 짧은 사랑이다.

캘리포니아의 인류학자 사라 블래퍼 하디는, 부모로서의 인간의 본능 역시 다른 포유동물과 다를 게 하나도 없다고 분석했다. 그녀는 원숭이와 인간에게서 볼 수 있는 부모의 태도를 연구하여 다음과 같이 결론내렸다.

"본능은 번식을 명령하지, 아이에 대한 사랑은 명령하지 않는다. 즉, 본능이란 유전자를 계속 전해줄 뿐 그밖의 다른 것은 없었다. 여자의 감정 또한 다른 동물의 암컷과 크게 다르지 않다. 자식을 돌보는 비용이 너무 비싸면 여자는 그것을 포기한다.

예를 들어 가뭄이 심한 때 아기가 태어나면 어머니의 생존마저 위험할 수 있다. 만약 그녀가 적당한 시기에 아기를 버리면 자신은 계속 살 수 있고, 따라서 자신의 유전자도 계속 보존할 수 있다. 나중에 더 풍요로운 시기가 왔을 때 여자는 다시 아기를 가지면 된다.

70년대 파푸아 뉴기니 민족에 대한 보고서를 보자. 이 원시종족은 새로 태어난 아기 가운데 40%를 죽였다고 한다. 이처럼 대부분의 포유동물이 한 배에서 너무 많은 새끼가 태어나 먹이가 부족할 것 같으면 가차없이 새끼를 죽인다."

사라 블래퍼 하디는 이렇게 덧붙였다.

"부모는 새끼에게 나날이 정성을 기울인다. 그리고 외적인 자극이 있으면 보호본능은 더욱 강해진다."

사실 생물학만으로 아무것도 밝혀낼 수 없다. 모성애에 대한 연구도 마찬가지이다. 유전학에 따르면, 호르몬이 부모의 상태를 조절한다고 한다. 맨 처음 호르몬의 양은 태아가 결정한다. 태아는 생리를 중단시키고, 어머니가 자신을 거부하는 것을 막기 위해 '융모막선생식선자극호르몬'을 쏟아낸다. 그리고 분만하는 동안 어머니의 뇌하수체선은 프롤락틴(Prolactin, 뇌하수체 전엽에서 분비되는 호르몬으로 젖샘 분비에 관여한다. 임신하지 않은 여자의 경우, 이 호르몬은 생리주기 후반에 황체를 유지시키는 작용을 한다)을 방출하기 시작한다.

하디는 '아이를 사랑하고 잘 돌보는 사람은 혈액 속에 프롤락틴이 들어 있다'라고 말한다. 만약 아이를 잘 돌보는 아버지가 있다면, 그의 혈액 속에도 프롤락틴이 나오는 것이다.

포유동물일 경우 그밖의 다른 것들은 옥시토신이 관장한다. 생물학자 안드레아스는 옥시토신을 '감정을 서로 엮어주는 접착제'와 같다고 묘사했으며, 하디는 옥시토신을 '촛불, 분위기 있는 음악과 한 잔의 와인이 혼합된' 것이라고 표현했다. 즉, 옥시토신은 행복한 감정을 만들어내고 누군가 가까이 두고 싶도록 만들어주는데, 이것이 한번 나오기 시작하면 부모는 절대로 자신의 아이를 타인에게 넘겨주지 않는다고 한다.

이 사실은 일찍이 19세기에 파리의 한 의사가 밝혀냈다. 실험 결과, 분만 뒤 8일 동안 아기와 함께 지낸 어머니와, 금방 분만한 어머니에게 아기를 남에게 넘겨주는 결정을 내리도록 강요했을 때, 전자는 후자의 절반만큼 그렇게 하겠다고 대답했다.

옥시토신의 작용력은 너무 강해서 함께 있지 않으면 못 살 정도로 만든다. 그러므로 갓난아기를 오랜 시간 돌본 사람이라면 당연히 그 아기와 깊은 정이 드는 것이다.

이에 대해 하디는 충고한다.

"만일 여자들이 더 많은 자유를 얻고 싶다면, 청각보호대를 하고 잠자는 습관을 길러야 한다. 그러면 남편이 아이의 소리를 먼저 듣게 될 것이고, 그것이 반복되다 보면 남편이 먼저 아이를 돌볼 것이다."

세 아이의 어머니이기도 한 하디는 어머니들이 과도하게 아이를 돌보고, 서로 예속되어 자유라곤 없는 상태에서 해방될 수 있도록 또다른 하나의 방법을 알려준다.

"호모사피엔스는 집단으로 아이를 돌볼 수 있다. 즉, 아이는 반드시 어머니만 필요로 하는 게 아니라, 자신과 가까운 사람을 필요로 할 뿐이다. 인간은 아이를 키울 때 절대로 역할을 분담하지 않는 특징이 있다. 어쩌면 많은 포유동물의 암컷이 폐경된 후에도 오래 살아 있는 이유가, 손자 손녀를 키우는데 돕기 때문일지도 모른다."[1]

이것은 우리에게 세 가지 사실을 암시해준다.

첫째, 부모의 사랑은 본래 타고나는 것이 아니라 아기의 탄생 후 점차 증가하며, 이것은 호르몬에 의해 조절된다. 만일 남자들이 아이를 돌보면 이들의 뇌하수체에서도 동일한 호르몬이 나온다.

둘째, 아이는 자신을 돌봐줄 가까운 사람이 필요하다. 하지만 그 사람이 반드시 자신을 낳은 어머니일 필요는 없다.•

셋째, 아이를 돌봐야 하는 일이 주로 여자의 의무이자 목표라는 사고는 사회적 산물이지, 진화에 근거한 사실이 아니다.

그러나 유감스럽게도 독일의 엄마들은, 아이가 막돼먹은 어른으로 성장하는 것을 막을 수 있는 유일한 존재가 자신들이라고 확신한다. 이제 아이를 보되 소리는 듣지 않겠다던 시대는 지나가고, 아이의 욕구가 진지하게 반영되는 시기가 온 것이다.

더욱이 아이들은 지속적으로 부모의 관심을 끌 수 있는 완벽한 방법을 고안해냈다. 이들은 부모에게 저항하지 않고 부모의 마음을 살살 녹이는 귀여운 행동을 하거나, 마치 어린 영장류에서나 볼 수 있는 듯한 광란적인 행동을 곧잘 연기하곤 한다.

이밖에도 시간이 지날수록 여자들이 나이든 후에 아기를 갖게 됨으로써, 아이의 욕구를 모두 만족시켜주려는 시민정신이 생겨났다. 특히 대학을 졸업한 여자들은 직장생활을 하다 늦게 아기를 가지면 육아를 위해 3~5년 동안 하던 일을 중단하게 된다. 이들은 시야에서 아이를 놓치지 않으려 하고, 뒤뚱거리면서 걷는 귀여운 자식을 늘 옆에서 지키다보니 누군가와 대화를 나누기조차 어렵게 된다.

또한 이들은 놀랄 정도로 빨리 성장하는 아이와 아이가 지닌 재능 외에 다른 것에는 별로 관심을 보이지 않는다. 그러니 이 시기의 여자들은 같은 또래의 자식을 가진 다른 어머니와 교류하는 것을 가장 좋아할 수밖에 없을 것이다.

광고 전문가이자 딸 하나를 둔 레기나 아이젤레는 말한다.

"여자들이 감정적인 덫에 걸리는 겁니다. 흔히 여자는 아이가 생기면 마치 새롭게 연애하는 듯한 감정에 빠져들죠. 그러다가 출산휴가를 마치고 다시 직장으로 돌아갈 때 한동안은 아이와 떨어지는 것을 못 견뎌합니다. 이때 여자들이 쉽게 간과하는 점은 아이를 기르는 일은 직업이 아니라는 사실이죠."

여기에서 그녀가 지칭하는 여자는, 돈과 사회적인 보장을 받을 수 있는 유치원선생이나 학교선생 같은 직업여성이 아니다. 바로 수많은 여자들이 되고자 하는 전업주부를 말하는 것이다.

다시 말해 어머니는 아이 곁에 있는 것을 좋아하고, 자신의 손에서 잠시라도 아이를 떼놓길 싫어하며, 남편이 아이와 좀더 친해지려고 (옥시토신!) 접근하는 것조차 탐탁치 않아 한다.

이런 어머니는 오랜 기간 감정적으로 자식을 돌봐야 한다는 의무감에서 헤어나오지 못한다. 이렇게 함으로써 결국 아이에게 부모가 서로 분담하는 역할이 분명하게 구분되는 것이다.

이미 6장에서 보았듯이, 여자는 진정한 의미에서 남자와 파트너가 되는 것을 원치 않는다. 독일 여자 가운데 65%가 정식 직장이 아니라 약간의 부업만 원한다고 하니 그렇게 볼 수밖에.

독일 통계청에 따르면, 아이가 유치원에 다니는 어머니 가운데 정식으로 직장에 다니는 경우는 10%에 불과하며, 아이가 초등학교에 다니는 어머니 가운데 직장여성은 16%라고 한다. 이 통계는 서독 지역에 살고 있는 여자들에 한한 것이고, 구동독 지역에 살고 있는 여자들은 각각 36%와 40%에 달한다.

전통적으로 여자도 직장을 다녔다는 구동독의 경우에도, 60%의 어머니들이 아이의 나이가 적어도 10세가 될 때까지는 집에서 살림만 한다. 심지어 아이가 성인이 될 때까지 아예 일을 하지 않거나 파트타임으로 일하는 어머니도 부지기수다. 이런 여자들이 비로소 커리어나 노후연금 같은 주제를 언급할 때에는 이미 너무 늦은 나이가 되어버린다.

사실 많은 여자들이 그렇게 살기를 원하는 것은 분명하다. 그러니 여자들이 흔히 하는 푸념, 즉 남자는 여자들이 일하도록 내버려두지 않는다고 불평하는 소리는 허망하게 들릴 뿐이다.

생계를 위한 일은 언제나 좀 복잡하다. 공장이나 상행위에서 비교적 간단한 일은 거의 자동화되었고, 오늘날 큰 돈을 벌고자 하는 사람이라면 반드시 머리를 써서 극심한 경쟁을 해야 한다. 많은 여자들은 도시에서 경쟁하느라 힘들게 싸움하는 남편보다, 신도시에서 맑은 공기를 마시며 스트레스 없이 생활하는 자신의 삶이 수천 배는 더 편하다는 것을 본능적으로 알아차린다.

어린 자식과 함께 그림도 그리고, 잔디밭에서 뛰놀고, 수영장에서 물놀이하는 모습은 정말 평화롭지 않은가.

물론 이런 삶을 자발적으로 선택한 여자라면 비판할 생각이 없다. 다만 이들은 훗날 여자에게 아무것도 말할 권리가 없고, 자신의 영역이 없으며, 가족 전체가 자신을 호텔 지배인처럼 취급한다는 등의 불평을 해서는 안 된다. 또 그렇게 행동해서도 안 된다. 그리고 스스로 어머니라는 역할에 충실한 결과, 자신에게 돌아오는 재정적인 문제에 대해서도 제발 불평하지 말았으면 좋겠다.

잡지 『워킹 우먼』은 여자들이 직장에 다니지 않고 남자보다 더 오래 살게 되었을 때, 어떤 결과가 생기는지에 대하여 지적했다.

"현재 가난하게 사는 과부들의 80%가 남편이 죽기 전에는 그렇게 가난하지 않았다."

통계를 보면 두 명 중 한 명은 평균 56세에 남편을 잃고, 세 명 중 한 명이 이혼을 하는데, 이혼하는 평균 나이가 46세로 되어 있다.[2]

결국 노후를 위해 스스로 준비해두지 않고 남편과 보건부 장관만 믿고 산 여자들은, 늙어서 재정적인 궁핍을 면하기 어렵게 되는 것이다. 그러므로 모권사회를 변호하는 여자들도 과거나 지금이나 세계는 여전히 가부장제로 돌아가고 있다는 사실에 놀랄 필요가 없다. 경제, 학문, 정치 분야에 여성을 키우는 경우가 드물다는 사실, 이 모든 것이 오직 남자만의 책임일까?

여자들이 전업주부의 역할을 지루해 하지 않는 한, 남자는 언제까지고 아이의 울음소리와 그밖의 아이 때문에 발생하는 여러가지 문제에 참여하기를 꺼릴 것이다.

뮌헨에 있는 한 청소년연구소의 조사에 따르면, 젊은 아버지의 80%가 자녀가 생긴 다음에도 직업적으로 전혀 문제가 없었다고 대답했다. 이들은 가끔씩 세탁기를 돌리거나 아기 엉덩이에 파우더를 발라주는 정도의 일만 했을 뿐이니 당연히 장해가 없을 수밖에.

예를 들어 2명의 어른과 2명의 아이가 사는 가정에서 해결해야 하는 가사일을 따져본다면, 일년에 5,078번쯤 정도 접시를 씻어야 하고, 1,825번 정도 냄비를 박박 닦아야 하며, 대략 3만㎡의 바닥을 청소하고 걸레로 문질러야 한다.

여성잡지 『브리기테』에 의하면, 이와 같은 집안일 가운데 75%는 여자의 몫이라고 한다. 그러나 이점에 대하여 여자들은 그다지 큰 불만이 없는 듯하다.

한 심리학 연구소에서 2,671명의 여성을 대상으로 가사일 분담에 대한 설문조사를 한 결과를 보면 알 수 있다. 즉 응답자의 93%가 세차는 남자의 일이지 여자의 일이 아니라고 대답했고, 73%는 관청에 출입하는 일도 남자의 몫이라는 의견이었다. 서류를 작성해서 관공서에 직접 제출하겠다고 대답한 여자는 고작 2%에 불과했다. 그리고 47%가 집안의 내부수리는 남자의 일이라는 생각이었고, 여자도 망치를 들어야 된다는 대답은 9%에 머물렀다.

다시 말해 남자는 거친 일을, 여자는 정교한 일을 담당한다. 여자들 중 남편에게 다림질을 맡기는 사람은 2%에 불과하며, 빨래가 남자의 일이라고 대답한 여자는 4%, 집안청소를 남자에게 맡긴다는 여자도 4%였다. 그러니 통계에 나와 있듯이 직장여성은 매일 4시간씩 집안일을 하지만, 남자는 고작 1시간 30분 정도에 그치는 것이 자연스러운 귀결이라고 볼 수 있다.

맞벌이 부부의 경우도 사정이 거의 비슷하다. 청소하고 아이를 돌보는데 아내는 매일 5시간씩 소비하지만, 남편은 고작 2시간 정도 소비할 뿐이다.[3]

설문조사에 의하면, 해가 갈수록 가사일을 돕는 남자들이 늘어나고 있다고 한다. 하지만 도와준다는 것은 책임진다는 것과 다르지 않은가. 우스운 사실은 남자들도 결혼 전에는 가사일을 곧잘 했다는 것이다. 남자 가운데 결혼 전 자신이 직접 요리한 경우는 58%나 되었는데, 결혼한 후에는 29%에 그쳤다.

싱글로 사는 남자 다섯 명 중 한 명은 자신의 옷을 직접 세탁하지만, 기혼남은 열 명 중 한 명만이 그렇게 한다. 다림질도 마찬가지이다. 결혼서약서에 서명을 하자마자 뜨거운 다리미를 손에 들지 않는 남자가 97%나 되었다. 결혼 전에는 세탁소에서 다림질한 것처럼 완벽하게 처리할 줄 알던 남자도 예외는 아니었다.

싱글로 사는 남자 가운데 80%는 빨랫감을 어머니에게 가져가거나, 친한 여자 친척에게 부탁하는데, 만일 이들이 싫어하는 눈치를 보이면 세탁소에 맡겨버린다(내 남편 역시 결혼 전에는 여동생에게 돈을 주면서 다림질을 부탁했다. 지금은 가정부에게 맡긴다).

이런 결과가 나온 것은 남자들이 가사일을 못하기 때문이 아니다. 여자들 스스로가 가사일에 대한 책임을 전적으로 지려 하기 때문에 이들은 당연한 듯이 일을 맡기는 것이다. 결국 남자는 텔레비전 앞에 앉아 있고, 여자는 세탁기 앞에 서 있는 풍경이 아주 자연스럽게 되어 버렸다.

이런 여자가 되느니 차라리 "나는 탁월한 가정주부이다. 그래서 언제나 한 남자를 버리면, 그 집은 내 차지가 되었다"라고 말한 샤샤 가보르(Zsa Zsa Gabor; 1936년 미스 헝가리로 선발되었고, 37년에는 터키 외교관과 결혼했다. 41년 그와 이혼한 가보르는 미국으로 건너갔고, 42년에는 힐튼호텔의 사장 콘라드 힐튼과 결혼했다. 그리고 1947년에 그와 이혼한 다음 할리우드로 갔다. 이후 그녀는 뛰어난 재능을 지닌 배우로 유명했다기보다 여러번의 이혼(7회)과 결혼, 스캔들로 유명해졌다)처럼 사는 게 더 낫지 않을까.

페미니스트이자 소비재 생산업체 프록터 & 갬블에서 시장조사원으로 일하고 있는 플로렌스 기스네트도 남자 동료와 비교했을 때 자신이 가사일을 훨씬 더 많이 한다고 말했다.

그녀와 그녀의 남편은 서로 번갈아가면서 요리한다. 하지만 이틀에 한번씩 부엌에 서는 그녀에 비해 그녀의 남자 동료는 부엌일을 모두 아내에게 맡기는 것이다.

"주말이 지나고 월요일이 되면 훨씬 홀가분해지죠. 주말에는 아이들이 이것저것 해달라고 온갖 요구를 해대지만, 내가 회사에 나오면

'지금은 안 된다'고 거절할 수 있으니까요." 4)

바로 이런 이유 때문에 좋은 어머니의 역할뿐 아니라 자신의 삶도 즐기고자 하는 여자들이 늘어나는 것 같다. 하지만 여자가 권력을 쥐고 있는 경우가 드문 환경에서 이것은 말처럼 쉬운 일이 아니다.

이밖에도 직장여성은 모든 영역에서 완벽해야 한다는 슈퍼우먼 콤플렉스로 오히려 자신을 망가뜨리는 경우가 많다. 이들은 지속적으로 300%의 능률을 올리려 한다. 하지만 그렇게 활동하면 아무리 뛰어난 여자라도 결국 쓰러지고 말 것이다.

"현대여성은 스스로에게 엄청난 과제를 던져주고 있습니다. 이들은 완벽한 어머니이자 이상적인 아내, 능력 있는 직장여성이 되고자 하죠. 그야말로 슈퍼우먼이 되려고 합니다. 하지만 이 모든 것을 한꺼번에 잘 해내기란 거의 불가능합니다."

뒤셀도르프의 헤세 디자인스튜디오 원장이자 한 아이의 엄마인 크리스티네 헤세의 말이다.

많은 사람이 아이를 돌보고 기르는 일은 순전히 여자의 몫이라고 생각한다. 모든 아이에겐 아버지가 있지만, 남자는 아버지가 되었다는 이유로 직장생활에서 별다른 지장을 받지 않는다. 심지어 대기업 컨설팅을 담당하는 맥킨지 같은 회사나 변호사사무실에서 일하는 아버지들은, 중요한 약속이나 일이 있으면 호텔에서 잠자기도 한다. 아기의 울음소리 때문에 중요한 비즈니스의 준비를 소홀히 할 수 없다는 이유로 말이다.

헤세는 또 이렇게 말했다.

"남자들은 밖에 있는 것을 좋아합니다. 나같은 경우에는 혼자서 끊임없이 질문합니다. 어떻게 하면 직장과 가정일을 모두 잘해나갈 수 있을까 하구요. 그런데 너무나 불공평하게도 남자들은 한번도 그런 고민을 하지 않지요."5)

이러한 딜레마를 잘 알고 있는 독일 직장여성연합회의 안겔리카 로스 회장도 다음과 같이 지적하였다.

"남자들이 육아휴가를 내면 머저리 같은 인간으로 취급당하고, 자식 있는 어머니가 일을 하면 매정한 엄마라고 손가락질 당하죠."

엄밀히 말하면, 이런 상황이 변하지 않도록 끊임없이 감시하는 사람이 바로 전업주부이다. 이들은 어떤 여자에게도 '아이에겐 어머니가 필요하다' 라는 신화가 깨지지 않도록 사냥개마냥 지키고 있다. 때문에 직업적으로 성공한 여자들에게 가장 끔찍한 적은 바로 전업주부들이다.

이런 현실에 대하여 에스터 빌라는 그녀의 책 『길들이기의 마지막 단계』에서 이렇게 적고 있다.6)

"전업주부는 직장에 다니는 여자를 어머니로서의 자격이 없다고 비난한다. 때문에 이들은 서로 적대적이기까지 하다. 직장에 다니는 주부는 전업주부에게 집안에서 할일이 얼마나 적은지를 말하지만, 전업주부는 전업으로 해야 할 만큼 가사일이 많다는 점을 강조함으로써 직장에 다니는 주부가 의무를 소홀히 한다는 것을 은근히 시사한다. 이렇듯 쌍방은 상대방을 궁지로 몰아넣기 바쁘다."

이런 모습이 고통스러운 현실이다.

소비재를 생산하는 대기업 프록터 & 갬블에서 팀장을 맡고 있는 하이네 크루스케는 "여성의 삶을 더욱 고통스럽게 만드는 존재는 여자입니다"라고 말하면서, 직장에 다니는 그녀를 매정한 엄마라고 빈정댄 사람은 직장의 상급자나 남자 동료가 아니라, 바로 아이를 키우는 가정주부였다고 한다.[7]

한때 영화배우였으며 세 명의 자녀를 키우고 있는 마리 테레스 크뢰츠 렐린의 말을 인용해보자.

"일반적으로 전형적인 커리어우먼이란, 보모나 가정부에게 집안일을 맡기고 자신은 일에만 전념하는 여자라고 생각한다. 그래서 집안에 무엇이 있는지조차 신경 쓰지 않는 여자들 말이다."

그러나 정작 그녀들은 양심의 가책을 느낀다고 한다

그녀는 카린 가우스와 같은 여자를 염두에 두고 이런 발언을 한 것 같다. 가우스는 두 명의 자식이 있지만 HP의 팀장이 되기 위하여 일에만 전념했다.

렐린의 말처럼 그녀는 여자들에게 쏟아지는 비난을 들어야 했다. 심지어는 어머니와 언니들까지 다른 곳에 아이들을 맡기는 그녀를 매우 못마땅해 했다고 한다.

또한 딸아이를 다른 아이들보다 일찍 학교에 입학시켰을 때, 딸아이가 다니던 유치원의 학부모들은 마치 물 만난 고기처럼 신이 나서 떠들어댔다.

"자기 편하자고 일찍 입학시켜버리다니, 이건 아이의 어린 시절을 빼앗는 거나 마찬가지야. 그야말로 이기적인 짓 아니겠어?"

이런 말을 들을 때마다 가우스는 가슴이 찢어질 듯한 고통을 느꼈다고 고백했다.

『주간경제』에서 일하고 있는 내 여자 동료도 얼마 전 애기엄마가 되었지만 계속해서 기자로 일하겠다는 결정을 내렸다. 그녀 역시 가족과 친구들, 그리고 이웃의 전업주부들로부터 하나같이 적대적인 말을 들었다고 한다.

직장을 다니면서 받는 월급의 대부분이 가정부 월급으로 나간다거나, 그런 어머니 밑에서 자란 아이는 살면서 어려운 경우를 만나면 헤쳐나가기보다 포기부터 한다는 등 전업주부들의 비난이 끊이지 않았다는 것이다.

『주간경제』에서 일하는 남자 동료들도 전업주부의 편을 들었는데, 알고보니 이들은 모두 전업주부 아내를 두고 있었다. 이들은 글쓰는 어머니들을 '전투함대' 라고 불렀다.

남자들이 왜 이렇듯 공격적으로 행동하는 것일까? 아마도 그들의 부인 때문이 아닐까. 이를테면 자신이 일하러 나가면 분명 아이들의 미래가 위태로울지도 모르니, 절대 일할 수 없다고 주장하는 부인으로부터 세뇌당했을 수도 있다. 아니면, 남자들은 그런 방식으로라도 양심의 가책을 극복하려는 것인지도 모른다. 일이 바쁜 그들은 늘 바깥세상에 있기 때문에 아이를 보살필 수 없다는 데 양심의 가책을 느낄 테니 말이다.

만일 이 문제를 '아이를 돌볼 수호자가 반드시 필요하다' 라는 도덕적인 문제로 풀어나간다면, 어머니는 단 한번도 정식으로 무언가를 즐겨서는 안 된다는 결론이 나온다.

영화배우 베로니카 페레스는 『슈테른』과의 인터뷰에서, 자신은 아이를 출산한 다음 영화와 연극에 출연했고, 골프도 치고, 승마와 스키도 했으며, 남편을 동반하여 공식석상에 참여하는 등 아이를 낳기 전과 다를 바 없이 생활한다고 말했다. 이 기사를 본 한 여성 독자는 잡지에 이런 편지를 보내왔다.

"베로니카 페레스처럼 고용인을 부릴 만한 재정적인 능력이 된다면 충분히 그럴 수 있겠지요. 하지만 누구를 위하여 좋은 일입니까? 어쨌든 우리처럼 평범한 남편을 둔 여자에게는 도저히 불가능한 일입니다. 골프는 못 쳐도 상관없지만, 아이에게 소홀해서는 안 된다고 생각합니다."[8]

이같은 선동적인 발언은 금세 효과를 나타낸다. 이에 많은 커리어 우먼이 자신을 비판하는 주부들이 옳을지도 모른다고 생각하며 괴로워한다. '내가 정말 이기적인가? 자식을 엄마 없는 아이처럼 내버려두는 것이 과연 잘하는 짓일까?'

바이오테크닉 회사 플라스마실렉트의 사장인 사비네 칼리쉬는, 직업상 일주일에 4일은 출장을 다녀야 한다. 그때마다 아이들은 직업이 공증인인 남편이 돌보게 된다.

"남편이 아이들을 돌보고는 있지만 저는 자주 양심의 가책을 느낍니다. 그럴 때마다 저는 이렇게 자문하죠. 엄마보다 아빠가 집에 있는 시간이 더 많은 것이 옳은 일일까 하고 말입니다. 한 가지는 분명해지더군요. 남편과 제가 지금의 모습으로 살아가는 것이 무의미해질 때,

예를 들어 나중이라도 딸들이 저를 더 필요로 한다면, 직업보다 자식을 선택할 거라는 점 말입니다."9)

다이안 퇸싱은 함부르크에서 유아복 가게를 운영하면서 아이들의 생일파티를 열어주는 일도 하고 있다. 그녀의 가게에 출입하는 많은 여성 고객이 직장에 다닌다고 한다. 그동안 그녀가 관찰한 바에 의하면, 생일파티가 필요 이상으로 거창하게 치러지는 경우가 많은데, 이것은 평상시 아이를 잘 돌보지 않는데 대한 부모들의 죄책감 때문이라고 한다. 그런데 이런 사실로 괴로워하는 사람은 대부분 엄마들이라고 그녀는 말했다.

물론 죄책감에 빠질 필요 없이, 자식을 돌보는 일과 직장일을 모두 잘해 나가는 여성도 있다. 알렉산드라 체르너는 10년 전에 이미 자기 소유의 건축사무실을 차렸다. 그녀는 말했다.

"저는 10년 뒤에 있을지 없을지도 모르는 승진 기회를 무작정 기다리고 싶지 않았어요."

8년 전 그녀는 아들을 출산한 다음 잠시 쉬었다가, 책상 옆에 아이 요람을 옮겨놓고 돌보면서 다시 일을 시작했다고 한다. 지금도 그녀는 저녁 8~9시 즈음 아이가 잠들고 나면 설계도를 그리는 책상으로 간다. 만약 이렇게 살아가는 그녀의 삶에 대하여 누군가 비난이라도 하면 그녀는 이렇게 대꾸한다.

"많은 사람들이 제가 지독해졌다고 하지만, 저는 제가 분명해졌다고 생각합니다."10)

안겔리카 야르 역시 그루너 & 야르 출판사의 공동사장이자 잡지사의 편집장까지 맡으면서 성공적으로 아이를 키우고 있다.

"엄마라고 해서 늘 아이들 곁에 있을 필요는 없어요. 아이들과 저는 서로 깊이 사랑합니다. 어쩌면 자주 볼 수 없기 때문에 더 그런지도 모르죠. 물론 서로 계획을 잘 짜야 하는데, 간단한 문제는 아닙니다. 어쨌거나 제일 중요한 것은, 어떤 경우라도 아이들을 힘들게 해서는 안 된다는 거지요. 일하는 시간을 제 맘대로 정하기 위해 저는 더욱 힘들게 일해야 했고, 가정부를 고용하기 위해서라도 저는 많은 수입을 올려야 했습니다. 그나마 다행인 건 눈치볼 상사가 없다는 점이었죠. 이 모든 계획을 잘 세워야 합니다."[11]

아이를 돌보는 문제와 직장을 잘 다니는 문제를 조화롭게 해결해 나갈 수 있는 비밀은 바로 효율성이다. 프록터 & 갬블의 플로렌스 기스네트는 "남자 동료와 저의 차이점이라면 저는 저녁 6시면 정확히 퇴근한다는 겁니다"라고 말했다. 대신 그녀는 회사의 정상근무 시간인 9시간 30분 동안 그 누구보다 집중해서 일하기 때문에 정시에 퇴근할 수 있을 것이다. 그녀는 말했다.

"저는 5분이 얼마나 중요한지 잘 알고 있어요."

이점에 있어서 전업주부는 어떻게 생각할까. 뮌헨에서 여성 고객을 상대로 재정문제를 상담해주고 있는 스베아 쿠셸은, 전업주부는 항상 약속시간보다 늦게 나타난다고 불평했다. 반대로 약속시간에 가장 정확하게 나타나는 사람은 직장에 다니는 주부들이라고 한다. 때문에 기업고문을 맡고 있는 타탸냐 피칠러는, 신속하고 효율적으로 계획을 짜는 업무에는 주부들이 적합하다고까지 말했다.

가정과 직장일을 계획적으로 해나갈 수만 있다면, 어머니가 직장에 다니는 것이 아이에게 해가 되지는 않는다. 이에 대해 안젤리카 야르는 다음과 같이 말한다.

"우리 아이들은 내가 집에만 있는 것보다 훨씬 잘 지낸다. 만약 내가 집에만 있었다면 스스로에게 불만을 가졌을 것이고, 그랬다면 아이들에게 화풀이를 했을 것이다. 그리고 아이들을 맡아준 이들은 언제나 나보다 훨씬 능숙하게 돌봐주었기에 마음을 놓을 수 있었다. 대신에 나는 언제든지 아이들이 내게 연락할 수 있도록 했다. 말하자면 내게 있어 자신들이 최고로 중요한 존재라는 것을 충분히 느끼도록 한 것이다. 어쩌다 아이들이 아프기라도 하면 나는 무슨 일이 있어도 집에서 일했다."12)

심리학자들은 한결같이 아이를 사랑해주고 부모와 아이가 서로 안정된 관계를 맺는 것은 가장 중요하다고 말한다. 이를 통하여 아이는 자신감과 독립심을 키울 수 있을 정도로 인지적, 감정적, 사회적 능력을 지니게 되기 때문이다.

"지난 20년 간 실시되었던 모든 조사를 살펴보았지만, 아이를 다른 사람에게 맡기는 것이 부정적인 결과가 나온 조사는 없었다."

미국의 심리학자 샤리 터러는 그녀의 책 『모성이라는 신화』에서 이렇게 쓰고 있다.

예루살렘의 유태인대학에서 근무하는 연구원들은, 타인에게 아이를 돌보게 하는 주제와 관련하여 전세계에서 나온 59개의 연구를 철저하게 조사해본 결과, 아이에게 해로운 효과는 발견할 수 없다는 사실을 알아냈다.

하지만 오늘날 독일의 현실은 여전히 일하는 어머니가 아이에게 나쁘지 않다는 점을 증명해야 하는 부담이 남아 있다.

어린 자식에게 가장 중요한 사람이 되고 싶은 어머니들의 과도한 바람이 이런 결과를 가져온 것은 아닐까? 지금까지 강의실에서 시간을 보냈거나 사무실에서 회의에 참석하던 어머니들이, 과연 교육을 전문적으로 받은 선생님보다 아이를 돌보기에 더 적합한지에 대한 질문에 그녀들은 선뜻 대답하지 못한다.

오히려 어린이에게 어머니의 과보호는 문제를 일으키게 한다. 아이는 어머니의 과보호를 실컷 이용하는가 하면, 심한 경우 폭력적인 성향을 띠기도 한다.

이에 대하여 뮌헨의 유아교육학자 마틴 텍스토어는 지적했다.[13]

"어머니들은 무언가 잘못하는 게 아닐까 하는 두려움과 자신에 대한 불신으로 지칠 때까지 아이를 돌보곤 합니다." 그러는 사이 귀여운 아이는 집 전체를 뒤흔드는 폭군으로 변해버리는 것이다.

일찍부터 자립심과 어머니로부터 직장에 다니는 것도 재미있다는 사실을 배우는 것은, 아이에게 매우 유익하다고 광고 분야에서 일하는 레기나 아이젤레도 말한다. 그녀는 11세 된 딸 미리엄이 혼자서 간단한 요리 정도는 해먹을 수 있게 된 계기를 들려주었다.

어느날인가 남편은 출장을 갔고, 아이젤레도 중요한 약속이 있어 외근 중이었는데, 딸아이가 핸드폰으로 전화를 걸어 왔다.

"엄마, 남은 세 시간 수업이 모두 취소되었어. 그래서 집에 일찍 왔는데 배가 너무 고파"라고 미리엄은 말했다. 그래서 아이젤레는 피자를 전자레인지에 넣어 익히는 방법을 미리엄에게 설명해주었다고 한다. 미리엄은 처음으로 자신이 완성한 피자를 보고 자랑스러워 했고, 어머니인 아이젤레 역시 이런 딸을 대견해 했다.

"최근에 집에 와보니 미리엄이 돼지고기 스테이크를 만들어 놓았더군요. 정말 맛있었어요, 좀 바짝 굽기는 했지만."

아이가 자신의 성 정체성을 부모로부터 배운다는 점은 이론의 여지가 없다. 어머니가 전업주부이고, 아버지 혼자 직장에 다니는 가정에서 자란 딸아이는, 훗날 어머니처럼 될 확률이 높다.

전업주부 어머니는 딸의 머릿속에 고정된 모델을 심어주는데, 이렇게 되면 다른 선택이란 있을 수 없다. 집안에서 해야 할 일이 성별에 따라 결정되는 모습을 보여주는 것은 아이에게 좋지 않다. 어린 시절에 익힌 역할모델은 평생 변하지 않기 때문이다.

예부터 독일 사람은, 가족의 생계에 반드시 필요한 것이 아닌데도 일하는 여자들을 비난해 왔다. 아마도 서유럽에서 어머니 역할을 자진해서 떠맡는 나라는 독일 여자밖에 없을 것이다. 다른 어떤 나라를 보더라도 일하는 어머니의 수가 독일보다 훨씬 많다.

여류작가 비르지트 반더베케는 남편과, 16세 된 아들과 함께 남부 프랑스에 살고 있다. 그곳에서 그녀는 글을 쓰고, 남편은 가구를 만들거나 그림을 그린다. 그녀는 이렇게 말했다.

"많은 여자들이 가족 때문에 직장을 그만두고 결국 무기력증에 빠져버리는 것은 정말 안타까운 일입니다. 하지만 이곳 프랑스는 여자가 아이를 낳았다고 해서 세상 사는 재미를 상당 부분 포기할 필요가 없지요. 우리 가족은 물론이고, 우리와 친하게 지내는 다른 가족 중에는 4~5명의 아이를 둔 부부일지라도 모두 일을 합니다. 부부는 모든 것을 멋지게 해낼 수 있답니다. 그러니 우리 가족이 굳이 독일로 돌아갈 이유가 없지요."[14]

영국, 프랑스, 스웨덴에서는 일하는 여성 가운데 87~98%가 아이를 둔 어머니이지만, 독일에서는 겨우 57%일 뿐이다. 또 독일에서는 3세 이하의 아이들이 유아원에 가는 경우는 10%이지만, 덴마크는 64%, 미국은 54%, 스웨덴은 48%, 프랑스는 92%나 된다.

프랑스, 스웨덴, 덴마크의 아이들이 엄마가 직장에 다닌다고 해서 독일 아이들보다 신경이 더 예민할까? 말도 안 되는 소리이다.

독일과 다른 산업국가 사이에서 발견할 수 있는 중요한 차이점은, 바로 직장에 다니는 어머니에 대한 사회의 긍정적인 태도이다. 실제로 '매정한 엄마'라는 말을 불어로 번역했지만, 프랑스 여자들은 이 말이 무슨 뜻인지조차 이해하지 못할 정도였다.[15]

"여자로서 일하기는 독일보다 미국이 천 배는 더 편합니다."

뉴욕에 있는 베텔스만 뮤직 그룹에서 일하고 있는 크리스타 호이슬러가 말했다.

마케팅이 직업인 안야 카일도 미국의 여자 동료들에게서, 아이가 있다고 자동적으로 승진을 포기하는 모습을 거의 보지 못했다고 말했다. 또한 그녀는 독일과 달리 미국 여자들 사이에는 '강한 연대감'이 있음을 강조했다.

육아가 여자만의 일이라고 받아들이지 않는 남자들이 살고 있는 곳, 베이비시터, 유치원, 친척 등과 같이 좋은 인프라만 형성된다면 모든 것이 잘 될 수 있는 곳이 미국이다.

독일의 경우에는 국민들의 기질문제가 아닐까 하는 생각도 든다. 즉 아이가 엄마 곁에서 밥을 먹지 않으면, 세상이 정상으로 돌아가지 않는다고 생각하는 여자들의 기질 말이다.

어머니가 혼자 십자가를 짊어져야 한다는 철학은, 일찍이 나치스 시절에 상속받은 아주 해로운 유산인 것 같다. 히틀러는 진정한 여자란 아이를 낳고 부엌을 지켜야 한다고 말하지 않았던가. 그리고 21세기인 오늘날까지 여전히 통용되던 30년대의 격언, "여자는 담배를 피우지 않고, 술을 마시지 않으며, 화장을 하지 않는다"라는 표현이 그대로 동의를 얻고 있다.

이 구시대의 격언이 설파하는 것은 분명하다. 여자는 아이를 가졌을 때에야 비로소 완전하다는 것인데, 『슈피겔』에 '어머니들의 컴백'이라는 제목이 타이틀로 실린 이유가 무엇이겠는가.

이처럼 다른 사람의 기호에 대하여 사회가 이래라 저래라 하고 요구하는 것은 무례할 뿐 아니라, 정치적으로도 논란의 소지가 있다. 이것은 기존의 질서를 영구히 유지하려는 의도라고도 볼 수 있다. 말하자면 공적인 삶에서 여성을 완전히 배제시키겠다는 의도 말이다.

함부르크에서 문화사를 연구하는 바바라 빈켄은, 독일 사람이 여자를 바라보는 특별한 시각을 갖게 된 원인을 역사적으로 추적해보았다. 그녀는 현재 독일의 어머니들은 '경쟁이라는 거친 세상에서 사회의 가장 중요한 상급기관'으로 미화될 것이고, 어머니와 아이의 관계는 '인류의 특권'[16]이 될 것이라고 설명했다.

앞으로 여자들은 문앞에다 큰 글씨로 "방해하지 마세요"라는 표식을 붙여야 할 것이다. 이유는 남편이 아내가 생활하는 주거공간으로 들어왔을 때, 아내는 그를 방해하는 인물로 받아들일 가능성이 크기 때문이다.

안드레아스는 직장에 다니는 부인 대신 아들 야콥을 데리고 유아원에 자주 참석하곤 했다. 여름방학이 끝나자 부인 슈테파니는 유아원의 여자 운영자에게 전화해서, 앞으로도 야콥을 계속 그곳에 보내고 싶다고 말했다.

처음에 그녀는 모든 것이 잘 될 것처럼 "좋아요, 그렇게 결정하셔서 기쁩니다"라면서 흔쾌히 대답했다.

그러나 슈테파니가 "남편이 야콥을 데려다줄 건데, 똑같은 시간, 똑같은 장소로 가면 되겠죠?"라고 묻자, 갑자기 운영자의 목소리가 변했다. 그리고는 "왜요? 나는 아이엄마가 오시는 줄 알았는데, 그렇지 않나요?"라고 되묻는 것이었다.

슈테파니는 자신은 직장에 다니기 때문에 시간이 없고, 남편이 그곳에 가는 것을 좋아하니 아무 상관이 없다고 설명했다. 그러자 상대는 "미안하지만 아직 빈 자리가 남아 있는지 모르겠네요. 곧 전화드리도록 하죠"라고 말하면서 일방적으로 전화를 끊어버렸다. 물론 슈테파니는 유아원으로부터 전화를 받지 못했다.

능력 있는 사람은 자기자신을 구한다. 커리어와 어머니의 길은 서로 배제하는 것이 아니다. 80년대 중반부터 남녀관리자에 대한 연구를 지속적으로 해온 소냐 비숍은 다음 사실을 밝혀냈다.

"성공에 대한 의지는 아이가 있는 여자보다 자녀가 없는 여자가 더 컸다. 여자가 결혼했다고 해서 직업적으로 영 출세하지 못하는 것은 아니다. 왜냐하면 높은 직위에 있는 여자는 낮은 직위에 있는 여자에 비해 아이가 있는 경우가 더 많았고, 여성 사업가 역시 단순한 여직원에 비해 자녀가 있는 비율이 더 높았다. 그러니 여자가 성공하는 대가로 혼자 살아야 하는 것은 절대로 아니다."[17]

스위스의 여성 심리학자 클라우디아 슈피스 홀디 역시 비슷한 결론을 내렸다. 그녀는 기존의 연구를 바탕으로 하여, 아이가 있는 대졸여성은 아이가 없는 대졸여성에 비하여 일자리를 구하기가 더 어려우며, 결국에는 낮은 수준의 일자리를 얻게 된다는 가정을 했다.

이를 증명하기 위하여 그녀는 7,800명의 구직자를 대상으로 조사했다. 그런데 어머니들이 적당한 일자리를 구하는데 시간이 정말 오래 걸렸던 엔지니어나 자연과학 분야를 제외하고는, 아이가 있는 여성이 아이가 없는 여성보다 일자리를 구하기 더 어렵다는 가정을 증명할 수 없었다.

또한 아이를 돌보면서 전문적인 직업을 갖기란 아주 어렵다는 가설도 옳지 않았다(여기에서도 엔지니어와 자연과학 분야는 예외였다). 이에 대하여 슈피스 홀디는 "가족이 있는 여성의 취업은 전문서적에서 말하는 것처럼 그다지 부정적이지 않았다"고 말했다.[18]

여자들이 아이를 키우면서도 직장에 잘 다닐 수 있다는 점, 그리고 아버지가 자녀교육에 관여해도 역시 잘 돌아간다는 사실은, 일찍이 아이젠베르크 가족을 통하여 증명된 바 있다.

슈테판은 43세로 열 살된 딸과 두 살된 아들의 아버지였다. 일하는 아내를 위하여 그는 2001년 4월 1일부터 18개월 동안 파트타임으로 일했다. 그는 박사학위가 있는 엔지니어이자, 폴크스바겐의 팀장이었으며, 60명의 부하직원을 거느리고 있었는데도 말이다.

대졸 출신인 그의 아내가 일주일에 2일을 일하고, 그는 일주일에 4일을 일했다. 그가 집에 있는 날이면 우는 아이를 돌보거나, 딸의 숙제를 도와줄 수 있었다. 만일 회사에 위급한 일이 생기면 직원들은 그의 핸드폰으로 연락하면 되었다. 그는 말했다.

"누구든 관리자가 되길 원하는 사람은 일하는 시간을 관리할 수 있어야 합니다. 일하는 시간에서 약간의 시간이라도 사생활을 위해 쓰는 사람은 언젠가 무능하다는 평을 받을 수 있으니까요."

폴크스바겐과 경쟁 관계에 있는 포드 자동차의 관리자 빌마 보르크호프는 다음과 같은 사항을 요구하고 있다.

"우리는 본보기로 삼을 수 있는 새로운 유형의 상급자를 원합니다. 가령 오후 5시에 퇴근해야 한다고 말하거나, 아니면 아이를 학교까지 데려다주고 오기 때문에 아침회의를 늦추자고 양해를 구하는 상사가 필요하지요."19)

사비네와 토마스 칼리쉬 부부의 경우도 흥미롭다. 그녀는 로스토크 근처에 위치한 바이오테크닉 회사의 사장이고, 그녀의 남편은 공증인이다. 이 부부는 함부르크 근처에서 두 딸을 키우고 있다.

"토마스는 책상에 앉아 있는 것보다 요트 타는 것을 더 좋아해요. 그러니 일주일에 2~3일만 일해도 충분하죠. 반대로 저는 4일 간 밤낮 없이 일하고, 3일은 집에 있답니다. 그렇게 우리는 합의를 봤죠. 남편이 학부모 모임에 나가고, 아이들 숙제를 돌봐줍니다. 그리고 정말 맛있는 요리도 해주죠. 남편이 모든 가사일을 하지만 그렇다고 자신의 일을 안 하는 것도 아닙니다. 만일 그랬다면 남편뿐 아니라 저도 싫었을 거예요."[20]

관리자급에 있는 여자라면 남편이 돌봐줄 수 없을 경우 파트타임으로 일하면 된다. 이것은 충분히 가능하다. 사장자리에 2명의 여사장도 가능하다는 뜻이다. 업무를 나누면……

물론 중요한 것은 커리어부터 쌓고 난 다음에 아이를 가져야 한다는 것이다. 왜냐하면 사장은 파트타임으로 일할 수 있지만, 직원이 파트타임으로 일할 수는 없기 때문이다.

기업체에서도 비슷한 모델은 작동이 잘 된다.

커뮤니케이션 기획사인 컴퍼블릭은 광고직원이 어머니가 되더라도 계속 일할 수 있도록 이들에게 보모를 고용하고 유치원에 보내는 비용을 대신 지불해주고 있다.

은행에서도 그런 예를 볼 수 있다. 베아테 오펜베르크는 상업은행의 한 지점에서 파트타임으로 일하고 있다. 두 아이의 엄마이기도 한 그녀는 현재 여직원 한 명과 고객상담을 맡고 있는데, 사실 그녀는 열 명의 부하직원을 거느린 상급 관리직에 있다.

"남자들은 흔히 이렇게 말하죠. 이런 식으로는 일할 수 없다고 말입니다. 하지만 보시다시피 잘하고 있습니다."21)

미국 사람은 그런 식으로 일하는 것이 가능하다는 사실을 이미 보여주었다. 미국의 사장들은 '가족친화적인 고용주'에 뽑히고 순위에 오르기 위하여 많은 노력을 한다. 이런 식으로 랭킹에 오르는 회사는 홍보도 되고 우수한 직원을 얻을 수 있기 때문이다.

독일에서는 '직업과 가족'이라는 단체가 '가족친화적인 회사'에 표식을 해준다. 물론 회사 입장에서도 기혼여성을 고용하기 위한 새로운 모델을 운영하려면 많은 비용이 들 것이다. 2명의 사장이 파트타임으로 일하면, 1명의 사장에게 지불하는 월급이나 사회보장금에 비해 훨씬 많은 비용이 들테니까 말이다.

하지만 다른 비용이 줄어들 수도 있다. 회사에 만족하는 직원은 회사를 금방 그만두지 않고 계속 남아 있을 것이며, 병가를 내는 횟수도 그만큼 줄어들 것이다.

등산용 가방과 운동복을 생산하고 있는 회사 바우데는 사원을 위한 어린이집을 세우는데 10만 유로를 과감히 투자했다. 아이가 있는 직원은 매달 75~200 유로를 회사에 지불하면 된다.

이 방식은 직원을 채용하는데 드는 노력을 덜어주는 효과가 있다. 즉 아이를 낳은 직원이 육아휴가를 냈다가 다시 직장으로 복귀할 수 있기 때문이다.

사실 아이를 낳고 다시 일하고 싶은 여자들은 이를 받아들이는 고용주를 직접 찾아나서야 한다. 예를 들어 슈바벤 지방에 있는 뢰쉬는 패션디자인 회사인데, 시장에 다니엘 헤이터와 같은 상표를 출품하고 있다. 뢰쉬는 직원 자녀를 위한 유치원을 운영하고 있을 뿐 아니라, 부장급의 60%, 과장급의 80%가 여자이다.

또한 이 회사에서 생산하는 브랜드마다 여자들이 영업소의 소장을 맡고 있다. 그러니 뢰쉬가 여러 차례 가족친화적인 회사로 뽑혀 상을 받은 것도 당연한 일이다.

주부에게 필요한 시설이 바우데와 뢰쉬처럼 소기업에만 있는 것은 아니다. 베를린의 피임약 생산업체인 쉐링의 공장에서는 아침 6시 30분부터 오후 5시 30분까지 유치원을 운영하고 있다.

아이를 키우는 일은 힘들고, 커리어를 쌓는 일 역시 힘들다는 점은 의심의 여지가 없다. 또한 이 두 가지를 병행하는 것이 늘 즐겁지만 않다는 점도 분명하다. 하지만 절대로 겁을 먹어서는 안 된다. 왜냐하면 일을 그만두는 사람은 결국 모두에게 피해를 주기 때문이다.

에스터 빌라는 말했다.

"대부분의 직장여성이 여자는 반드시 일할 필요가 없다고 생각하기에, 어려움에 부딪혔을 때 포기해버리는 경우가 많습니다. 바로 이런 여자들이 직장여성에 대한 편견이 더 심해지도록 한몫하게 되지요. 차별대우 때문에 사표를 던진 모든 여자들은, 계속 일하는 여자 동료들이 더 심한 차별대우를 받도록 할 뿐입니다.

왜냐하면 직장에 사표를 내던진 여자들은 차별대우에 대항해서 끝까지 싸우지 않고 항복함으로써 여자는 신뢰할 수 없는 사람이라는 불명예를 남겨놓기 때문이죠. 그럼으로써 여자들은 계속 악순환에 빠지는 겁니다."

자신의 사랑하는 딸이 성인이 되었을 때 스스로의 삶을 제대로 결정할 수 있도록 판단력이 서기 바란다면, 어머니는 스스로 일하는 모습을 보여주어야 하고, 딸이 자신을 본보기로 삼을 수 있도록 신경 써야 한다. 그렇지 않으면 여자들은 언제나 새로운 세대마다 다시 시작해야 할 것이다.

# 9. '여성할당제'라는 바보짓

여성과 정치

타인에게 책임을 미루는 사람은 스스로 아무것도 바꾸지 못한다.
—V. S. 네이폴*

★ Vidiadhar Surajprasad Naipaul; 1932년 영국령 서인도제도의
트리니다드 토바고에서 태어났다. 18세에 런던으로 가 대학을 졸업한 뒤,
BBC의 기자로 활동하다 작가가 되었다. 2001년, 그녀는 노벨문학상을 받았다.

　　2001년 7월, 독일 경제를 이끄는 네 개의 단체와 수상 게르하르트 슈뢰더는, 여성이 직장에서 일할 수 있는 기회를 높이도록 특별한 조치를 취해야 한다는데 합의했다. 이에 독일 산업연맹은 의무감을 가지고 '기업에서의 남녀 기회균등 촉진'이라는 글을 회원사에 배포했다. 하지만 유감스럽게도 그렇게 보낸 글의 호칭에서부터 남녀평등이란 찾아볼 수 없었다. 첫머리에 "친애하는 신사 여러분!"이라고 적혀 있었다.

　　슈뢰더 수상과 기질이 비슷한 현재 부인 도리스 슈뢰더-쾨프는 아이들을 위한 정치입문서 『수상은 수영장에서 산다』를 출간했는데, 여기에서 그녀는 여성에 대한 세상의 편견을 잘 지적했다.

　　"여러분은 학교에서 처음으로 정치를 대면했을 겁니다. 가령 학급의 회장을 선출하는 일도 정치라고 할 수 있지요. 그런데 항상 남자가 회장으로 뽑히지요."[1]

　　사실 이러한 태도 표명은 독일 사민당만의 입장이 아니다. 어쨌든 독일 여성의 삶은 끔찍하다고 할 수 있다. 또한 이 여성상은 아주 오랫동안 지속되고 있다. 하지만 이렇게 되기까지 여자들도 책임이 없지는 않다. 정치적으로나 개인적으로나 여자는 불확실하고 소극적인 태도를 취한다. 그렇기 때문에 사회는 여자를 진지하게 받아들이지 않고 무시하고 질책하는 것이다.

지난 20년 간의 여성정책은 여자가 당한 모욕과 남자의 남성우월주의에서 나온 불행한 결과일 뿐이다. 한쪽은 특별히 후원받기를 원하는 소수인으로 자처하고, 다른 한쪽은 모든 권력을 손에 쥐고 있다. 그 결과는 끔찍할 정도로 불평등한 관계가 고착되었으며, 기존의 관계를 계속 유지하고 싶은 사람에게만 유리하게 작용할 뿐이다.

다시 말해, 여성할당제는 말도 안 되는 헛소리에 불과하다. 또 소위 여성후원단체들은 몇년 전부터 무슨 일을 어떻게 해야 하는지도 모른 채 헛수고만 하고 있다. 더욱이 부부분할과세란 제도는 여자들의 가난을 더욱 부추길 뿐만 아니라, 보수주의 정치가들이 흔히 가지고 있는 생각을 뒷받침해줄 따름이다. 이들은 하루종일 아이를 돌보는 행위는 아이와 어머니 모두에게 해로울 수 있다고 생각한다. 그 이유는 어머니가 활동의 자유를 방해받기 때문이고, 아이는 배우는 것을 방해받기 때문이라는 것이다.

이제 하나하나 따져보기로 하자. 격렬한 논쟁을 유발시킨 테마인 여성할당제부터 시작하겠다. 참고로 이 여성할당제는 불필요하고 곤란하기만 하다는 이유로 대안 없이 폐기되어버렸다.

1989년 노르트라인 베스트팔렌 주가 독일 최초로 여성후원법을 통과시켰음에도 불구하고, 인구가 많은 도시 어디에도 높은 공직에 있는 여성은 거의 없다. 관공서에 부서장 직위에 있는 여자가 겨우 2% 정도이다.

여성을 후원한다느니 뭐니 야단법석을 떠는 마당에 이 정도의 비율은 낮아도 너무 낮지 않은가! 설상가상 중요한 위치에 오른 여자들에게 능력이 아니라 여자이기 때문에 그 자리를 차지하게 되었다고 말하는 태도는 참을 수 없는 모욕이다.

경제 분야에서도 '여성할당제'라는 표현 때문에 여성을 진지하게 받아들이지 않는다. 그러니 이제 더이상의 여성할당제는 없었으면 한다. 왜냐하면 여자가 인구의 52%로 다수를 차지하고 있음에도 불구하고 자신을 특별한 보호가 필요한 소수파로 간주하는 한, 계속 이런 식으로 행동하게 될 것이기 때문이다.

그리고 할당제에 대한 논쟁을 벌이다보면, 정작 중요한 현안문제를 다룰 수 없게 될 위험이 있다. 이에 농림부 장관 레나테 퀴나스트는 "여성위원회 같은 조직이나 여성을 후원한다는 계획은 남자들에게 진정한 남녀의 평등을 이루어내야 한다는 과제를 회피할 수 있도록 도와준다"고 말했다. 즉, 여자가 여성위원회에 모여 앉아 있는 동안, 남자는 연금, 세금정책, 외교정책 등 영향력을 행사할 수 있는 중요한 현안을 처리한다는 뜻이다. 때문에 퀴나스트의 "여자가 의석의 절반을 차지해야 할 것이 아니라, 권력의 절반을 요구해야 한다"[2]는 주장은 아주 합당하다고 볼 수 있다.

나의 동료 실비아 슈라이버는 『슈피겔』에 여성할당제에 대한 기사를 썼는데 이런 이유로 여성할당제에 '미' 라는 성적을 주었다.

"여자가 집안에서 공상에 잠긴 채 세상으로 나아갈 특별한 출구를 마련해달라고 요구하는 한, 권력에 탁월한 감각을 지닌 남자는 여자를 두려워할 필요가 없다. 여자는 남자가 원하는 곳, 즉 소수민족이 사는 거주지역에만 살고 있으므로, 이런 곳에는 지하주차장에 여성전용 주차장만 마련해주면 만사가 해결된다."[3]

물론 이렇게 말한다고 해서 여성운동이 실패했다는 것은 아니다. 반대로 여성운동은 고용창출운동을 통하여 수천 개의 일자리를 만들어냈으며, 여성차별대우 폐지를 위해 일하는 단체도 만들었다. 또한 헤라 린트의 『슈퍼 우먼』과 해리엇 루빈의 『여자들을 위한 마키아벨리』처럼 직장여성의 콤플렉스를 다룬 책도 나왔다.

이밖에 여성전용 주차장, 여성전용 네트워크, 여성전용 사우나, 여성전용 에어로빅, 레즈비언을 위한 신문도 창간되었으며, 여성에 대한 서적만 전문으로 다루는 서점까지 생겨났다.

또한 슐레스비히 홀슈타인 주의 여성부는 '여성의 시각에서 고안해본 건축계획' 이라는 제목으로 팜플렛을 찍어내기도 했다. 그러나 가장 기억할 만한 사건은, 1997년 작센 주의 여성 장관인 프리데리케 드 하스가 보여준 행동이다.

그녀는 당시 상금으로 받은 4만 마르크를 여성친화적인 회사에 수여했다. 상을 받은 회사는 직원을 위해 일하는 시간을 융통성 있게 조절해주거나, 직원의 아이를 돌봐주거나, 나이어린 여자 직원에게 전형적인 여자 직업이 아닌 다양한 직업교육을 시켜주거나, 남자만 승진시키는 일이 없는 회사들이었다. 작센 주는 이렇게 멋진 수상을 실시하여 환영받았다. 이에 대해 언론에서는 "자궁을 가지고 있다는 이유로 여자 직원을 장애인으로 취급하지 않는 사람들이라면 모두 상받을 자격이 있다"고 해석했다. 맞는 말이다. 그러나 이는 아주 미미한 사건의 결과에 지나지 않았다. 좀더 진지하게 접근해보자.

뮌헨의 사회학자 라인하르트 크라이슬은 지적한다.

"사회적 불공평과 부당한 권력관계를 법적 규정을 통하여 제거하려는 정치적인 노력은 뒷전으로 밀려나고, 기존의 법적 규정조차 흔히 해당자의 이익과 반대되는 효과를 가져왔다. 때문에 산모보호법, 청소년보호법, 파트타임 근로계약의 금지법 등이 있지만, 실제로 보호받아야 하는 근로자의 노동조건은 거의 개선되지 않고 있다. 당사자를 좀더 잘 보호하려는 노력은, 오히려 노동시장에서 이 사람들의 노동가치를 떨어뜨리는 결과를 가져왔다. 그리하여 법적으로 산모보호법의 보호를 받는 여자들이 고용주에게는 그다지 매력적인 인물이 못되는 것이다 ……."[4]

하지만 독일은 여성을 보호하기 위해 마련한 조처에 대하여 그런 방식으로 밀쳐내는 행동을 너그럽게 받아주는 나라가 아니다. 오히려 더 많은 보호법을 만들어내 고함치는 나라이다.

2000년 10월, 연방정부의 여성부는 미래의 국가사업은 남녀평등 규정을 실행에 옮긴 기업에게만 맡기자고 제안했다. 이렇게 되면 경영에 참여하는 근로자 대표단과 경영진은 여성을 후원하기 위한 계획을 세우고, 이것이 어떻게 실행되는지 감독해야 한다.

하지만 남녀 모두에게 균등한 기회를 주자고 주장한 여성 정치인의 야무진 계획은 무산되고 말았다. 독일 여자들은 가슴에 손을 얹고 스스로 물어보아야 할 것이다. 과연 정부가 그런 조치를 취한다고 해서 자신이 사회에 적극적으로 참여하게 될 것인지 말이다.

스웨덴이나 덴마크 같은 나라에는 남녀평등법이니 파트타임 금지법이니 하는 법률 자체가 아예 없는데도 여성의 76%가 일을 한다. 하지만 독일 여성은 62%만 일한다.

"그런 나라들은 갓난아기부터 세 살 때까지 다양한 시간에 아이를 돌봐주는 여러 시설을 갖추고 있다"고 뮌헨 청소년연구소에서 일하는 발터 비엔은 말했다. 또한 '직장에 다니는 어머니의 모임'에서 일하는 엘케 구두샤이트 야랄은, "직장인은 정해진 시간보다 좀더 융통성 있게 일할 수 있어야 합니다. 그런데 정작 유치원의 문을 여는 시간이 정해져 있단 말입니다. 게다가 괜찮은 유치원에 입학하기도 로또에 당첨되는 것만큼이나 힘들지요"라고 말했다.

분명한 것은 이런 문제들이 법규정으로 해결될 수 있는 문제가 아니라는 점이다. 차라리 정부에서 필요에 따라 언제든지 이용할 수 있는 육아시설을 만들어주는 것이 더 효과적일 수 있다. 그런데 독일에서는 이 일이 잘 진행되지 않고 있다.

'재경 분야의 여성들'이라는 주제로 열린 학술회의에서 '열린 대학의 미래 감시단 Open University's Future Observatory'의 단장을 맡고 있는 데이비드 머서는, 21세기에는 여성이 남성을 능가할 것이라고 말했다. 현대여성은 질적으로 우수한 교육을 받았으며, 정보과학

기술 분야에서 일어난 혁명이 여자들의 삶을 수월하게 해주었기 때문이라는 것이다.

반면 프랑크푸르트 DG 뱅크에 근무하는 경제전문가들은, 2010년 즈음에는 독일에 아이를 돌보는 시설이 부족해서 더이상 여성 경영인이 나오지 않을 것이라고 주장했다.[5]

노동시장과 직업 문제를 연구하는 한 연구소는 열 살 이하의 아이를 키우는 어머니 3천 명을 대상으로, 가정과 직장생활을 동시에 병행할 수 있는 방법에 대하여 설문조사를 했다.

이들 가운데 아이를 맡길 수 있는 시설의 부족에 불평을 터뜨리는 여자들이 많았고, 현재보다 아이를 더 잘 돌봐준다면 더 많은 돈을 지불할 준비가 되어 있다고 말하는 여자도 많았다.[6]

이러한 상황이니, 1996년에 기민당이 법적으로 보장해주겠다고 외쳤던 "모든 아이에게 유치원 자리를 마련해주자!"는 구호는 우스갯소리가 되어버렸다. 아이들의 20%는 여전히 유치원에 들어갈 수 없으니 말이다. 또한 1993년에 헌법은 여성이 커리어도 쌓고 가족도 지킬 수 있는 사회를 만들어야 한다는 법률조항을 신설했다. 그러나 지금까지 정치계는 이 규정을 이행하지 않고 있다. 현재 독일은 다른 유럽국가와 비교했을 때 놀이방이나 탁아소, 전일제 학교 시설만 갖춘 채, 이점에서 단연코 꼴찌 자리를 차지하고 있다.

서독에서는 세 살 이하의 어린이 가운데 3%만 국가지원의 탁아시설에 들어갈 수 있었다. 그런 반면 덴마크에서는 48%나 되는 아이들이 탁아시설을 이용할 수 있다. 또 독일의 경우 초등학교 학생 중 5%

만 전일제 학교에 다니고 있지만, 프랑스에서는 거의 모든 학생이 다닐 수 있다.

브리트는 아들 라르스가 태어난 지 6개월이 지나자 다시 일을 하기 시작했다. 이 기간이 지나면 육아휴가와 일자리 보장이 실효될 수 있기 때문이었다. 그녀가 다시 직장에 다니는데 별 문제가 없는 것은, 정부가 6개월이 지난 모든 아이들을 탁아소에서 맡아주기 때문이다. 도시에 살고 있는 아이들의 80%가 그렇듯, 라르스 역시 아침 8시부터 오후 5시까지 탁아소에 맡겨져 있다.

만일 탁아소 부족으로 아이를 맡길 곳이 없으면, 국가가 부모에게 베이비시터를 고용할 수 있도록 비용을 지불해준다. 라르스는 세 살이 되면 다른 아이처럼 유치원에 가고, 다섯 살이 되면 초등학교에 진학하기 전에 입학하는 학교에 갈 것이다. 또 학교와 병행하면서 다닐 수 있는 놀이방도 있는데, 이곳에는 아이들의 학교 숙제를 도와주는 선생도 있다. 브리트의 이 환상적인 이야기는 유감스럽게도 독일의 경우가 아니라 덴마크의 경우이다.

나의 동료 안네테와 그녀의 딸 비브케의 이야기도 안정된 탁아소나 국가에서 제공하는 보모로부터 시작한다.

2.5세가 된 어린 비브케는 유치원과 학교의 형태가 혼재된 무료 놀이방에 들어갔는데, 이곳은 아침 8시 30분부터 오후 5시까지 열려 있다. 또 비브케가 여섯 살이 되자 오후 5시까지 돌봐주는 학교에 들어갈 수 있었다. 물론 이 시간 후에도 선생님이 아이들의 숙제를 도와주는 과정이 있어, 원한다면 학교에 더 오래 남아 있을 수 있었다.

하지만 안네테는 직업적인 이유로 아이를 돌볼 수 있도록 시설이 완벽하게 갖춰진 파리를 떠나, 독일로 돌아와야 했다. 독일생활에 적응하면서 안네테는 가정부를 고용했는데, 자신의 수입 가운데 상당 부분을 지불해야 했다. 게다가 가정부가 병이라도 나서 못 나오게 되면 안네테는 꼼짝없이 휴가를 반납하고 결근하는 수밖에 없다.

이렇듯 독일 여자들은 아무런 혜택도 누리지 못하면서 국경 너머에 사는 여자들을 부러워할 뿐이다. 반대로 외국에서는 불안과 동정심이 뒤섞인 감정으로 독일을 바라보고 있다.

미국 주간지 『타임』은 여성 경영인이 턱없이 부족한 독일의 상황에 놀라움을 금치 못하면서, 모든 원인을 '낡은 국립학교 시스템' 탓으로 돌렸다. 쾰른 출신의 여자 변호사 엘리자베스 뮐러도 『타임』의 의견에 동의했다. "프랑스나 스페인에서 학교의 시스템은 일하는 어머니에게 맞추어져 있다."[7]

물론 전일제 학교를 거부하는 것은, 여성정책의 결과이기도 하지만 교육정책의 결과이기도 하다. 2001년 12월, 경악을 금치 못할 사건이 있었다. OECD에서 실시한 한 조사결과, 독일 학생들의 형편없는 학업수준이 백일하에 드러났기 때문이다.

국제적 대학생 프로그램인 피사(PISA, Programme for international Student Assessment)의 연구에 따르면, 전체 32개국 가운데 독일은 겨우 25위를 차지했던 것이다. 특히 15세 학생 중에서 읽기와 본문 내용을 이해하는 능력이 현저히 부족한 학생이 많았다고 한다. 유럽국가 중 모든 부분에서 뛰어났던 핀란드와 너무도 비교되는 결과였다.

핀란드 청소년은 연중 수업일수가 190일밖에 되지 않기 때문에 충분한 방학을 즐길 수 있으며, 대신 전일제 수업을 실시함으로써 집중적인 수업이 가능했던 것이다.

OECD의 보고에 의하면, 핀란드의 아이들은 읽기와 쓰기에서만 높은 수준을 차지한 게 아니라, 수학과 자연과학에서도 최고의 자리를 내놓지 않았다. 핀란드의 학교는 한동안 성적을 매기지 않는다. 초등학교에서는 아예 시험을 치르지 않다가, 학년 마지막에 가서 평가시험을 치르는 게 전부이다. 그러므로 영어를 하지 못한다고, 혹은 컴퓨터를 잘 사용하지 못한다는 이유로 9년 간의 의무교육을 포기하는 아동은 거의 없다고 한다.

피사의 연구결과로 야기된 논쟁을 계기로 정치가들은 이런 점을 이해했으면 좋겠다. 즉 전일제 학교에서 아이들을 충분히 가르치는 사람은 아이들의 어린 시절을 빼앗는 인물이 아니라 그들에게 미래를 제공하는 고마운 교사라는 점을 말이다.

이에 슈뢰더 수상은 아이들을 하루종일 보살필 수 있는 교육 프로그램을 마련하겠다고 약속했다. 물론 이것은 주정부에서 해야 하는 일이다. 주정부에서 만약 필요한 비용과 인원을 요구하면, 연방정부는 "그것은 안 됩니다!"라고 단호히 거절할 사안임이 분명하다.

일하는 여자들이 안고 있는 문제로 다시 돌아가보자. 외국에 사는 여자들은 훌륭한 아동시설 덕분에 큰 어려움 없이 직장에 다닐 수 있고, 또한 급여도 독일보다 훨씬 공평하게 받는다. 그러나 독일 여자들은 지금도 같은 일을 하는 남자들에 비해 여전히 1/4 정도 적게 받고 있다.

만약 여자도 남자와 비교하여 공평한 월급을 받는다면, 아이를 좀 더 좋은 곳에 맡길 수 있는 재정적인 능력이 확보된다. 그리고 저녁식탁에 앉은 부부는 "여보, 나 임신했어. 우리 중 누가 아이를 돌보지?"라고 의논했을 때 지금까지 그래왔듯이 여자에게 일방적으로 불리한 결정이 내려지지는 않을 것이다. 왜냐하면 많이 버는 사람이 일을 하고, 적게 버는 사람이 집에 있는 것은 당연한 이치니까.

독일에서 여성문제를 위임받은 여성위원회나 여성부는, 몇년 전부터 애초에 목표한 산이 아닌 엉뚱한 산을 열심히 오르고 있는 것이 분명하다. 무엇보다 융통성 있는 작업시간 조절이야말로 직장여성의 문제가 성공적으로 해결될 수 있는 선결 조건이다.

국가는 하루종일 아이를 맡길 수 있는 시설을 제공하고 노동시간을 탄력적으로 조정해야 할 것이다. 그렇게 되려면 모든 상점의 폐점시간(독일에서는 일반적으로 월요일부터 금요일까지는 6~20시, 토요일은 6~16시까지 상점의 문을 열 수 있다)도 조정해야 한다. 그래야만 여자들이 원하면 언제든지 물건을 제때 살 수 있을 것이다.

그런데 정부부처에서 일하는 사람들은 이런 말을 귀담아 듣지 않는다. 독일은 25년 전부터 출생률이 1.4명으로 정지되어 있다. 즉 100명의 여자들이 낳는 아이의 숫자가 평균 140명이 된다는 뜻이다. 이는 사회민주당원만 걱정할 일이 아니다.

국가가 이민법을 개정하여 외국으로부터 이민자를 받아들인다고 할지라도, 미래의 독일 여자들이 국가로부터 연금을 받으려면 그들의 어머니보다 훨씬 많은 일을 해야 하고, 아이도 더 낳아야 한다. 출생률이 낮은 원인 중 가장 중요한 요인은, 여자들이 직장과 가정을 병행하기가 너무 어렵다는 것이다.[8]

직장에 다니는 주부들의 보고를 종합해보면, 온종일 아이를 돌볼 수 있는 시설과, 탄력적인 노동시간이 가장 시급하게 해결되어야 할 문제임을 알 수 있다. 그런데 정작 여성문제를 담당하고 있는 정부는 왜 직장과 가정을 병행하는 계획을 짜면서, 주부를 필요로 하지 않는 회사에 여성할당제니 뭐니 하면서 강제로 고용하라고 윽박지르는 것일까? 알 수 없는 노릇이다.

당사자의 입장에서 볼 때, 보다 나은 방법은 완전히 새로운 시각으로 여성문제에 접근하는 것이다. 우선 법무부와 함께 독일의 법을 법정에 고소해야 한다. 왜? 제네바 노동연구소에서 일하는 린다 비르스는 그렇게 해야 하는 이유를 이렇게 들고 있다.

미국은 관리자급에 속하는 여자들이 43%이고, 영국은 33%이지만, 독일은 겨우 9%에 불과하다. 이것은 바로 독일 경제계가 여자들을 차별대우한 결과이므로, 이 부당함을 수정하기 위해 고소할 수 있다는 것이다.[9] 이것은 집단소송으로 가능한데, 미국의 경우를 예로 들었을 때 다음과 같이 적용된다.

만약 미국에 있는 한 자동차 회사에서 일하는 여성 작업반장들이, 다른 자동차 회사는 평균 30%의 여성 작업반장이 있는데, 자신들의 회사는 체계적으로 차별대우를 하는 까닭에 여성 작업반장이 12%밖에 되지 않는다고 주장한다 가정하자. 그녀들이 이 문제를 법정에 고소하면 경우에 따라 이 회사는 엄청난 처벌을 받게 된다.

실제로 3년 전 미국에서 투자은행 메릴 린치에 근무하는 9백 명의 여자 직원들이, 차별대우를 받고 있다는 이유로 회사를 고소한 적이 있었다. 석유 대기업인 텍사코도 이와 비슷한 경우를 당하여 패소했는데, 1998년 미지급한 월급과 차별대우를 한 배상금으로 피해자에게 4천만 달러를 지불해야 했다.

컴퓨터를 생산하는 도시바도 같은 경우로 고소당해 그로부터 1년 후에 5백만 달러의 배상금을 물었다.

이런 실정이니 미국의 대기업은 대중이 보는 앞에서 재판받는 것이 두려워서라도 여성할당제를 철저하게 지킬 수밖에 없을 것이다. 개인이 고소하면 언론에 아주 사소한 문제로 다루어지지만, 여자가 집단으로 소송을 제기하면 사회에 물의를 일으켜 모든 언론매체에 다루어지기 때문이다.

하지만 독일에는 이런 식의 집단소송이 불가능하다.

독일에서 남녀평등을 위해 일하는 집단은, 지난 20년 동안 자신들이 과연 무엇을 했는지 자문해야 한다. 그들은 여성이 일한 만큼의 월급을 받을 수 있는 여건조차 만들지 못했다. 더 심각한 사실도 있다. 여성 관리자 가운데 8%만 여성 후원제도가 지켜지는 회사에서 일한다는 것이다. 뒤집어 말하면 더욱 한심하다. 여성을 후원하는 프로그램은 실제로 여성을 높은 자리에 올려놓지 못했으며, 더 나은 월급을 받게 해준 것도 아니라는 뜻이다.

소냐 비숍과 그녀가 이끄는 팀에게 설문지를 주었던 여자들도 이런 여성 후원 프로그램은 비효율적이라는 평가를 내렸다. 단지 7%의 여성과 2%의 남성만 이 프로그램이 여성할당제의 비율을 신속하고 지속적으로 높일 것이라고 대답했을 뿐이다.

또한 지금까지 있어 왔던 육아휴가라는 규정조차 유감스럽게도 여성이 권력을 쥐는데 방해되었을 뿐이다. 과거 기민당의 가정부 노릇을 했던 여성 장관 클라우디아 놀테는, 1997년 육아휴가를 통해 여자들이 3년 동안 직장에 복귀하지 않아도 되는 것을 두고, '20세기 여성정책이 일구어낸 성과' 라며 칭찬을 아끼지 않았다.

이 법률의 목표는 어머니나 아버지가 아기의 유아 시절에 함께 있도록 해주는 것이었지만, 사실상 국가가 받는 재정적 부담을 덜기 위해 개인에게 더 많은 책임을 준 것에 불과했다. 그런데 이런 제도가 여성정책의 성과라니, 말도 안 되는 소리이다. 이것은 실업률을 낮추기 위한 아주 고상한 방법처럼 보이지만, 실상은 노동시장에서 여자들을 성공적으로 밀어냈을 뿐이다.

네 명의 아이가 있으며 『성공에 브레이크를 걸다 - 육아휴가』의 저자이기도 한 사비네 힐데브란트 뵈켈도 같은 의견이다.

"과거와 마찬가지로 여자들은 여전히 자녀교육의 대부분을 담당하고 있고, 결국 여자를 채용하는 회사에 큰 부담을 안겨준다. 무엇보다 중소기업은 여자 직원이 아이를 낳을 때마다 일자리를 비워둘 형편이 못 되며, 그렇게 하려고도 하지 않는다. 또한 회사는 기혼 여성을 채용하더라도, 임신 가능성이 있기 때문에 이들에게 투자할 가능성이 그만큼 적다는 점을 예상해야 한다. 이런 현상은 결과적으로 출산을 기피하게 만들거나, 개인적으로 다른 해결책을 구하는 여자들에게까지 피해를 입히는 것이다."10)

육아휴가에 대하여 육아와 어머니들이 쉴 수 있는 따뜻하고 포근한 면을 고려했지만, 정체를 밝혀보니 여자들의 발목을 잡는 또다른 덫이었던 셈이다.

그동안 아주 소규모의 개혁도 있었다. 양육보조금법에 따르면, 2001년 초부터 부모 양측은 한 명의 자식을 위해 세 번에 걸쳐 3년까지 휴가를 받을 수 있게 되었다. 이 기간 동안 부모는 주당 30시간을 파트타임으로 일할 수 있게 된다(과거에는 19시간이었다). 이 소설 같은 개혁안이 나온 것은, 대부분의 남자들이 육아휴가를 기피했기 때문에 이를 수정할 목적에서 만들어낸 것이다. 하지만 예나 지금이나 남자들의 1.5%만 육아휴가를 받는다. 남자 세 명 중 한 명은 직장을 오래 비워두었을 때 인간관계가 소원해질지 모르며, 출세하는데 방해될 수 있다는 점을 두려워하고 있었다.

맞는 말이다. 육아휴가를 오랫동안 받는 것은 실제로 커리어에 덫이 된다. 정부의 조사에 따르면, 실제로 육아휴가를 받은 여성 가운데 다니던 직장에 복귀하는 여성은 55%이며, 복귀하더라도 1주일 안에 실직하는 경우가 28%나 된다고 한다. 회사에서는 3년 간 휴직한 여자들을 더이상 신뢰하지 않는 것이다.

노동시장과 직업을 연구하는 한 연구소에서 19,000개의 회사를 대상으로 편 설문조사를 보면, 고용주는 직장으로 복귀한 여자들이 직업보다 가정을 더 소중히 여긴다고 생각하여 전적으로 현장에 투입

시키는 것을 꺼린다고 한다. 여자들은 돈을 받으면서 시간이나 보내 겠다고 생각하며 특별한 권리나 요구한다고 믿고 있었다.

이 말을 믿지 못하겠다면 기업체의 인사팀장과 대화해보길 권한다. 이들은 하나같이 3년 동안 직장을 쉬었다고 말하는 당신에게, '커리어는 완전히 잊어버리는 게 좋다'고 답할 것이다.

자격이 필요한 직업일수록 오랜 기간 현장에서 떠나 있을 수 없다. 따라서 남자는 30대 초반이면 여자를 앞지른다. 뮌헨에서 여성 관련 업무를 맡고 있는 프리델 슈레이그는 "여자들이 아이 때문에 쉬게 되면, 그것은 보통 남자들에게 기회가 된다"고 말한다.[11]

바꾸어 말하면, 독일의 육아휴가는 너무 길다는 뜻이다. 이미 언급했듯이 미국과 스칸디나비아 반도에 사는 여자들은 법적 규정이 없어도 잘 해나가고 있지 않은가.

만일 정치가들이 그토록 긴 육아휴가를 원했다면, 양육보조금과 육아기간을 정할 때 이왕이면 남편이 육아휴가의 절반을 담당하는지 여부에 따라 결정내렸다면 더 좋지 않았을까. 이렇게 했다면, 고용주 입장에서 남자 근로자도 여자 근로자와 마찬가지로 언제 육아휴가를 낼지 모르는 직원으로 인식되어질 것이다. 이제 회사는 남자를 채용하든 여자를 채용하든 상관없게 된다.

스웨덴은 최초로 이 원칙을 실행한 나라이다. 즉, 국가는 아이에게 1년 동안 양육보조금을 지원해주는데, 이중에서 최소한 1개월은 아버지가 양육을 떠맡아야 한다. 그렇지 않으면 양육비가 전혀 나오지 않도록 정해져 있다. 그 결과 아버지들의 1/3 이상이 아이 때문에 직장을 쉬었다.

현재 독일에서는 육아휴가 기간중 주 30시간까지 파트타임으로 일할 수 있으며, 2001년 1월 1일부터는 회사의 특성상 특별히 불편하지 않은 범위 내에서, 모든 근로자는 파트타임으로 계속 일하겠다고 희망할 수 있다. 이 규정 역시 얼핏 대단해 보이지만, 자세히 들여다보면 또다른 덫에 불과하다. 왜냐하면 파트타임으로 일하게 되었을 때 자신의 능력에 못 미치는 쉬운 일만 하는 여자들이 계속 그 직장에서 일하지 않을 확률이 높아질 것이며, 따라서 괜찮은 기업에는 여자들이 거의 없는 상태가 계속될 것이기 때문이다.

육아휴가를 3년으로 연장한 이후, 세 살 이하의 아이를 가진 여자들이 직장에 다니는 비율은 눈에 띄게 줄어들었다. 2000년만 해도 23%나 되었는데 말이다. 이들 중 6%만 아이를 돌봐줄 곳을 찾을 수 있었다. 동시에 이 여성들의 3/4 정도가 파트타임 계약을 맺었다. 파트타임으로 일하는 비율이 1986년에는 50%였던 것에 비하면 놀랄 만큼 증가하였다.

이런 추세는 새로운 규정과 함께 더욱 가파라질 조짐을 보인다. 그리고 이 아이들이 초등학교에 입학할 나이가 되더라도 여자들은 정식으로 취업하지 않는다. 아이들이 학교에 완전히 입학하면, 주부 중 64%가 다시 일을 시작하지만, 대부분 파트타임으로 근무한다. 어이없는 사실은 여자들조차도 파트타임 계약이 아이를 가진 주부에게 가장 이상적이라고 믿는다는 것이다. 설문에 응답한 여자들 중 65%가, 남편이 직장에 다니고 아내는 파트타임으로 일하는 것을 가장 바

람직한 삶의 형태라고 보았다.[12]

파트타임으로 일하는 남자는 단 5%밖에 되지 않았다! '파트타임'이라는 말은 때로 '2등'이라는 말과 동일하게 사용되는데, 어떤 사람도 그 조건에서 지원이나 후원을 기대하지 않는다.

하지만 다시 일을 시작하기 전에 이미 상당히 높은 자리에 오른 사람이라면 파트타임으로 일해도 상관이 없다.

예를 들어 시티그룹의 사장인 존 리드는, 아이들이 성장하는 모습을 지켜보기 위하여 1년 동안 눈에 띌 정도로 적게 일했고, 그후 다시 직장에 복귀했다.

또한 앞장에서 이미 언급했던 슈테판 아이젠베르크도 아이들 때문에 18개월 동안 파트타임을 하기로 결정내리기 전, 이미 그는 폴크스바겐의 팀장이었으며 60명의 부하직원을 거느리고 있었다.

하지만 파트타임 근무직은 또다른 덫이 될 수 있다. 아무리 파트타임이라도 여자는 과거와 마찬가지로 많은 일을 해낸다. 이유는 계약서에 약속한 시간보다 더 오랫동안 일을 함으로써, 비록 아이가 있지만 자신은 이렇게 유능하다는 점을 보여주고자 애쓰기 때문이다. 그렇게 되면 아이를 보살필 시간이 줄어들지만, 정규직처럼 월급받는 것은 결코 아니다. 결국 회사만 좋은 일을 시킬 뿐이다.

런던 시티대학의 헤더 요시도 같은 시각으로 문제제기를 했다. 그녀는 정규직에서 일하는 여자의 소득과, 두 명의 자식을 키우느라 8년 간 쉬었다가 파트타임으로 일을 시작한 여자의 소득을 비교했다. 그 결과 커리어를 쌓지 않고 중도에 하차했던 여자는, 정규직으로 일하는 여자의 절반도 채 벌지 못한다는 사실을 알 수 있었다. 8년 동안 직장을 떠나 있었던 그녀는 중요한 승진 기회를 놓쳐 비교적 책임이 가벼운 파트타임의 일자리를 받아들여야 했다.[13]

소비재를 생산하는 프록터 & 갬블에서 팀장으로 일하는 하이디 크루스케는 바로 이런 문제 때문에 파트타임 근무를 고려해본 적조차 없었다.

"제가 만약 파트타임으로 일했더라면, 일하는 시간은 비슷했겠지만 월급은 훨씬 적게 받았을 겁니다"라고 그녀는 말했다. 그녀는 첫아이를 출산하고 나서도 매일 8시간씩 일했다. 그러자 상사는 감탄을 금치 못했다고 한다.

경제학 교수 하인츠 갈러의 연구는, 독일의 경우 어머니들이 아이 때문에 직장을 그만둠으로써 발생하는 손실을 따져본 것인데, 그 결과 대졸여성으로 인한 손실만 연간 225,000 유로가 된다는 사실을 알 수 있었다. 이것은 가족 전체에게 미치는 영향보다 결국 여자들에게 더 큰 타격을 주는 것이다.

파트타임으로 일하는 여자들은 연금을 받을 수 없을 정도로 적은 돈을 받는다. 만일 여자들이 파트타임으로 번 몇푼의 돈을 저축하지 않고 가족을 위해, 혹은 옷을 사는데 소비해버리면, 늙어서 가난하게 살게 될 가능성이 더욱 높아진다.

이러한 이유로 나는 부부합산제는 금지되어야 한다고 생각한다. 이것을 실시하면 여자들은 치명적인 손해를 볼 수밖에 없는데, 이유는 대체로 세금상의 혜택이 줄어들게 되고, 결국 여자들은 최소의 소득으로 만족해야 하기 때문이다.

실제 부부합산제의 계산은 이렇게 이루어진다. 부부의 소득을 합하여 반으로 나눈다. 그리고 각자 여기에 대한 세금을 낸다. 이런 과정을 거치면 세율이 높아지는 것을 막을 수 있다.

가령 혼자서 50,000 유로에 해당하는 세금을 내는 사람에게 31%의 세율이 적용된다. 그런데 두 사람이 각자 25,000 유로에 대한 세금을 내면 20%의 세율이 적용된다. 이렇게 되면 남편은 당연히 훨씬 적은 세금을 내게 되지만, 아내는 원래 냈던 세금보다 더 많은 액수를 부담해야 된다. 그러니 소득의 차가 많이 나는 부부일수록 세금상의 장점을 많이 누리게 되는 것이다.

예를 들어 남편은 매년 110,000 유로를 벌고 아내는 수입이 없을 경우, 이때 남편은 연간 10,400 유로의 세금을 내게 된다. 이때 부부합산제를 적용하면 세율을 계속 줄여나가 2005년에는 110,000 유로에 대한 세금이 8,350 유로까지 줄어들 것이다.

만약 남편이 세금으로 이득 본 만큼 매달 아내에게 현금으로 돌려준다면 이 부부합산제도가 공평할지도 모른다. 아내는 파트타임으로 일하면서 남편이 세금을 적게 낼 수 있도록 해주었으니까. 부부가 세금으로 들어갈 돈을 건졌으니 이 돈으로 아내를 위해 개인보험을 들어주는 방법도 좋은 대안이 될 수 있겠지만, 그런 경우는 별로 보지 못했다. 대부분의 남편은 줄어든 세금으로 새 자동차를 사거나 휴가를 가는데 사용한다.

말하자면, 많은 여자들은 상대적으로 불리한 세금 혜택뿐 아니라 남편의 자유를 위해 몇년 동안 파트타임으로 일하면서 적은 월급을 받지만, 오히려 더 높은 세율을 감수한다는 뜻이 된다.

2차대전이 끝난 후 50년 간 독일의 정치는 줄곧 나치스의 철학, 즉 '엄마 혼자 십자가를 짊어진다'는 철학으로 점철되어 왔다. 이를테면 아이를 낳고 키우는 것은 국민으로서 여자들이 마땅히 담당해야 할 의무라는 생각이 사회 전체에 퍼져 있었다.

"비록 하루에 8시간일지라도 이 의무를 소홀히 한 여성들이여, 그대들에게 고통이 있을지어다! 모든 아이는 부모의 사랑과 보살핌, 배려를 필요로 한다. 또한 부모는 아이들에게 있어 하나의 본보기이자 권위적인 존재이기도 하다. 따라서 아이의 자립심과 사회능력, 가치관과 책임감의 발달은 근본적으로 가족으로부터 받은 교육에 달려 있다. 교육은 부모의 권리이다. 아이를 낳기로 결정한 사람은 회피해서는 안 될 권리와 의무를 갖게 된다."

기민당은 이런 식으로 신성한 독일의 모습을 세계에 소개하고 있다. 아니, 1994년의 카탈로그에 그렇게 나와 있다. 이 말을 쉽게 풀이해보면, 아이를 하루종일 맡아주는 유치원과 학교는 가족에게 나쁘다는 점을 시사한다.

여기에 대해 사비네 힐데브란트 뵈켈은 말한다.[14]

"그 누구도 부모의 신성한 교육에 끼어들 생각을 하지 않았으므로, 한시가 시급했던 아동시설을 만들지 않았다. 때문에 양육권은 어느새 양육 의무로 변해버렸다."

또한 빌레펠트대학의 사회학 교수로 정년퇴직한 프란츠 크사비어

카우프만은 지금처럼 어수선한 상황을 적절하게 지적했다.

"독일의 사회정책은 늙은 남자에게는 유리하고, 젊은 여자에게는 불리합니다."[15)

선거에서 승리한 사민당이 녹색당과 연합하여 실시한 세제개혁도 기민당과 크게 다르지 않았다. 전문가에 따르면, 수입이 적은 가계는 개혁을 통해 더 많은 손실을 입었다고 한다. 혼자 아이를 키우는 어머니, 정식으로 결혼하지 않고 동거하는 부부, 별거하는 부부도 역시 손해보는 그룹에 속한다.

더욱 놀라운 사실은, 많은 여자들이 자진하여 이와 같은 정책의 덫에 걸려들었다는 점이다. 인구 중 52%라는 다수를 차지하는 여자들이 단호한 결심으로 정치에 나서고, 같은 여자를 지지해주었더라면, 오래 전부터 민주주의가 실시되는 모든 곳에서 여성우위의 사회가 이룩되었을 것이다. 설혹 그렇게까지는 되지 않았을지라도 희망은 있지 않았을까.

하지만 오늘날 그렇게 될 가능성은 이미 닫혀버린 듯하다. 대부분의 여자는 책임에 대한 과도한 공포심으로 이렇게 된 사태의 책임마저 무조건 남자에게 밀고 있으니 말이다.

# 10. 남자! 알고 보니 약한 존재

## 사실은 여자가 남자를 지배한다

남자로 사는 일은 결코 쉽지 않다. 사실 남자에 비해 여자는 훨씬 자유로운 삶을 산다.
예를 들어 여자는 별 이유 없이 펑펑 울어도 절대로 흉이 되지 않는다.
하지만 남자는 늘 밖으로 돌아다니면서
수많은 다른 늑대들 틈에 끼어 자신도 그중 한 마리처럼 행동해야만 한다.
그들에게 짓밟히고 잡아먹히지 않으려면……
이것이야말로 정말 힘든 삶이 아닐까.

−바바라 베커*

★ Barbara Becker; 흑인 혼혈 모델 출신으로
한때 독일 출신의 테니스 황제였던 보리스 베커의 부인이었다.

프랑스 핵 산업체 코제마(Cogema)의 CEO
를 맡고 있는 안느 로베르종은, 한 회의 석상에서 그 자리에 모여 있
던 150명의 여자 사장들을 배꼽쥐고 웃게 만들었다. 자신이 겪은 에
피소드 하나를 들려주었던 것이다.

그녀가 처음 이사진에 들어갔을 때였다. 회장은 그녀와의 첫 대면
에서 이렇게 말했다.

"내 생각에 당신은 이곳에서 오래 버티지 못할 것 같군요. 여자의
직업은 집안일을 하고 아이를 키우는 것이지요."

얼마 후 그녀는 바로 그 회장이 다른 사람들 앞에서 자신을 큰 소리
로 칭찬했다는 소리를 듣게 되었다. 이에 안느는 회장의 사무실을 찾
아가 아직도 여자가 이런 일을 하는 것이 적합하지 않다고 생각하는
지 물었다.

"그렇네"라고 그가 대답하면서 한마디 덧붙였다. "아직도 내 생각
에는 변함이 없네. 하지만 자네는 여자가 아니지 않은가."[1]

남자는 가련한 동물이다. 이들은 자신의 세계관을 바꾸느니 차라리 여자를 남자로 성전환시켜버려야 직성이 풀리는 족속이다. 그런데 이들의 진부함에 대하여 마음껏 화를 내는 것도 간단치 않다. 남자도 나름대로 불쌍하기 때문이다.

인간은 원래 여성에서 출발한다고 한다. 수정한 지 6주가 지난 후 원래 여성의 몸인 태아로부터 Y 염색체가 나오면 비로소 남성이 된다. Y 염색체에는 여성 염색체인 X 염색체가 가지고 있는 작은 다리가 없다. 때문에 이를 자연이 저지른 사고라고 설명하기도 한다.

사실 Y 염색체는 외부로부터의 공격에 아주 약하다. 그렇기 때문에 어머니 뱃속에 있을 때부터 남아가 여아보다 사망할 확률이 높으며, 갓난아기의 사망률에 있어서도 남아가 여아보다 25%나 더 높다고 한다.[2]

여성은 두 개의 X 염색체를 가지고 있다. 그러므로 두 개 가운데 하나가 만일 유전적인 결함을 지닌다 해도, 여아는 다른 건강한 X 염색체로 살아갈 수 있다.

반면 남성은 X 염색체를 하나밖에 가지고 있지 않다. 만일 이 하나밖에 없는 X 염색체에 이상이 생기면, 아이는 더이상 살 수 없거나 장애를 일으킨다. 따라서 여성은 태어날 때부터 강한 성이고, 남성은 약한 성이라는 결론이 나온다.

그런데도 현대의학은 남자의 타고난 약점에는 이의를 제기하지 않고, 오히려 여자의 약점에 대해서는 아주 정통하다. 물론 언제나 그래왔던 것은 아니다.

25년 전만 해도 여자만 앓는 일부 질병을 고치는 별도의 치료법이란 존재하지 않았다. 또 산부인과를 제외한 나머지 질병은 남녀를 불문하고 동일하게 치료해야 한다고 의사들은 생각했던 것이다. 이제야 여자들의 지속적인 로비활동으로 의학은 차츰 여성의 몸이 지닌 특수성을 고려하게 되었다.

빈의 의과대학 교수 지그프리트『메린은 영국 의학저널』에 다음과 같이 썼다. "여성에게 집중하다보니 남성의 질병은 그만 뒷전으로 밀려나고 말았다."

또한 쾰른의 비뇨기과전문의 테오도르 클로츠는 남성에게 잘 걸리는 암, 즉 위암, 대장암, 폐암과 전립선암의 연구보다 유방암과 같은 여성암의 연구에 더 많은 비용이 지원되는 점을 비판했다. 지난 20년 동안 전립선암으로 사망한 사람이 17% 정도 늘었고, 현재도 계속 늘고 있는 추세라고 한다.

동시에 문제의식도 자라났다. 2001년 11월, 빈에서 개최된 '제1회 남성건강국제회의'에서는 여성이 남성보다 7년 정도 오래 사는 이유에 대하여 열띤 토론이 있었다.

1920년대만 해도 여자는 남자보다 겨우 1년을 더 살았다고 한다. 만약 남자의 수명이 여자의 수명보다 7년이나 더 길었더라면, 페미니스트들은 이렇게 주장하지 않았을까. 수명이야말로 오래 전부터 사회에서 누가 더 강력하게 권력과 복지를 지배하고 있는지 가장 잘 보여주는 기준이 된다고 말이다.

하지만 여자가 남자보다 더 오래 살게 되었으니 다르게 말해야 한다. 즉, 지금까지 여자를 지배해온 남자는 당연히 이에 대한 대가를 지불해야 한다고.

전세계적인 사망원인으로 꼽히는 15가지 요인을 살펴보더라도 남자가 단연코 앞장선다. 심장-순환계 질병으로 숨을 거두는 경우 남자가 여자보다 2배는 많고, 암 역시 남자가 2배는 더 많이 걸린다. 뇌졸중도 강인한 성인 여자보다 남자에게 더 자주 일어난다. 게다가 정신적·사회적 일탈(알코올과 마약 중독 등) 등으로 폭력을 휘두르는 예도 남자가 여자보다 훨씬 더 많다.

여기에 대하여 지그프리트 메린은 이렇게 설명한다.

"갈수록 심해지는 남자들의 공격성과 자기파괴적인 성향은 해결되지 않은 건강상의 문제이자 사회문제입니다."[3]

수많은 의사가 남자의 수명이 짧은 주원인이 호르몬에 있다고 본다. 무엇보다 남자에게는 여자의 뇌와 심장, 그리고 뼈 속에 충분히 들어 있는 항스트레스 호르몬인 에스트로겐이 없는데, 이 상태는 갱년기까지 지속된다고 한다.

또한 호르몬 소마토트로핀과 멜라토닌의 생성도 같은 나이의 여자에 비해 남자가 더 일찍 줄어든다고 한다. 멜라토닌은 노화를 방지하는 기적의 약으로 각광받고 있다.

여자는 폐경기 이후에도 호르몬의 균형을 의학적인 수단으로 유지할 수 있는 반면, 늙은 남자의 테스토스테론 결핍은 약을 복용해도 개선되지 않는다. 이러한 이유는 여태껏 소위 '남자의 갱년기'가 무시되어 왔기 때문이다. 호르몬이 남자의 몸에 어떤 부작용을 일으키는

지 충분한 연구가 없었던 것이 분명하다.

자, 호르몬에 관한 이야기는 일단 접어두고, 이런 생각을 한번 해보자. 여자는 정치, 경제, 사회 분야에서 자신이 떠맡아야 할 책임을 남자에게 미루었을 뿐만 아니라, 권력과 함께 스트레스까지 기꺼이 넘겨줌으로써 건강상 안고 있는 남자의 불행에 부분적인 책임이 있는 것은 아닌지 말이다.

진화생물학자인 칼 그라머의 사상이 이와 비슷하다. 그는 남자가 출세에 집착하고 그로 인해 스트레스를 받는 것은 모두 여자가 원인 제공을 했기 때문이라고 지적했다.

"만약 남자에게 어떤 한 여자가 눈에 들어오면, 그때부터 그의 머릿속 프로그램은 세탁기처럼 돌아간다. 가슴은 사정없이 뛰고, 그녀 앞에서 자신에 관한 얘기를 끝없이 늘어놓는다.

반면 여자는 짝을 고를 때 매우 조심스럽게 행동한다. 특히 배란기일 때는 더욱 심하다. 하지만 여자도 짝을 고를 결심을 하면 말솜씨가 눈에 띄게 좋아지며, 지적인 능력 또한 최고조에 이른다. 이런 상태에서 여자는 반드시 잘 생긴 남자를 고르는 것이 아니라, 강하고 유복하며 뛰어난 남자를 선택한다.

피상적으로는 남자에 의하여 지배되는 사회인 듯하지만, 이런 사실만 보더라도 우리 사회의 모든 것은 여자들이 번식을 위하여 철저하게 짜낸 전략의 산물이다."

한마디로 여자는 완벽한 남자를 선택하고자 애쓰고, 남자는 완벽한 남자가 되어 여자에게 선택당하기 위해 죽기 아니면 까무러칠 정도로 노력한다는 것이다.

스위스 취리히에서 심리학 교수로 강의하는 줄리 앙스트 교수는 "남자는 영장류처럼 1등 자리를 차지하기 위해 치열하게 싸운다"고 말했다. 그리고 자신이 지닌 공격성으로 인해 스스로를 희생시키는 동물이 바로 남자라는 점도 지적했다.[4]

선두 자리에 있는 남자는 여자에게 인기가 있는 법이다. 그렇기 때문에 남자는 직장에서 파김치가 되도록 일하고, 격렬한 스포츠에까지 열중하여 목숨을 위태롭게 만든다. 운동으로 땀을 흠뻑 흘린 후, 칼로리 높은 소시지나 감자튀김 안주에 독주까지 마셔대니 결과는 불을 보듯 뻔하지 않은가.

오늘날 응급환자의 2/3가 남자들이다. 이러한 원인은 남자는 늘 건강한 사나이가 되어야 한다는 생각을 무의식적으로 갖고 있어서, 병원에도 가지 않고 암 검사도 받지 않는데에 있다. 한번 병원에 가서 둘러보시라. 여자들로 병실이 가득 차 있는 사실을 새삼 확인하게 될 것이다.

일반적으로 여자는 자신이 살고 있는 집을 잘 관리하고 주변사람도 잘 챙겨주는 등 사교성이 뛰어나다고 할 수 있다. 하지만 남자는 사회성을 발전시킬 시간적 여유가 부족하다. 배우자가 사망한 다음 남녀의 모습에서 그 차이점은 확연히 드러난다. 홀아비는 과부에 비해 두 배는 더 우울하게 지내는 반면, 대부분의 과부는 인생에서 두번째 봄을 맞이한 듯 잘 살아간다.

여기에는 남자가 직업상 받아온 스트레스 외에도 전통적으로 내려오는 남녀의 역할모델이 크게 작용하고 있다. 예컨대 고통스러운 일을 당한 여자가 펑펑 울면 사람들은 우는 여자를 안쓰럽게 생각하고, 그녀가 우는 행위를 자연스럽게 받아들인다. 그러나 똑같은 경우라도 남자가 이렇게 울어대면 동정과 위로는커녕, 오히려 '남자답지 못하다'며 핀잔듣기 마련이다.

어느날 저녁, 고통스러운 마음에 남자들은 가장 친한 친구를 술집으로 불러내기도 하지만, 정작 하고 싶은 말은 한마디도 못하고 축구 등 잡다한 이야기로 시간을 소비할 뿐이다.

사실 '예민한' '사교성이 있는'이라는 표현은 여자에 한하여 칭찬하는 표현이다. 만일 이런 단어를 남자에게 사용하면 이들은 대부분 '신경이 날카로운' '불안한' 등의 말을 점잖게 바꾸어 표현한 것으로 이해하고 받아들인다.

이런 남자가 되고 싶어하는 사람은 아무도 없다. 대부분의 남자는 매사에 강해지고 싶어한다. 약한 남자는 바로 패자라고 생각하여 매력없는 인간으로 간주된다. 반면 약한 여자를 보면 그녀들의 수호천사가 되고 싶은 욕구를 일으킨다.

오늘날 남자들은 친구를 만나서 실패에 대한 두려움을 얘기하고 해소하는 대신, 지금까지 여자들의 전유물이었던 성형수술을 받는 경우가 점차 늘어나고 있다. 독일만 해도 코가 너무 길다거나, 뱃살이 너무 두껍다거나, 주름살이 너무 깊이 파였다는 이유 등으로 성형수술을 받는 남자가 매년 5만 명에 육박하고 있다.

현재 미국에서는(특히 월스트리트 주변) 활동적인 인상을 주는 턱 이

식수술이 유행이라는데, 이유는 주식으로 한몫 잡은 은행원과 주식중개인들이 다음해 해고리스트에 자신의 이름이 들어가지 않기를 바라기 때문이라고 한다.

나는 이렇게까지 행동하는 남자들의 심리를 이해할 수 있다. 아내는 말할 것도 없고, 결혼 전 사귀는 애인까지도 믿을 만한 부양자와 2년마다 승진하는 능력 있는 남자를 기대하니, 남자들은 효과만 확실하다면 수술대 위에 몇번이라도 올라갈 것이다.

실제로 외과의사 데틀레프 비첼의 수술환자 목록에 빼곡이 들어차 있는 환자이름 중 20%가 남자 고객이라고 한다.

그의 경험에 의하면, 여자는 되도록 많이 고쳐지기를 원하고 타인의 시선을 의식하여 수술받는다고 한다. 반면에 남자는 반드시 필요한 부분만 고치는데, 이는 자기만족을 위한 것이라고 한다. 이런 사실에서 보더라도 자존심을 끝까지 지키고자 몸부림 치는 남자들의 심리를 엿볼 수 있다.

나는 요즘 같은 위기상황에서 남자들이 성형수술을 받는 것은 당연한 현상이라고 생각한다. 과학의 발달로 지구상에 굳이 남자가 필요없는 세상이 서서히 다가오고 있다. 후손을 퍼뜨리기 위해서라면, 굳이 인류의 절반을 남자가 차지할 필요가 없는 것이다. 정자은행에 우수한 유전자를 지닌 정액만 가득 보관하면 충분할 테니까.

분명한 미래의 추세는 가족 부양자로서, 아내의 수호천사로서 무능한 남자라면 여자들에게 더욱 쉽게 외면당할 거라는 사실이다. 왜냐하면 어떤 여자도 굳이 아기를 갖기 위하여 남자를 필요로 하지는 않을 것이기 때문이다.

이러한 사회적 분위기에 이미 많은 남자들의 자존심이 꺾여 있다. 40대가 되면 많은 남자들이 성기의 작동이 뜻대로 되지 않는 등 문제를 안게 된다. 또 인류의 창조를 담당했던 이들만의 영광은 각종 스트레스로 인해 그 찬란한 빛을 잃어가고 있다. 남자의 정자수가 점점 줄어들고 있는 것이다.

1940~90년까지 남자의 정액 1$ml$ 당 들어 있는 정자의 수는 평균 1억 1천 3백만에서 6천 6백만 개로 줄어들었다. 또한 오르가슴을 통하여 3백 4십만~2백 7십 5만 개의 정자가 사라진다.[5]

요즈음의 남자들이 아내로부터 위협을 느끼는 부분이 단지 정력에만 국한된 것은 아니다.

현대를 살아가는 남성에 대한 책을 펴낸 페터 쾨프와 알렉산더 프로벨레기오스도 이점을 관찰했다. 이들은 이제 여자들이 너무 우세한 입장이 되었다고 말한다.

프로벨레기오스는 '30년 후 여성해방운동에서는 여자가 바지를 입고, 고독하게 세계사를 지휘했던 남자는 마침내 침묵을 깨뜨리게 될 것'이라고 그들의 책에서 주장하고 있다.

또한 쾨프는 자신의 얘기를 솔직하게 들려주고 있다.

"우리가 결혼했을 당시 아내는 대학을 나오지 않았고, 직업도 없었습니다. 그래서 우리는 합의를 보았지요. 내가 일을 하고 집사람은 충실한 가정주부 역할을 맡기로 말입니다. 하지만 얼마 지나지 않아 그녀는 싫증을 내기 시작했습니다.

한번은 사무실에서 10시간 동안 혹사당하고 저녁에 집으로 돌아온 저에게 아내는 아이를 건네주면서 이렇게 불평하는 것이었습니다. '자, 이제 당신이 아이를 볼 차례야!' 제가 마치 하루종일 사무실 책상 위에 다리나 올려놓고 놀다 온 사람처럼 말이죠. 저는 무척 화가 났습니다."

한편 프로벨레기오스는 이런 주장도 폈다.

"전통적으로 남자는 집안에서 기대를 한몸에 받으면서 자랐지요. 단지 남자라는 이유로 말입니다. 때문에 남자들은 숨막힐 듯 가슴이 답답했던 경험이 많았을 겁니다. 이들은 도움이 필요합니다. 남자도 스스로 자신의 욕구를 결정하고, 여자의 지배에 대비하여 자신을 방어할 권리가 있습니다."

프로벨레기오스는 결혼 전에 여자친구보다 돈을 적게 벌었기에 그녀에게 분명하게 말해두었다고 한다. 즉, 자신이 전적으로 가족을 부양할 능력이 없으므로 그녀가 재정적인 도움을 주었으면 좋겠다고 말이다. 물론 결과는 좋지 않았다. 그녀 역시 이성적으로는 그렇게 할 필요성을 느꼈고 스스로 마음먹었지만, 그에게서 직접 그런 말을 듣는 것 자체가 커다란 충격이었다고 한다.[6]

엄밀히 말하면, 페미니즘에서 오랫동안 갈망해오던 새로운 남자, 즉 부드러운 타입의 남자를 어떤 여자도 지속적으로 원하지는 않는다. 그렇기 때문에 스웨터를 입고 스니커스를 신은 채 여성잡지에나 나올 법한 부드러운 이 남자는, 여자들을 의식하여 신속하고 쿨한 유피의 모습으로 바뀌곤 한다.

명성이 자자한 영국의 경제잡지 『이코노미스트』에 이런 기사가 실린 적이 있었다.

"여자의 월급은 오르고, 남자의 월급은 내려간다. 또한 남자가 성적으로 무기력해지고 있다는 소리를 들으며 괴로워하는 동안, 여자는 흡혈귀처럼 행동할 수 있다.

페미니즘은 남자가 맡아야 할 새로운 역할을 제시하지 않은 채, 전통적인 역할만 파괴했다. 그래서 남자들은 새로운 타입의 남자가 되어야 하는지, 전통적인 남자로 남아 있어야 하는지 몹시 헷갈려 한다. 가령 아이를 꼭 껴안고 뽀뽀하는 자상하고 부드러운 아빠가 되어야 하는지, 경쟁에서 반드시 이기고 만다는 투사가 되어야 하는지 모르고 있는 것이다.

남녀의 동등함을 믿는 남자들, 즉 페미니즘이 갈망했던 남자들은 이런 문제에 부딪혀 어떻게 해야 할지 몰라 혼란에 빠져 있다."

일찍이 오늘날처럼 여자에게 많은 자유가 주어졌던 시대는 없었다. 이 모든 것이 국가에서 꾸준히 개혁해온 덕분이라고 할 수 있다.

여자는 자신에게 주어진 자유를 민첩하게 이용하고 있다. 이를테면 여자 쪽에서 먼저 이혼을 요구하는 경우가 점점 늘고 있으며, 심지어 남편을 집에서 쫓아내는 일도 빈번하게 일어난다.

20년 동안의 여성운동 끝에 마침내 여자는 아이의 양육권뿐 아니라 생활비까지 얻을 수 있는 권리를 법으로 보장받게 된 것이다.

"정신적으로 상처받은 데다 재정적인 책임까지 져야 하는데 불만을 품고 생활비를 지불하지 않는 남자도 있다. 이에 대해 미국과 영국에서는 이혼한 전처에게 양육비를 지불하지 않은 채 도망친 아버지를 추적하는 제도를 마련해놓고 있다.

예를 들어 뉴욕에서 운전면허증을 연장하고자 하는 사람은 사회보장번호를 제시해야 되는데, 이때 정부에서는 그가 자식들에게 양육비를 지불해야 하는 아버지인지 아닌지를 조사한다"고 『이코노미스트』는 밝혔다.[7]

하지만 가난한 아버지들은 이로 인해 더욱 심한 타격을 받기도 한다. 다시 말해 여자들이 수년 동안 로비활동을 벌인 끝에, 사회적 약자인 여자를 국가가 도와주도록 되어 있지만, 양육비를 지불하지 못하는 약한 아버지를 도와주는 곳은 어디에도 없다.

이들은 그저 무능하고 무책임한 아버지로 낙인 찍힐 뿐이다. 통계에 따르면, 태어나는 아이들 가운데 10%는 아버지로부터 양육비를 받지 못한다고 한다.

워런 패럴은 이들의 입장을 다음과 같이 설명하고 있다.

"곧 이혼하게 될 것 같고, 자신의 집에는 아내와 아빠를 미워하며 잘 따르지 않는 아이들이 살게 되리라 예감하는 남자들, 심리적으로 이들은 앞으로도 계속 자신을 미워하는 사람들을 위해 뼈 빠지게 일하게 될 거라는 압박감에 시달린다.

절망한 그들은 다시는 누군가를 사랑하고 싶지 않으며, 설령 결혼한다고 해도 분명 자신을 싫어하게 될 아이를 낳는 것과, 양육의 책임을 몹시 두려워한다. 이들은 자신이 이해받지 못한다고 생각한다. 이것은 '친밀한 관계를 두려워하는 증상'이라고 불린다."

만약 워런 패럴이 '미국여성을위한단체 NOW(National Organisation for Women)'에서 3년 동안 회장으로 일하지 않았다면, 그의 말은 별 관심을 끌지 못했을 것이다.

그는 남녀문제에서 흔히 볼 수 있는 위선과 남녀에 따라 평가하는 기준이 서로 다른 점에 대하여 이렇게 적고 있다.

"나는 여자가 남자를 비판하는 것을 인식, 자기주장, 여성해방, 자유, 또는 발전된 자의식 등으로 불렀다. 그리고 남자가 여자를 비판하는 것을 성차별, 남성우월주의, 방어, 합리화라고 불렀다. 이런 식으로 친절한 표현을 사용했더니 남자들은 아주 잘 이해했다. 하지만 이들은 곧 자신의 감정을 표현하기를 멈추었고, 나는 또다시 그들을 공격해야만 했다."

패럴은 여자는 정규직으로 일하든, 전업주부가 되든, 파트타임으로 일하든 선택할 수 있는 자유가 있지만, 남자는 무조건 직장에 다녀야 하는 것 외에 다른 선택이 있을 수 없다고 강조한다. 그러니 언젠가 분노에 가득 차서 이렇게 소리지르는 남자들이 늘어날지도 모를 일이다.

"결혼하자고 한 것도 당신이고, 아이를 원한 것도 당신이라고! 당신이 원해서 집도 샀고, 당신이 원해서 가구도 샀단 말이야. 그런데 이제 와서 헤어지자고?"

패럴은 남자들이 너무 막강하기 때문에 여자가 형편없이 낮은 보수를 받는다고 말하는 것은, 하나의 망상일 뿐 말도 안 되는 소리라고 주장한다.

큰 스트레스, 낮은 보수와 제한된 승진 가능성, 위험한 작업장, 힘든 육체적 소모가 혼합된 것이 직업 가운데 가장 인기없는 직종이다. 이러한 직업 25종 가운데 24개는 전형적으로 남자만 일하는 직종이라고 한다. 예를 들면 트럭운전사, 금속산업 근로자, 기와장이, 건설기계 기술자, 용접공, 광부 등이 그것이다. 때문에 오늘날까지도 미국에서는 매일 많은 남자들이 베트남 전쟁 당시 하루 평균 죽어갔던 사람의 숫자만큼 날마다 사고로 죽는다고 한다.

물론 여자도 교육을 많이 받지 못했다면 보수가 형편없는 직업을 갖게 되지만, 대부분 폐쇄된 공간에서 일하게 됨으로 남자처럼 위험하지는 않다.[8]

이러한 모든 정황으로 보았을 때, 불쌍한 사람들은 오히려 남자인 셈이다. 그동안 금기시해 왔던 남성의 상징 페니스를 오늘날 조롱의 대상으로 탈바꿈시킴으로써, 남자들은 극에 달한 자신의 좌절감을 표출하고 있다.

60년대만 해도 바비인형의 남자친구 켄의 페니스는, 운동복 밑에 작은 혹처럼 튀어나와 있을 뿐이었다. 그러나 68운동(68운동은 세계 도처에서 동시다발적으로 일어났다. 60년대 초에 시작된 미국의 학생운동, 반전운동, 68년 5~6월 사이에 프랑스에서 일어났던 학생봉기와 노동자 투쟁 등도 이에 속한다. 흔히 우리가 알고 있는 혁명가 체 게바라 역시 68운동의 영웅으로 볼리비아에서 처형되었다. 미국, 프랑스, 독일 등에서 살펴보더라도 68운동의 주체는 프롤레타리아가 아닌 집단들이 주도했고, 학생운동이 사회운동으로 발전한 경우라고 볼 수 있겠다. 독일의 경우에는 1967년 6월 2

일, 경찰들의 무자비한 데모 진압으로 벤노 오네조르크가 사망하게 되면서 학생운동은 시민에게까지 파급되었다)이 일어나자 모든 것이 바뀌기 시작했다.

텔레비전 드라마 <앨리의 사랑 만들기>를 보면, 동화 속 인물 같은 차림새의 남자 모델이 여자 변호사를 매혹시키는 에피소드가 있고, <섹스 인 더 시티>에서는 여자들이 마음에 드는 남자의 성기에 대하여 마구 떠들어댄다.

영화 <메리에겐 뭔가 특별한 것이 있다>에서는 바지 지퍼에 성기가 끼는 장면이 나오고, <아메리칸 파이>에서는 한 10대 소년이 자신의 작은 성기를 따끈한 애플케이크에 꽂는 노골적인 장면을 연출하기도 했다. 또한 빌 클린턴의 성기능과 이로부터 야기된 모니카 르윈스키의 옷에 묻은 얼룩은 몇달 동안 세계의 언론과 인터넷의 유머 한마당을 장식하기도 했다.

그리고 마침내 비아그라가 등장했다. 기적을 일으킨다는 파란색 알약에 대한 광고와 보도는 끝이 없었다. 활기찬 성생활을 다시 할 수 있게 된 남자들의 경험담이 신문의 절반을 차지하기도 했다.

그러나 광고의 이면을 자세히 살펴보면, 오늘날의 사회현상을 시사하면서 남자들의 불편한 심기를 냉소적으로 위장하고 있음을 알아챌 수 있다. 다시 말해 어느새 남자도 성적 농담의 대상이자 성적 희롱의 대상이 되었다는 것이다. 남자들 역시 여자와 마찬가지로 이러한 역할을 몹시 어색해 한다.

여자는 이미 오래 전부터 남자의 특권(공부하고, 일하고, 상속받는 등)

을 슬쩍 가져갔지만, 남자이기 때문에 지니는 책임이나 보호, 부양 같은 의무는 지금도 여전히 남자만의 몫으로 남아 있다.

만일 남자들이 여자가 지닌 단점, 즉 우울증, 정서 불안, 외모에 대한 광적인 관심 등까지 이어받는다면, 여자들에게 있어 이보다 더 좋을 수 없을 것이다.

한때 여자만의 질병이었던 거식증과 병적인 체중감소가 요즘에는 사춘기 소년에게도 하나둘씩 나타나고 있다.

이제 남은 것은 남자도 유방암에 걸리는 일뿐이다.

# 11. 보사노바★

여자들이 경영하면 훨씬 더 잘한다

만약 어떤 것에 대한 설명을 원한다면 남자에게 물어보라.
그러나 어떤 문제를 해결하고 싶다면 반드시 여자에게 물어라.

−마가렛 대처

★ Bossa Nova; 새로운 감각 또는 새로운 경향을 뜻하는 포르투갈 어이다.
처음에는 전통적인 삼바춤에 모던한 재즈의 감각이 가미된 라틴 아메리카의
새로운 춤을 일컫던 단어였으나 점차 광의의 뜻으로 쓰이게 되었다.

"어떤 남자가 뇌를 사려고 주의깊게 살펴 보았더니 남자의 뇌보다 여자의 뇌가 훨씬 더 쌌다. 왜 그럴까? 그것은 이미 사용했기 때문에!"

IQ가 높기로 유명한 할리우드의 여배우 샤론 스톤은 이 농담을 즐겨 사용한다. 이 농담도 역설적인 진실을 담고 있다. 그럼에도 불구하고 남자들은 하나같이 자신이 여자보다 더 지적이라고 믿는다. 실제로 스스로의 지능지수를 예상해보라고 주문하면 평균적으로 남자는 127, 여자는 120이라고 짐작한다.

그러나 스코틀랜드에서 실시한 한 연구에서 사람들의 평균 지능지수는 남녀를 불문하고 100 정도라고 밝혀낸 바 있다. 이에 캐나다의 한 학자는 여자들을 위하여 당당히 싸움에 나섰다. 즉 뇌에서 깊이 사고하고 중요한 기억을 담당하는 부분을 보면, 여자가 남자보다 18% 정도 세포수가 더 많다는 것이다.[1] 그러니 여자들은 절대로 자신 없어 할 필요가 없다.

그러나 현실은 어떤가. 대체로 남자는 잘 떠벌리고 여자는 겸손하게 행동한다. 커리어우먼에게 성공비결이 무엇인지 물어보면, "행운이 따라주었어요. 그리고 진정 훌륭한 스승을 만났기에 지금의 제가 있는 겁니다"라고 대답하는 것이 보통이다. 이에 반해 성공한 남자는 자신이 좋은 교육을 받았고, 힘들여 노력했으며, 능력이 있었기에 정상까지 오를 수 있었다고 대답한다.

관리직에 있는 여자가 자신감으로 넘쳐나는 남자보다 훨씬 겸손하다는 점은 어느 회사에서나 확인할 수 있으며, 실제로 많은 연구결과 밝혀진 사실이다. 하지만 이제부터 여자들은 겸손한 말과 행동을 마음 편하게 그만두어도 될 것이다. 여자들이 경영을 훨씬 잘한다는 사실이 이미 여러 연구를 통해 밝혀졌으니 말이다.

상사, 동료, 부하가 동시에 간부를 평가하는 360° 피드백 평가를 실시하면, 여자 간부가 남자 간부보다 훨씬 좋은 점수를 받는다. 여자 간부가 전문적인 지식이 더 많고, 보다 현실적인 목표를 세우며, 직원을 평가하는데 있어서도 더 정확하다는 평이 나온다. 대체로, 여자 간부가 모든 부분에서 남자 간부보다 우수한 것으로 나타났다.

이는 미국에서 실시한 많은 조사에서도 증명되었다. '해그버그 컨설팅그룹'은 캘리포니아의 포스터 시티에서 일하는 425명 간부들의 성적을 일제히 검토했다. 그 결과 여자는 52개의 항목 가운데 42개 부문에서 남자보다 더 나은 점수를 받았다. 그리고 여자 간부는 남자 간부에 비해 더 효율적으로 일하고, 품질관리도 더 잘하며, 트렌드에도 더 민감한 것으로 밝혀졌다.

미니애폴리스에 있는 컨설팅회사 퍼스널 디시전 인터내셔널도 5만 8천 명의 간부를 대상으로 능력평가를 실시했는데, 여자가 남자보다 23개 항목 중 21개 부문에서 앞섰다. 즉 여자가 남자보다 결정을 단호히 하며, 팀웍도 뛰어나고, 개인적으로 튀어 보이려는 성향도 적다는 결과가 나왔다.

이 연구는, 애초부터 남녀의 차이점을 밝히려는 목적이 없었기 때문에 더욱 의미심장하게 들린다. 기업 컨설팅을 담당하던 연구원들이 미국 전역에 걸쳐 다양한 분야와 규모의 기업을 대상으로 분석하다가 우연히 이와 같은 결론에 마주치게 된 것이다.[2)]

이 연구에 따르면, 남자가 여자보다 탁월한 점은 단 두 가지로 나타났다. 우선 남자는 여자보다 훨씬 전략적이라고 하는데, 이 전략적인 자질은 많은 기업에서 간부가 되기 위한 기본조건으로 여기고 있다. 두번째로 남자는 탁월한 분석가임이 증명되었는데, 특히 기술적인 문제와 관련하여 더욱 두드러졌다.

여자는 사회성이 뛰어나고, 남자는 분석적 능력이 뛰어나다는 사실은 오래 전부터 잘 알려져 있어 새삼스러운 일이 아니다. 이미 1990년 미국의 심리학자인 앨리스 이글리와 블레어 존슨은, 남녀 간부들의 행동에 대한 다양한 연구 171건의 결과를 종합한 바 있다. 그것은 여자 간부가 팀을 민주적으로 이끄는 반면, 남자 간부는 독재적으로 지도한다는 점을 보여주었다. 또 여자들은 남자에 비해 작업장에서의 인간적인 관계라든가, 목표 달성을 위하여 더 많은 노력을 기울이는 것으로 나타났다.[3)]

여자들의 이런 특성은 정보사회, 지식사회의 시대정신에 적합한 것이다. 때문에 여자는 정보시대에 성공할 수 있는 모든 전제조건에서 남자보다 더 높은 점수를 받은 것이다.

유럽에서도 비슷한 결과를 볼 수 있다. 프랑스 신문 『엔터프라이즈』는 일련의 대대적인 조사에 의거하여 여자 간부가 남자 간부보다 더 능력 있다는 사실을 확정지을 수 있었다. 2만 2천 개의 기업을 대상으로 조사한 결과, 여자가 경영하는 회사는 보통 회사에 비하여 훨씬 빨리 성장하고, 두 배의 이윤을 창출하는 경우도 많았다.[4]

이제 독일의 수많은 기업도 여성 경영자가 기업을 성공으로 이끈다고 믿기 시작하는 추세이다.

독일의 커피회사 야콥스의 사장인 나네미크 비진은 "얕게 생각하는 경영자는 사소한 이윤만 올리죠. 이런 사고방식은 그다지 추천하고 싶지 않습니다"라고 말했다. 그녀는 매년 10억 유로의 매상고를 올리고 있다.[5]

뒤셀도르프에 있는 홍콩상하이은행(HSBC)은 여자 직원이 남자 직원보다 고객의 욕구에 더 잘 대응한다는 점을 인정했다. 은행원 키르스텐 쟁어는 말한다.

"이제는 모든 은행이 거의 비슷한 상품을 내놓고 있는 실정입니다. 그러니 은행의 성공을 좌우하는 것은 누가 고객과 좋은 관계를 지속적으로 맺느냐 하는 것이지요."

사실 사람들과의 교제는 여자들이 잘할 때가 더 많다. 실제로 여자 간부는 고객을 상대하는 일만 잘하는 것이 아니다.

이에 대해 소비재 산업에서 경영을 맡고 있는 코리나 슈타인하우어는 설명했다. "여자는 남자보다 더 높은 목표를 세우지요. 그러니까 그들은 자신에게 더 많은 것을 기대하고, 단 하나의 실수도 용납하지 않으려 합니다."

따라서 마케팅, 주식시장, 대기업의 재무부서에서는 실적이 저조하면 남자 간부에서 여자 간부로 교체하는 일이 종종 있는데, 대부분은 만족스러운 결과를 본다고 한다.

"객관적인 결과와 숫자가 눈앞에 있으니 남자 간부로 앉히는 것을 선호하는 상관조차 아무 말 못하지요"라고 스위스의 성 갈렌대학에서 인적 자원 경영연구소 소장을 맡고 있는 롤프 분더러 교수는 말했다. 실제로 『매니저 매거진』이 독일 시장에 상장되어 있는 30개 기업에 질문한 결과, 계산, 감독, 마케팅, 판촉 분야에는 여자들이 훨씬 더 많다고 한다.[6]

이 사실을 잘 알고 있는 여자 은행원 쟁어도 "시장에서는 남녀가 중요한 것이 아니라 성공하는 것이 중요하다"고 말했다.

어쨌거나 점점 더 많은 기업이 여자 간부의 숫자를 늘리고자 한다. 다임러 크라이슬러는 현재보다 30% 이상 늘리겠다고 목표를 세웠고, 도이치 뱅크도 보다 많은 여자를 뽑을 계획이다.

쾰른에 있는 미디어계통 회사인 프뢰부스는 젊은 여직원으로 활기가 넘친다. 이점에 대하여 사장 칼 게르하르트 헤헬텐은, 특별히 자신이 여자를 선호한 결과가 절대 아니라고 강조하면서, 모든 입사지원자는 동일한 테스트를 거쳐 선발되는데, 이 시험에서 여자들이 더 뛰어났을 뿐이라고 설명했다. 현재는 135명의 직원 가운데 70명이 여직원이다.

이 회사는 여자라고 특별히 대우해주는 제도가 없다. 헤헬텐 역시 그런 제도는 필요없다고 말한다. 어차피 여자는 남자보다 더 큰 유연성이 있으며, 커뮤니케이션 능력과 팀웍 정신도 뛰어나기 때문에 굳이 특혜를 줄 필요가 없다는 것이다. 그래도 프뢰부스 주식회사는 2000년에 노르트라인베스트팔렌 주에서 여성 우호적인 기업으로 선정되었다.

그때 프뢰부스 주식회사와 함께 뮐하이머에 있는 광고회사 브로이어 & 슈뢰더도 여성 우호적인 기업으로 선정되었다. 특이하게도 이곳에서 일하는 직원들은 여성 지원 프로젝트를 오히려 비판적인 시각으로 보고 있었다.

여사장 베티나 브로이어는 "여자라고 해서 우선적으로 대우해줄 필요가 없습니다. 여자들이 올바르게 행동하기만 하면 되죠"라고 의견을 밝혔다. 세 자녀를 둔 그녀는 11년 전 남편과 함께 이 광고회사를 차렸고, 현재는 31명의 직원 가운데 22명이 여자이다.

물론 모든 사람들이 미국의 연구를 바탕으로, 지금 당장 여자 사장이 회사의 이윤을 올려줄 거라고 생각하지는 않을 것이다.

앞에서 얘기했듯이 5만 8천 명의 간부를 평가했던 '퍼스널 디시전 인터내셔널'의 부사장을 맡고 있는 수잔 게베라인은, 1984년 최초로 설문조사를 실시한 이래 여사장이 남자 사장보다 평균적으로 더 나은 점수를 받아온 사실을 잘 알고 있다.

특히 가장 좋은 평가를 받는 사람은 대부분 남자 간부만 있는 회사에서 일하는 여자 간부들이었다. 이들이 홍일점으로 일한 점을 높이 평가받은 덕분에 후한 점수를 받았을 것이다.

독일 맥킨지에서 일하는 기업 컨설팅 담당자 비르지트 쾨니히는 "많은 회사의 간부가 대부분 남자이기 때문에 여자 중에서 간부를 선택하는 것은 매우 쉽다"라는 의견을 내놓았다. 그러나 정반대의 경우가 진실일 수도 있는데, 게베라인의 추측은 후자 쪽이다. 즉, 남자 간부뿐인 환경에서 성공을 거두는 여자들이란 대부분 모든 면에서 남자를 능가하는 우수한 여자라는 것이다.

이에 대하여 쾨니히는 "그런 여자라고 해서 반드시 훌륭한 간부는 아니며, 몇 안 되는 최고 경영자급에 속하는 여자 역시 마찬가지이다"라고 주장했다. 그녀의 말이 맞을 수도 있다.

로버트 카바코프 역시 여자 간부가 더 뛰어나다는 일반적인 결론에 의심을 품게 되었다. 미국 포틀랜드의 경영 컨설팅과 리서치 전문회사의 부사장인 그는, 여자들이 받은 우수한 성적에 대하여 의심을 가졌다. 즉, 평가하는 사람들이 같은 위치에 있는 간부가 아니었기 때문에 여자 간부들이 대체로 더 좋은 성적을 받은 것이 아닐까 하는 의구심을 가졌던 것이다.

그는 한 예를 들었는데, 인사부의 간부들이 다른 부서에서 일하는 간부보다 전체적으로 뛰어난 성적을 받았다는 점을 지적했다. 즉 많은 여자 간부가 인사업무를 담당하기 때문에, 이들에 대한 좋은 평가는 여자이기 때문이 아니라 그녀들이 담당하는 인사업무 덕분이라는 것이 그의 가설이었다.

카바코프는 비슷한 업종의 동일한 위치에 있는 900명의 여자 간부와 900명의 남자 간부를 대상으로 조사하기 시작했다. 조사결과, 여전히 여자 간부들이 제시된 항목 중에서 절반 가량이나 우수한 평가를 받았다. 동료와 부하직원들은 여자들이 훨씬 효율적으로 일한다고 보았고, 상사는 남녀 모두 비슷한 능력을 지니고 있지만, 스타일은 서로 다르다고 대답했다.[7]

학계에서 서술하는 여성적인 리더십 스타일은 다음과 같다.

"팀을 중심으로 원처럼 네트워크 구조를 만들어서 여자가 중심이 되어 일한다. 여자 관리자는 '심장'이 되며, 남녀 직원과 돈독한 관계를 맺으려고 노력한다. 또한 정보는 반드시 위계질서를 거쳐 전달되는 것이 아니라 바로 전달될 수도 있다고 생각한다. 창의력과 자발적인 의욕이 요구된다."

반대로 남성적인 리더십 스타일은 "피라미드 같은 위계질서 속에서 일하고, 남자 관리자는 '머리'에 해당된다. 정보는 위에서 밑으로 흐르고, 성공과 효율성에 따라 인간관계가 맺어지며, 창의적 능력은 그다지 존중되지 않는다."[8]

실제로 기업에서 일하는 사람들에게 질문하면 이와 비슷하게 대답한다. 예를 들어 여자 관리자는 직원들을 훨씬 세심하게 배려할 뿐만 아니라, 혼자 정보를 독점하는 것은 권력에 도취된 횡포라고 간주하지만, 남자 관리자는 자신이 갖고 있는 정보를 목표를 겨냥하여 조금씩 전달한다.

이쯤에서 다시 한번 대답하기 곤란한 질문을 해야겠다. 실제로 머리와 심장을 멋지게 조화시키는 여자가 남자보다 더 나은 경영자적 질을 지니고 있다면, 그들은 왜 경영자가 되지 못했을까? 여자가 남자보다 회사에 더 큰 이윤을 안길 수 있다면, 회사는 여자 이사를 선발하기 위해 노력할 것이다. 그런데 독일의 기업은 전혀 그렇게 하지 않고 있다. 왜 그럴까?

흔히 직원을 지나치게 배려하는 경영인은 인정받지 못한다. 한 여자 간부가 남자 직원에게 미팅에 늦었다는 사실을 알려주면, 남자는 그녀를 친절한 여성으로 생각할지는 모르겠지만 중요한 결정을 내리는 사람으로 생각하지 않는다. 어쩌면 바로 이런 점 때문에 지금까지 여자가 많은 조사에서 '비전략적' 이라든지 '미래를 내다보는 전망이 부족하다' 는 등 부정적 평가를 받았을 수도 있다.

흔히 여자 간부들이 지녔다는 가장 큰 장점이 오히려 이들에게 덫이 될 수 있다. 왜냐하면 이들은 팀과 함께 좋은 결과를 내기 위하여 너무 열심히 일하기 때문에, 자신만의 네트워크를 구축할 시간이 없다는 것이다.

소냐 비숍은 다음과 같이 강조한다.

"여자들은 때로 의자에서 일어나 깃발을 흔들 필요가 있음을 배워야 합니다. 멋진 아이디어를 내는 것만으로 충분하지 않습니다. 자신의 아이디어를 지지해줄 동지를 만들도록 노력해야 합니다."

또한 지나치게 직원을 배려하여 관리하는 태도는 자신을 곤경에 빠뜨릴 수가 있다. 독일의 기업과 컨설턴트, 연구기관에서 일하는 사람들에게 질문해본 결과, 많은 여자가 갈등을 이겨내지 못한다는 사실을 지적했다. 그녀들은 자신이 만든 덫에 걸려 희생되기도 하고, 매일 권력과 금력을 둘러싸고 벌어지는 암투에서 벗어나려고 노력하는 동안, 남자들은 벌써 다음 프로젝트에 열중해 있다.

하버드대학의 로자베스 모스 캔터 교수는 "직장 분위기가 아주 좋다고 말하는 여자는 이사가 되지 못한다"고 말하기도 했다.

사실 여자 간부는 남자 간부와 다른 식으로 직원을 관리한다. 하지만 지나치게 직원을 배려하는 '심장형' 관리자는 회사에서 기대하는 결과를 내는 게 아니라, 팀을 토론회로 만들어버릴 가능성이 높다. 마찬가지로 지나치게 독재하는 '머리형' 역시 개혁의 가능성을 완전히 차단하여 뛰어난 결과를 내지 못할 수 있다.

나는 관리에 있어 남성적인 스타일과 여성적인 스타일이 있다고 보기보다, 좋은 관리와 나쁜 관리가 있다고 보고 싶다. 좋은 관리란 심장과 머리가 하나되어 조화를 이루는 관리이다. 이 두 가지를 조화시킬 수 있는 사람은 남녀 모두에게 상사로 받아들여질 것이고, 어느 한 부분만 사용하는 사람은 관리자로서 어려움을 느낄 것이다. 이는 남자와 여자에게 동일하게 적용된다.

그럼에도 불구하고 많은 대기업에서 회사를 움직이는 사람은 아직도 영웅이라는 생각을 떨쳐버리지 않고 있다. 이런 사실은 로버트 카바코프가 실시한 두번째 조사에서 분명하게 나타난다.

그는 13명의 남녀 이사와 73명의 나이든 부사장에 대하여 부하직원으로 하여금 평가내리게 하고 서로 비교해보았다.

그 결과 이사와 톱 경영자를 평가할 때는 두 가지 기준이 적용된다는 점을 알게 되었다.

톱 경영인이 남자일 경우 확신에 차서 경쟁 위주로 관리하면 좋은 평가를 받았다. 반대로 협조를 구하는 태도와 상대방의 입장을 이해하려는 태도로 관리하면 나쁜 관리자로 평가받았다.

여성이 톱 경영자일 경우는 정반대였다. 상대를 압도하는 듯한 태도는 나쁜 평가를 받았고, 협조적인 태도는 좋은 평가를 받았다.

여기서 주의깊게 살펴볼 점은, 감성지수(EQ)가 점점 중요한 요소로 평가받고 있지만, 이사자리를 누가 차지할 것이냐의 문제가 안건으로 등장하면, 이것은 과거나 지금이나 여전히 남자의 몫이 된다는 것이다. 아마도 이런 점 때문에 자유민주당(FDP) 소속 여성 정치가 힐데가르트 함-브뤼더는 얼마 전 이런 말을 했는지 모른다.

"멍청한 여자가 멍청한 남자처럼 우두머리 자리에 오를 수 있을 때 우리는 비로소 진정한 남녀평등을 이룩할 것이다."

실제로 어떤 기업이 여성에게 CEO의 자리를 내준다고 하더라도, 인력관리의 전문가에 따르면, 그 일을 맡을 만큼 충분한 경력을 갖춘 여성을 추천하기 힘들다고 한다. 실제로 CEO의 자리에서 여자들을 찾아보기 힘들다. 왜냐하면 이들은 중요한 직위에 오르기도 전에 모두 직장을 그만두었기 때문이다.

대부분의 여자들은 권력을 위협적이라고 생각하는 경향이 있어 CEO의 자리에는 별 관심을 보이지 않는다. 또한 책임을 떠맡는 것도 두려움의 요소라고 말하는 여자들이 많다. 자신이 더 나은 관리자가 될 수 있을지 모른다는 상상은 이들을 자랑스럽게 만드는 것이 아니라 오히려 두렵게 한다.

이유는 승진하게 되면 지금과 전혀 다른 낯선 영역으로 들어서게 될지 모르며, 그때 가정주부와 어머니로서 안정감이 흔들릴지도 모른다는 저어함 때문이다. 사실 이런 여자들은 직업이란 인간이 평생 동안 풀어야 할 과제로 보지 않고, 넓은 세상을 경험하는 한때의 소풍이라고 생각한다.

유감스럽게도 권력을 멀리하는 여자들의 일방적인 태도는 여성의 권리를 위하여 싸우는 많은 여자에게 덕목으로 인정받고 있다.

예컨대 베를린 공대에 근무하는 바바라 쉐퍼 헤겔이 '직업으로서의 여성 정치인'에 대하여 실시한 연구에는 "여성을 훌륭한 관리자가 될 수 있도록 해주는 바로 그 태도는 때로 관리자로 성장하는 것을 방해하는 요소가 되기도 한다"고 하였다.[9]

나는 여자들의 그와 같은 태도를 오히려 의심의 눈으로 바라보고 있다. 여자는 한편으로 권력이 가진 사악한 측면을 비판함으로써 자신의 무능을 세련되게 피하고, 다른 한편으로 자신이 남자보다 더 도덕적으로 권력을 다룬다는 점을 은근히 과시하고 있다.

또 남자들이 더 나은 CEO가 아니라고 말하는 것은 남녀 양측으로부터 모두 거부감을 불러일으킨다. 페미니스트이자 트레이너인 도로테아 아시히는 이렇게 쓰고 있다.

"인간의 사회적 능력을 평가할 때, 여자이기에 다르다거나 전형적으로 여자에게 적합한 영역이므로 남자보다 더 잘한다는 표현은 가능하다. 그리고 남자는 자신이 맡은 과제를 충분히 잘 해내지 않는다고 말할 수도 있다. 그러나 '여자가 남자보다 더 뛰어난 관리자'라고 주장하는 것은 선동으로 여겨질 수 있다."10)

대부분의 남자들은 여자에게 우월한 관리자의 자질이 있다는 결론을 자신의 능력에 대한 직접적이고 개인적인 공격으로 받아들인다. 때문에 이에 대한 남자들의 거부반응은 아주 격렬하며 여성차별적이기까지 하다. 이때 전문가들은 여자에게 가능하면 서열제도나 상사문제로 에너지를 소비하지 말도록 충고한다.

승진에 실패한 사람은 부서나 회사를 바꾸어야 한다. 또 아무리 회사를 옮겨다녀도 멍청한 사장만 만나는 사람이라면 취직의 고통을 끝내야 할 것이다. 이때 남은 것은 자영업을 선택하는 길밖에 없다. 그리고 자신이 사장이 되었을 때 바보 같은 사장들의 전철을 밟지 않도록 노력해야 할 것이다.

디자인 스튜디오를 운영하는 크리스티네 헤세는 말한다.

"다니던 회사에서 중요한 위치에 오를 가능성이 희박해 보였습니다. 그래서 저는 직접 회사를 만들어버렸죠. 제 회사니까 오로지 시장성과 품질에만 신경 쓰니 좋더군요. 과거처럼 서열주의나 동료들의 의견 등에 흔들릴 필요가 없지요."11)

하지만 앞에서 여러번 서술했듯이, 유감스럽게도 독일 여자들이 지닌 문제점(부족한 자신감, 책임지는 것에 대한 두려움, 조화를 원하는 병적인 성향)은 여기에서도 작용된다. 때문에 미국의 경우 여성이 세운 회사가 소규모 기업 두 개 가운데 하나인 반면에, 독일에서는 네 개 중

하나밖에 되지 않는 실정이다.

OECD의 조사에 따르면, 독일은 회사 창립기념일에 여자들이 참여하는 비율이 유럽의 다른 국가보다 현저하게 낮은 것으로 드러났다. 포르투갈은 41%, 폴란드 38.8%, 헝가리 31%이다.[12]

또한 1999년 당시 8천만이라는 독일인구 가운데 자영업을 하는 여자들은 99만 명에 불과했다. 어찌 되었건 이 숫자는 1991년보다 27%나 증가한 수치이다.[13]

회사 창립은 성장을 의미한다. 창업자와 중산층을 위한 독일 은행인 DtA 뱅크가 실시한 연구에 의하면, 독일의 젊은 여자들이 회사를 창립한 덕분에 1990년부터 6만 개 이상의 일자리가 생겼다고 한다. 이를 계산해보니 한 명의 여사장이 5개의 일자리를 창출하였다는 결론이 나왔다.

많은 여자들이 전형적으로 미용실과 부띠끄를 열었지만, 일부는 디자인 스튜디오와 이벤트 대행사, 그리고 식당을 열기도 했다. 창업자 가운데 2/3는 자신이 직접 발로 뛰면서 시작하여 여자도 시장에 대한 감각이 있다는 사실을 보여주었다.

창업하는 여자들은 그들만의 독특한 어려움을 겪기도 한다. 이런 고통은 여자에게 적대적인 남자들로 인해 생길 수도 있지만, 그렇지 않은 경우도 있다. 예를 들어 가족과 더 많은 시간을 갖고자 창업하는 경우는 대부분 실패하고 말았다.

DtA 은행의 상담전문가는 이와 관련하여 아주 많은 사례를 알고 있었다. 창업하는 여자의 대부분은 스스로 엄청나게 많은 일을 해야 한다는 사실을 예견하지 못하고 무작정 덤벼들었다가, 결국 과중한 업무를 감당하지 못하는 경우가 많았다.

여성 창업가 베아테 뵈티거-콜호퍼는, 창업할 당시 작업시간을 융통성 있게 조절하기를 원했다. "처음 사무실에 앉아서 일할 때는 가능했어요"라고 그녀는 당시를 회상한다. 하지만 그녀가 전화 서비스를 제공하려고 시도했을 때는 도저히 불가능했다고 한다.

750명의 남녀 창업자를 대상으로 실시한 스위스의 한 연구조사에 따르면, 실제로 창업자들은 눈코 뜰 새 없이 바쁘게 일한다는 결과가 나왔다. 평균적으로 여자는 주당 44시간을 일하고, 남자는 53시간을 일했다.

이밖에도 여자는 돈을 능숙하게 다루지 못하기 때문에 은행에서는 채무자로 여자를 그다지 반기지 않는다. 그도 그럴 것이 여성 창업자 가운데 자신의 돈을 회사에 재투자하지 않는 경우가 절반이 넘어, 단 13.5%만이 2만 5천 유로 이상의 자본을 재투자한다고 한다. 때문에 여성 기업인의 1/4은 DtA 은행에서 신용대출을 받는 것이 너무 어렵다고 호소한다.

그러니 여자는 남자에 비해 거의 빠듯한 자금으로 사업을 시작하게 되는 셈이다. 2000년 당시 이들은 평균 35,000 유로를 가지고 창업했는데, 이는 남자와 비교했을 때 11, 500 유로나 적은 액수이다.

실비아 트로스카는 창업 초기에 극심한 재정난을 겪었다. 심지어 친구에게 스타킹까지 빌려 신을 정도였다. 고난과 역경 끝에 그녀의 회사는 1999년 '올해의 기업'으로 선정되었고, 최근에는 손톱 손질기

구를 만들어 매년 1,400만 유로의 수익을 올리고 있다.[14]

여자들이 지나치게 조심하기 때문에 성장을 포기하는 경우도 많다. 일레인 워거-머레이는 15년 전에 저축해둔 약간의 돈과 대출받은 돈으로 뉴저지 주에 부동산중개업소를 세웠다. 그동안 3백만 달러의 수익을 올렸지만 그녀는 아쉬움을 표했다.

"회사의 지분을 조금이라도 팔았더라면, 훨씬 빨리 회사를 키울 수 있었을 겁니다."

여성 기업인을 위한 워싱턴 후원회에서 실시한 연구가 증명해주듯, 이런 현상은 여자에게 전형적으로 볼 수 있는 태도이다. 즉, 여자는 독립적으로 일하고 싶기 때문에, 지식이나 재력 면에서 자신에게 도움줄 수 있는 파트너가 나타나더라도 이를 거절해버린다. 여자들의 이런 태도는 결과적으로 회사가 성장할 수 있는 기회를 놓칠 뿐 아니라, 더 큰 수익을 올릴 수 있는 기회마저 놓치는 것이다.

지난 90년대 창업붐이 일어났을 때 벤처-캐피털과 투자자들은, 주식시장에서 매우 불안정한 기업임에도 불구하고 큰 돈을 투자했다. 이로 인해 많은 남자 창업자들은 금세 부자가 되었다. 반대로 여자들은 독립적으로 회사를 운영하겠다는 의지 때문에 많은 손해를 보았다. 다시 말해 횡재할 기회를 놓친 것이다.

독일에 여성 기업가가 적은 가장 중요한 원인은 여성 창업자가 부족하기 때문이다. 사실 독일 여자들은 본보기로 삼을 만한 여성 사업가가 별로 없다. 앞으로도 여자들이 새로운 시도를 하지 않는 한 지금의 여성 기업가 부족상태는 계속될 것이다.

일반적으로 남자는 여자보다 창업하기가 훨씬 수월하다. 그것은 바로 자신의 아버지가 그랬기 때문이다. 스위스 기술연구소에서 기업문화와 혁신을 연구하는 제인 로이스턴 교수는, 사업가의 딸은 아들에 비해 사업할 용기를 얻는 경우가 드물다고 밝힌 바 있다.

여성 은행원이었으며 법학을 공부했던 수잔네 벨틴스는 5대째 내려오는 양조장을 운영하고 있다. 처음 그녀는 자신이 과연 이 양조장을 물려받을 자격이 있을지 두려움과 의심이 들었다. 하지만 그녀는 이 일이 자신에게 맡는지, 현대적인 양조장으로 경영해 나갈 수 있는지 등을 알아보기 위해 관심있게 정보를 수집했다.

그러던 어느날 양조장을 운영하던 어머니가 갑자기 돌아가셨고, 수잔네는 34세의 나이에 사업을 물려받아야 했다. 어머니가 하시던 일을 눈여겨 보아왔던 그녀는 사업장을 관리하는 일을 어렵지 않게 해나갈 수 있었다.

수잔네 벨틴스와 달리 말리스 해리는 그녀의 조상이 지난 300년 동안 이어왔던 빵집을 물려받고 싶었다. 그래서 그녀는 제과제빵 기술학교에 입학하여 자격증을 취득했고, 19세에 본업으로 들어가 1년 뒤에는 빵가게를 직접 운영하게 되었다. 말리스 해리는 지난 42년 동안 사업장을 관리했고, 해리라는 자신의 이름을 신규상표로 등록하여 새 공장도 세웠다. 오늘날 그녀는 기업의 고문으로 있다.

하지만 제인 로이스턴 교수는 벨틴스와 해리 같은 여성은 극히 소수에 불과하다고 걱정스럽게 말한다. "여자들이 남자처럼 사업에 뛰어들 용기가 없다면, 우리는 남자만큼 성공한 여자들을 거의 볼 수 없을 것이다."[15]

이 부분에서도 일을 망칠 수 있는 자는 교육을 담당하는 사람들이다. 자녀교육은 대부분 어머니의 몫이다. 그러니 이들, 즉 여자들이 바뀌지 않는다면 누가 무엇을 바꿀 수 있을까?

# 12. 우리가 안하면 누가 해줄까

## 여자 스스로 책임지기

진정한 삶을 살기 원하는 사람은 바로 그 자리에서 시작한다.
그렇지 않은 사람은 시작할 생각조차 않는다.
그대로 내버려둘 수도 있지만, 그러면 그는 끝내 죽고 말 것이다.

−W. H. 오던*

★ Wystan Hugh Auden; 1907년 영국 요크에서 태어나 옥스퍼드대학에서 공부했고,
1930년 첫시집 『Poems』를 출판했다. 여행을 좋아해 세계 여러 나라를
두루 다녔는데, 이것은 그의 창작에 훌륭한 영감을 불어넣어 주었다.
20세기 가장 위대한 영국시인으로 평가받는다.

　책을 마무리하면서 나는 다시 한번 처음 던졌던 질문 앞에 서게 되었다. 행복이란 무엇인가? 어떤 삶이 성공한 삶인가? 사람들은 어떤 상태에서 충만함을 느끼는가?

　앞에서 언급했던 미하이 칙센트미하이가 주장한 행복에 대한 정의인 '플로(flow)'를 다시 한번 살펴보기로 하자. 매우 좋아하고 잘하는 어떤 일을 하다가 어려운 순간을 만나게 되었지만, 노력 끝에 그것이 멋지게 해결되었을 때 우리는 플로를 느낀다고 했다.

　사람들은 타인에게 과도한 요구를 받을 때와 스스로 컨트롤할 수 없을 때 예외 없이 스트레스를 받는다. 반대로, 관심이 있고 이로부터 긍정적인 결과를 기대할 수 있는 어떤 과제에 완전히 몰입할 때 우리는 행복을 느낀다. 그렇게 되면 이 일과 상관없는 다른 것은 생각하고 느낄 여지조차 없다. 모든 어려움이 사라지고 평소보다 더 강해진 듯한 자신을 느낄 뿐이다.

　1시간은 마치 1분처럼 지나가고, 한 사람의 존재는 하나의 주제 속에 완전히 녹아 있는 상태이다. 가능하면 살아가면서 모든 사람이 이런 느낌을 경험해야 한다. 행복한 감정은 우리를 아름답고, 젊고, 건강하게 유지시켜주기 때문이다.

많은 여자들이 자녀와 함께 있을 때 가장 큰 행복감을 느낀다고 한다. 이런 여자들은 좋은 아빠가 될 남자를 잘 고르고 결혼도 잘한다. 우리는 이들을 진정으로 축하해주어야 한다. 왜냐하면 대부분의 여자는 자신이 무엇을 원하는지도 모르고, 매사에 만족하지 못하는 경향이 있기 때문이다.

이 책에서 주로 얘기하는 대상은 교육을 많이 받은 여자이다. 이들중 여럿은 직장을 그만두고 몇달 동안 전업주부로 가사를 돌보면서 충만한 느낌을 경험한다. 하지만 이내 능력에 비해 너무 쉬운 일을 하는 듯한 느낌에 몹시 지루해 한다. 이것은 나의 주장이 아니라, 일련의 수많은 조사로부터 나온 근거 있는 결과이다.

1970년대에 시카고대학은 수천 명을 대상으로 한 실험을 실시했다. 먼저 수천 명에게 호출기를 달아놓고 정해진 시간에 신호를 보냈다. 그 즉시 그들은 자신이 무엇을 하고 있고, 무슨 생각을 하고 있으며, 누구와 함께 있는지를 기록했다. 그리고 얼마나 행복한지, 얼마나 집중해서 일을 하는지, 또 만족감은 어느 정도인지 스스로의 의식상태를 평가했다.

이런 방식으로 그들은 개인의 일상적 활동뿐 아니라, 특정 활동을 하고 있을 때의 세세한 느낌까지 일일이 기록했다.

몇년이 지나자 시카고대학은 7만 개 이상의 자료를 모으게 되었고,

전세계를 대상으로 이 실험을 확대하게 되자 믿을 수 없을 만큼 많은 자료가 쌓이게 되었다. 그 결과 유감스럽게도 사람들은 집안일에서 전혀 행복감을 느끼지 못한다는 사실을 알 수 있었다. 다만 요리, 쇼핑, 가족과 함께 드라이브하기, 아이 돌보기 등은 행복하지도 불행하지도 않은 것으로 나타났다.

모든 데이터를 종합했던 미하이 칙센트미하이 교수는 "여자들은 집안청소, 부엌청소, 세탁, 집안에 있는 여러 물건의 수리, 가계부 정리 등을 하루 중 가장 부정적인 경험으로 기록했다"고 밝혔다.

수많은 가정주부는 자신의 운명을 불쌍하게 받아들인다. 반대로 그녀의 남편은 그렇게 생각하는 아내를 이해하지 못한다. '하루종일 집에 있고, 하루라는 시간을 자신이 원하는 대로 쓰는 것보다 더 행복한 것이 어디 있단 말인가?' 그들은 이렇게 생각할 뿐이다.

과거의 철학자들 역시 하루를 자유롭게 보내는 것이 얼마나 멋진 일인지 칭송하지 않았던가. 하지만 그들은 대부분 토지와 노예를 소유한 봉건영주들이었다.

현대인은 보통 자신이 원하지 않는 가사일을 할 때 몹시 자존심 상해 한다. 그래서 이런 상황에 처한 이들은 흔히 내적인 불안감을 겪는다. 이 현상은 실직자에게 실시한 설문조사에서도 나타난다. 즉, 사회보장제도 덕분에 경제적으로 어렵지 않음에도 불구하고, 편안하게 집에 있을 수 있으며 하루를 마음대로 사용할 수 있는 자유가 이들에게는 축복이 아니라 엄청난 부담으로 다가왔던 것이다.

칙센트미하이의 연구결과대로, 여자는 직업이란 스스로 원해서 갖는 것으로 생각하지, 반드시 필요한 활동으로 받아들이지 않기 때문에 쉽게 직장을 포기하는지도 모른다. 실제로 직장에 다니는 여자는 집밖에서 하는 일에 대하여 남자보다 더 큰 만족감을 표시한다. 어쩌면 이들의 만족감은 전업주부로 살아가는 것이 어떤 삶인지 주변에서 늘상 보아왔기 때문인지도 모르겠다.[1)]

성 연구가 쉐어 하이트도 최근 작품 『섹스와 비즈니스』에서 비슷한 결론을 내렸다. 그녀가 제시한 통계에 따르면, 대졸여성 가운데 83%가 현재 자신이 하고 있는 일을 좋아하지만, 대졸남성은 67%만 그렇다고 대답했다.[2)]

독일 대부분의 젊은 어머니들은 설문조사에서 집안에만 있으면 불만이 쌓인다고 대답했음에도 불구하고 수년 동안 가정에만 있다. 이들은 집에 있을 수밖에 없는 이유로 다음의 10가지를 제시한다.

1. 아이는 어머니를 필요로 한다.
2. 어머니가 직장에 다니는 아이들은 학교성적이 떨어진다.
3. 남편은 직장에 모든 것을 바치므로 아이를 돌볼 시간이 없다.
4. 전업주부를 좋은 직업이라 생각하고, 가사를 연습하고 있다.
5. 가정생활과 직장생활 모두를 잘할 자신이 없다.
6. 집에서 아이들을 돌보는 것이 너무 기쁘고 즐겁다.
7. 앞으로도 직장에 다니지 않은 것을 후회하지 않을 것이다.
8. 나의 남편은 아이를 보기에 적합하지 않다.
9. 나는 직업적인 성공에 관심이 없다.

10. 아이를 맡길 곳이 없다.

여기에서 젊은 어머니들이 모르고 있는 사실이 있다.

그들이 제시한 10가지 이유는 대부분 다른 사람도 그렇게 생각하는 내용이다. 다시 말해 어머니로서의 욕구라기보다는 타인의 욕구가 우선시되고 있는 것이다.[3]

무엇보다 칙센트미하이의 연구는 행복이란 우리가 살면서 노동하는 일과 관련 있다는 점을 분명하게 보여준다. 그렇다면 우리가 하는 일은 누가 결정해주는가? 우리 자신인가, 다른 사람인가?

가정주부란 자신이 받은 교육을 모조리 잊어버려도 좋을 만큼 만족스러운 직업이라고 생각하는 여자, 출세에는 전혀 관심이 없고 오로지 아이들과 함께 하는 시간만 즐거운 여자라면, 전업주부의 길을 가거나 단순히 파트타임으로 일해도 될 것이다.

하지만 위의 10가지 이유와 다른 견해를 갖고 있는 여자라면 정말 직업을 포기해야 할지 깊이 고려해볼 필요가 있다.

여자들이 분명하게 알아야 할 사실이 있다. 삶이라는 비는 보통 우리 머리 위에서 곧장 아래로 떨어지는 것이 아니라, 우리가 상상하고 선택한 것의 결과라는 점이다. 그러니 '남자'나 '특수한 환경'에 우리 삶에 대한 모든 책임이 있는 것은 아니다.

우리가 어떻게 살아가든 그것은 대부분 우리 자신의 책임이다. 또한 결정이란 얼마든지 수정될 수 있으므로 스스로 책임진다고 해서 크게 부담스러워할 필요도 없다. 어떤 일을 처리할 때는 항상 여러가지 방법이 있게 마련이다. 물론 변화란 머릿속에서 우선 일어나야 하지만 말이다.

만약 당신이 진정으로 행복한 어머니가 아니라면, 다음의 예화를 읽어본 다음 어떻게 느껴지는지 시험해보길 바란다.

아버지와 아들이 자동차사고로 큰 화를 당했다. 아버지는 그 자리에서 사망하고, 아들은 심한 뇌손상을 입은 채 부근에 있는 종합병원으로 실려갔다. 다행히 이곳에는 훌륭한 뇌 전문의가 있었다. 그런데 이 의사는 "나는 이 아이를 수술할 수 없습니다. 내 아들이거든요"라고 말하는 것이 아닌가.

아니, 이게 무슨 소리야? 많은 사람은 한참 생각한 다음 상황을 파악하게 된다. '아! 뇌 전문의는 여자이고, 다친 아들의 어머니이구나!' 어느 누구도 여자가 의사라고 금방 상상하지 못했을 것이다.

이 에피소드를 통해 내가 강조하고 싶은 것은, 한 사회의 현실이란 바로 그 사회의 지배적인 확신이라는 점이다. 이 확신은 현실에 주입되고 다음 세대로 전해진다. 마치 미식가들이 좋아하는 음식처럼 말이다.

이런 예는 얼마든지 많다. 독일에서는 어른도 징그러워 못 먹는 달팽이를 프랑스에서는 어릴 적부터 자연스럽게 먹는다. 뉴질랜드 사람은 빵에 조미료 같은 것을 뿌려 먹기 좋아한다. 독일인은 잡곡이 섞인 빵을 먹지만, 영국인은 소화에 나쁘다고 잡곡빵을 먹지 않는다. 또 일본인은 생선회를 무척 좋아하지만, 그밖의 나라에서는 잘 먹지 않는다. 다시 말해 어릴 때부터 우리는 고유의 음식문화를 익히듯, 우리가 살고 있는 사회의 가치관도 이어받게 되는 것이다.

이런 식으로 생각하는 것은 상당히 무서운 힘을 발휘한다. 처음에는 현실의 모습을 예상하지만 결국 현실 그 자체가 되어버리기 때문이다. 일반적으로 우리가 외과의사는 남자라고 믿기 때문에 실제로 외과의사는 주로 남자들이 차지한다. 마치 약의 효과를 굳게 믿으면 의사가 가짜약을 처방해주더라도 실제 그 약이 효과 있다고 느끼는 것처럼 말이다. 마찬가지로 여자들이 자신을 마치 장애인처럼 특별한 보호와 지원을 받아야 하는 소수그룹이라고 믿는 한, 실제로 소수그룹으로 살아가게 되는 것이다.

만약 설문 대상자의 38%가 "우리 회사의 이사가 여자일까봐 걱정이다"라고 답하고, 18%가 "나는 그런 회사에서 일하고 싶지 않다"고 말한다면, 이사가 전부 남자로 구성된 회사에서 일하는 것이 전혀 이상하지 않을 것이다. 그렇다면 우리 모두는 정말 의식의 대수술이 필요하다. 우리가 아이 키우는 일은 여자의 일이라 생각하고, 남편은 너무 바빠서 아이를 돌볼 시간이 없다고 믿기 때문에, 여자들만 육아를 담당하는 것이다.

또 사장은 양복을 입고 넥타이를 맨다고 믿기 때문에, 사장들은 으레 그런 복장을 한다. 우리가 휴렛 팩커드의 이사회 회장이 남자인 칼뿐만 아니라 여자인 칼리가 될 수도 있다고 믿는다면 실제로 그렇게될 것이다. 휴렛 팩커드에서 가장 높은 직위에 오르고자 소망했던 칼리 피오리나는, 컴퓨터 회사에서 일한 적이 한번도 없는 단점을 안고서 그 자리를 당당히 차지했다. 그녀는 남자 간부들을 향하여 이렇게 설득했다고 한다.

"부족한 것은 회사에 차고 넘친다. 바로 컴퓨터 전문가들이다. 하지만 내가 회사에 가져오게 될 것은 HP가 지금까지 전혀 가지고 있지 않던 믿음, 세계적 기업이 될 수 있다는 전략적인 비전이다."

이 이야기의 가장 큰 매력은 지어낸 이야기가 아닌 실화라는 점이다. 다음으로 멋진 점은 여자들이 전형적 속성인 겸손, 두려움, 조심스런 태도를 벗어던지고 진지하게 길을 나서 세상의 반을 차지하게 되면 어떤 일도 가능하다는 선례를 보여준다는 점이다.

하지만 아직도 많은 여자들은 그들이 습득한 사고방식, 즉 여자는 가정주부와 어머니로서 충실해야 하며 필요하다면 파트타임으로 일해야 하고, 반대로 남자는 집을 잘 비우고 가족의 부양자이자 대소사의 결정권자라는 가치관에서 벗어나지 못한다.

엘리자베스 오일렌슈타인도 그렇게 말한다. 그녀는 아샤펜부르크에 트레이닝 전문회사를 설립한 여성으로, 이 회사는 여자를 위한 커리어 트레이닝도 실시하고 있다.

"자신감이 부족하고 변화를 싫어하는 여자들은 커리어우먼이라는 잘 모르는 강에서 헤엄치느니, 차라리 쾌적한 욕실에서 노는 것을 더 좋아합니다. 일에서 성공하고 싶은 여자가 제일 먼저 해야 할 일은 스스로를 시험해보겠다는 굳은 결심을 하는 것이지요."[4]

'쾌적한 욕실'은 말 그대로 충분히 아늑할 것이다. 권력과 이에 따르는 책임을 전혀 떠맡지 않는 사람은, 이전에 권력을 쥔 사람들이 범한 실수를 자신은 저지르지 않아도 될 테니까 말이다.

녹색당을 예로 들어보자. 야당으로 권력의 주변부에 있던 이들이 당시의 지배권력을 비판했을 때 녹색당의 정치적 입장은 아주 분명하고 단호했다. 하지만 정부를 구성하는 일에 참여하면서, 녹색당도 다른 당과 비슷한 실수를 저지르고 사람들로부터 비난받을 결정을 하게 된다. 많은 여자들도 국회 바깥에서만 활동하는 영원한 야당처럼 살고 있다. 그러면서 이들은 마치 녹색당원 중에서도 근본주의자처럼 동지들과 함께 권력자를 비난한다. 여자들은 계속 이런 식으로 살아갈 수도 있고, 그렇게 될지도 모른다.

"그들이 우리를 받아들이지 않아요. 만일 우리가 정권을 잡았다면, 모든 것이 훨씬 잘 돌아갈 수 있을 텐데"라는 말은 실제로 시험해본 적이 없기 때문에, 다시 말해 여자들이 정권을 잡아본 적이 없기 때문에 가질 수 있는 환상일 뿐이다. 여자들이 말하는 '그들' 이 현실적으로 특정대상을 지칭하는 것인지, 기민당이나 사민당의 반대자인지, 아니면 일반적인 '남자' 인지는 상관없다.

눈물을 흘리면서 신세타령만 하지 않을 수 있는 대안이 있지만, 이 길은 더욱 고통스럽다. 즉, 지금의 남녀 관계를 바꾸려는 사람은—개인적인 관계는 물론 사회적인 관계에서도—자신부터 시작해야 한다. 다시 말해 자신이 가지고 있는 사고방식부터 바꾸기 시작해야 한다는 뜻이다. 현실 속에 존재하는 사람으로 행동하고, 제도라는 것을 진지하게 받아들이며, 내적으로 변화하고자 시도하는 것 외에 다른 방법은 없다. 물론 이렇게 시작하면 우리는 몸과 마음에 상처입을 일이 많아질 것이다. 복잡한 사회에서 정치적, 경제적 책임을 떠맡는 것은 산책하는 일처럼 절대로 한가하지 않기 때문이다.

칼리 피오리나의 경우를 보더라도 알 수 있다. 그녀는 컴퓨터 생산 회사인 컴팩의 인수를 성공시킨다는 전제하에 이사진의 회장자리에 계속 있겠다고 조건을 내세웠다. 만일 그녀가 이 일에 실패하면 물러나야만 했다. 결국 그녀는 성공했다.

남녀문제로 인해 생기는 모든 문제가 단순히 남자의 책임이라고 말하는 것 이상이 되려면, 우리 여자도 책임질 준비를 갖추어야 한다. 이것만이 지금의 남녀 관계를 바꿀 수 있는 유일한 방법이다.

가슴에 손을 얹고 물어보라. 여자들이 스스로 자신을 대표하지 않는다면 누가 대신해줄 수 있겠는가? 과연 '남자들'이 대신해주겠는가? 절대로 그렇지 않다.

스스로 권력을 내놓는 사람이란 절대로 없다. 현재의 남녀 관계, 즉 아이를 돌보는 일에 있어 대부분 여자들이 많은 어려움을 감수하면서 맡고 있는 상태는 남자들에게 여유를 제공한다. 하지만 누가 출장을 갈지, 누가 유치원에서 아이를 데려와야 할지를 매주 아내와 의논해야 한다면, 이것은 남자들에게 그야말로 악몽일 것이다.

고용주에게도 마찬가지이다. 갑자기 가정을 열심히 돌보는 아버지들이 자신 회사의 직원이라면 반길 리 없다. 그러면 아버지들도 고용된 어머니들과 비슷한 월급을 받고 비슷한 근로조건에서 일해야 할 것이다. 이렇게 되면 남녀평등이 확실하게 실천되는 셈인데, 이것은 영국, 덴마크, 프랑스, 미국의 여자들이 이미 오래 전부터 가고 있는 길이기도 하다.

마요리 스카르디노는 『파이낸셜 타임스』를 발행하며 영국에서 가장 큰 출판사인 피어슨의 사장이다. 사리 발도우프는 핀란드의 핸드폰 생산업체 노키아에서 두번째로 큰 계열사를 운영하면서 연간 70억 유로의 이윤을 올리고 있다. 안느 로베르종은 프랑스 핵 사업체 코제마의 CEO를 맡고 있으며, 마리아 실비아 마르케스는 브라질에서 가장 큰 철강회사를 경영하고 있다.

피어슨 출판사의 사장 스카르디노는 칼리 피오리나가 컴팩을 인수하기 위해 애쓸 때, "그녀는 이 일을 성사시키기 위하여 자신의 매력을 총동원해야 할 것입니다"라는 기사를 우연히 TV 뉴스에서 듣고 분통을 터뜨렸다. 여성 CEO라면 일을 잘한다고 평가받는 대신, 여자이고 예쁘다는 식으로 언급되는 것을 제일 싫어한다.[5]

사실 여성 경영인이 이런 표현에 화를 내는 것은 당연하다. 이런 식의 칭찬은 마치 "저 여자 좀 봐, 여자가 생각도 할 줄도 아네!"라고 놀라는 것처럼 들리기 때문이다.

우리 여자들도 성의 고정관념에서 어서 빨리 벗어나야 한다. 물론 우리는 열 달 동안 임신을 하고, 아기를 낳은 첫해에는 갓난아기와 함께 있고 싶어한다. 하지만 그 다음에는? 학부모회의에 참석하는 부모에게 난소가 있든 고환이 있든 무슨 상관인가? 강철회사를 경영하는데 남자든 여자든 무슨 상관인가? 왜 우리는 남자만 비판하고 화살을 돌려 우리 자신을 돌아보지 않는가?

사비네 힐데브란트 뵈켈은 이런 제안을 한 적이 있다. 즉, 남편에게 직장생활을 할 때 필요한 것이 무엇이며, 이로부터 어떤 만족감을 얻는지 적어보라고 말이다.

남편이 기록한 종이를 받아들고 여자는 자신에게 해당되는 항목에 체크한다. 그리고 새로운 종이에 일상에 관하여 기록한다. 아이가 아프면 누가 집에 남아서 아이를 돌보는가? 숙제는 누가 도와주는가? 누가 아이를 데리고 유치원에 가는가? 누가 빨래를 하나? 누가 요리를 하는가?

힐데브란트 뵈켈은 이렇게 말한다. "진부하다고 생각할지 모르지만 반드시 이렇게 할 필요가 있다. 여자들이 싫은 게임을 하면서도 늘 웃는 표정으로 남편을 도와준다면, 자신의 직업적인 전망을 망치는 것으로 끝나지 않는다. 결과적으로 이런 여자들로 인해 전통적인 세계상을 고정시키게 되며, 정작 커리어우먼이 되고 싶은 여자들의 뒤통수를 치게 될 것이다."[6]

이 글을 읽는 당신이 자신의 이익을 위하여 행동하고 싶지 않다면, 당신의 사랑스런 딸을 위하여 그렇게 움직이길 바란다. 당신이 변하지 않으면 다음 세대도 역시 본받을 만한 여성이 없을 것이고, 앞으로도 여자들은 우리의 할머니나 어머니처럼 살게 될 것이다. 그러면 처음부터 또다시 시작해야 할 것이다.

# 인용 출처

◆ 들어가는 글 – 두 마리 토끼 한꺼번에 잡기

1) 미하이 칙센트미하이 Mihaly Csikszentmihalyi, 『플로 – 행복의 비밀』, 클레트 코타 출판사, 1993; 같은 저자, 『몰입의 즐거움』, 클레트 코타 출판사, 1999.

## 1. 사막에서 바늘 찾기

1) 시몬느 드 보봐르 Simone de Beauvoir, 『제2의 성』, 로볼트 출판사, 1969.

2) 마틴 사이몬드 Martin Symonds, 『미국 심리분석 저널』, 1976.

3) 콜레트 다울링 Colette Dowling, 『신데렐라 콤플렉스 – 독립적인 삶에 대한 여자들의 은밀한 두려움』, 피셔 출판사, 1984.

4) 쉐어 하이트 Shere Hite, 『섹스와 비즈니스 – 일할 때의 남자와 여자』, 파이낸셜 타임스 프렌티스 홀, 2000.

5) 『파이낸셜 타임스』, 2000. 2. 21.

6) 『라이니쉬 포스트』, 2001. 5. 8.

7) 소냐 비숍 Sonja Bischoff, 『독일 경제계의 관리직 남자와 여자』, 바헴 출판사, 1999.

8) 『쥐트도이체 차이퉁』, 2001. 4. 20.

9) 『디 벨트』, 2000. 2. 12.

10) 『디 벨트』, 2000. 2. 12.

11) 『파이낸셜 타임스』, 2000. 2. 21.

12) 『쥐트도이체 차이퉁』, 1998. 8. 6.

13) 소냐 비숍, 『독일 경제계의 관리직 남자와 여자』, 바헴 출판사, 1999.

14) 『디 벨트』, 1999. 10. 11.

15) 『월스트리트 저널』, 2001. 6. 26.

16) 「유럽에 있는 1,114명의 중상급 관리자 여성을 대상으로 한 조사」, 『리버만 리서 치 월드와이드 연구소』, 2001. 3. 1.

17) 『슈피겔』, 1998/9.

18) 『슈테른』, 2001/40.

19) 「유럽에 있는 1,114명의 중상급 관리자 여성을 대상으로 한 조사」, 『리버만 리서 치 월드와이드 연구소』, 2001. 3. 1.

20) 『슈피겔』, 2000/50.

21) 『라이니쉬 포스트』, 2001. 5. 8.

22) 『주간경제』, 2001. 1. 18.

23) 패트리샤 애벌든 Patricia Aburdene · 존 네스비트 John Naisbit, 『메가 트렌드 - 여자』, 에콘 출판사, 1993.

24) 『파이낸셜 타임스』, 2000. 9. 6.

25) 『한델스블라트』, 2000. 12. 4.

26) 소냐 비숍, 『독일 경제계의 관리직 남자와 여자』, 바헴 출판사, 1999.

## 2. 머리는 미장원에 갈 때만 존재하는가

1) 『이코노미스트』, 1998. 7. 18.

2) 사비네 힐데브란트 뵈켈 Sabine Hildebrandt-Woeckel, 『성공에 브레이크를 걸다 - 육아휴가』, 로볼트 출판사, 1999.

3) 『슈피겔』, 2001/41.

4) 엘리노이 멕코비 Eleanor Maccoby, 『성별에 따른 발전』, 스탠포드대학 출판부, 1969.

5) 『디 차이트』, 2001. 4. 19.

6) 『프랑크푸르트 알게마이네 차이퉁』, 1999. 4. 14.

7) 『페임』, 2000/2001, 출판그룹 은하수.

8) 독일 통계청의 조사결과가 2001년 2월 14일 『쥐트도이체 차이퉁』 신문에 실렸고, 이를 재인용함.

9) <독일경제연구소>, 2000. 9.

10) <자유직업연구소>.

11) 『이코노미스트』, 1998. 7. 18.

12) BAT(Britisch American Tobacco)가 1999년 8월에 레저 연구소를 통하여 발표한 내용.

13) 『슈피겔』, 1998/10.

14) 『광고와 판매』, 2000/45.

## 3. 권력이란 구역질 나는 것!

1) 『슈피겔』, 1999/25.

2) 베스 밀비드 Beth Milwid, 『남자들 사이에서』, 에콘 출판사, 1993.

3) 막스 베버 Max Weber, 『사회학의 기본개념』, 튀빙겐 출판사, 1996.

4) 다니엘 골맨 Daniel Goleman, 『EQ 2, 성공지수』, 칼 한저 출판사, 1999.

5) 플라톤의 『국가』에 대한 내용은 다음을 참조, 요아힘 슈퇴리히 Joachim Störig, 『짧막한 세계의 철학사』, 피셔 출판사, 1992.

6) 베스 밀비드, 『남자들 사이에서』, 에콘 출판사, 1993.

7) 우테 에르하르트 Ute Ehrhardt, 『똑똑한 여자는 굴복하지 않는다』, 볼프강 크뤼거 출판사, 2000.

8) 쉐어 하이트, 『섹스와 비즈니스 - 일할 때의 남자와 여자』, 파이낸셜 타임스 프렌티스 홀, 2000.

9) 자네트 쉬블리 Janet Shibley · 하이데 로젠베르크 Hyde Rosenberg, 『인간 경험의 반 - 여자의 심리』, 렉싱턴 출판사, 1976.

10) 콜레트 다울링, 『신데렐라 콤플렉스』, 피셔 출판사, 1984.

11) 로트라우트 페르너 Rotraut Perner, 『쾌감 · 권력 · 용기』, 위버로이터 출판사, 2000.

12) 『슈피겔』, 1998/52.

13) 『일요일에 보는 세계』, 2001. 11. 4.

14) 『슈피겔』, 2001/33.

15) 『한델스블라트』, 1999. 9. 8.

16) 프란시스 후쿠야마 Francis Fukuyama, 『역사의 종말, 우리는 어디에 서 있는가』, 킨들러 출판사, 1992.

17) 바바라 에렌라이히 Babara Ehrenreich, 「후쿠야마의 어리석은 생각들, 여자들이 세상을 지배했다면?」, 『포린 어페어』, 1999. 1/2.

18) 『슈피겔』, 2001/48.

19) 뤼디거 사프란스키 Rüediger Safranski, 『니체』, 칼 한저 출판사, 2000.

20) 해리엇 루빈 Harriet Rubin, 『여자들을 위한 마키아벨리, 남녀 투쟁에서의 전략과 책략』, 볼프강 크뤼거 출판사, 1998.

21) 라인하르트 크라이슬 Reinhard Kreissl, 『영원한 2인자』, 드뢰머 출판사, 2000.

22) 『슈피겔』, 2001/29.


◆ 좀더 읽기 1 - 권력을 쟁취했던 역사 속의 여인들

1) 가브리엘레 호프만 Gabriele Hoffmann, 『여자들이 역사를 만든다』, 바스타이 뤼베, 1995.

2) 마틴 슈탄코브스키 Martin Stankowski, 『쾰른, 또다른 도시의 지도자』, 키펜호이어 & 비치 출판사, 1997.

3) 가브리엘레 호프만, 『여자들이 역사를 만든다』, 바스타이 뤼베, 1995.

4) 빈센트 크로닌 Vincent Cronin, 『카타리나 대제』, 피퍼 출판사, 1996.

5) 카롤라 슈테른 Carola Stern이 카롤리네에 대해 쓴 인물평은 다음 책에 들어 있다. 한스 유르겐 슐츠 Hans Jürgen Schulz, 『여자 - 2세기 동안의 인물』, 크로이츠 출판사, 1981.

6) 가브리엘레 호프만, 『여자들이 역사를 만든다』, 바스타이 뤼베, 1995.

7) 도로테 쵤레 Dorothee Sölle · 안네테 코페츠키 Annette Kopetzki, 『라헬 바른하 겐』. 이 인물평은 다음 책에 들어 있다. 한스 유르겐 슐츠, 『여자 - 2세기 동안의 인물』, 크로이츠 출판사, 1981.


## 4. 여자는 남자보다 오래 산다

1) 코르넬리아 하인스 Cornelia Heins, 『남자는 투기하고 여자는 투자한다』, 하이네 출판사, 2001.

2) 보도 쉐퍼 Bodo Schäfer · 카롤라 페르스틀 Carola Ferstl, 『돈은 여자를 정말 편하 게 해준다』, mvg 출판사, 1999.

3) 『슈피겔』, 1999/9.

4) 『디 벨트』, 1998. 10. 23.

5) 『주간경제』, 2001/4.

6) 보도 쉐퍼 · 카롤라 페르스틀, 『돈은 여자를 정말 편하게 해준다』, mvg 출판사, 1999.

7) 에바 되핑하우스 Eva Döpinghaus, 『여자가 돈에 대해 반드시 알아야 할 것들』, 골 드만 출판사, 1996.

8) 20~30세를 대상으로 한 Forsa의 여론조사, 2000. 12.

9) 『쥐트도이체 차이퉁』, 2001. 8. 8.

10) 『파이낸셜 타임스』, 2001. 8. 14.

11) <리빙 + 라이프 연구>, 2000. 12.

12) 콜레트 다울링, 『슈테른텔러 - 여자들은 돈을 어떻게 다루는가』, 피셔 출판사, 1998.

13) 마가렛 랜달 Margaret Randall, 『당신이 지불해야 할 가격』, 루트레지 출판사, 1966.

14) 헬마 지크 Helma Sick, 『여자들은 어떻게 자리에 드는가』, 피퍼 출판사, 1999.

15) 「상황 2000」, 독일연방보험 bfa의 보고서, 베를린.

16) 헬마 지크, 『여자들은 어떻게 자리에 드는가』, 피퍼 출판사, 1999.

17) 『디 벨트』, 2001. 8. 4.

18) 에바 되핑하우스, 『여자가 돈에 대해 반드시 알아야 할 것들』, 골드만 출판사, 1996.

19) 에바 되핑하우스, 『여자가 돈에 대해 반드시 알아야 할 것들』, 골드만 출판사, 1996.

20) 『한델스블라트』, 2001. 9. 7.

21) 스베아 쿠셸 Svea Kuschel, 『돈은 모든 여자의 손에 들어갈 수 있다』, 하인리히 후겐두벨 출판사, 2001.

## 5. 그것이 옳다는 걸 그냥 느낌으로 알아!

1) 『슈피겔』, 1998/9.

2) 우테 에르하르트, 『똑똑한 여자는 굴복하지 않는다』, 볼프강 크뤼거 출판사, 2000.

3) 『쥐트도이체 차이퉁』, 2000. 7. 25.

4) 『디 벨트』, 1999. 3. 20.

5) 『엘르』, 2001. 1.

6) 『슈테른』, 2001/45.

7) 『글래머』, 2001. 11.

8) 『슈피겔』, 2001/30.

9) 「여자와 남자」, 『게오 비센』 26, 2001.

10) 「여자와 남자」, 『게오 비센』 26, 2001.

11) 에스터 빌라 Esther Vilar, 『길들여진 남자』, dtv 출판사, 1987.

12) 카린 헤처 Karin Hertzer · 크리스티네 볼프룸 Christine Wolfrum, 『남자와 여자의 실수에 대한 사전』, 아이히보른 출판사, 2001.

13) 우테 에르하르트, 『똑똑한 여자는 굴복하지 않는다』, 볼프강 크뤼거 출판사, 2000.

14) 모니카 마론 Monika Maron, 『6이라는 조용한 열(列)』, 피셔 출판사, 1991.

15) 『슈피겔』, 2001/27.

16) 『슈피겔』, 1999/47.

17) 「여자와 남자」, 『게오 비센』 26, 2001.

18) 카타리나 러츠키 Katharina Rutschky, 『 '엠마' 와 그녀의 자매들』, 칼 한저 출판사,

1999.

19) 『디 벨트』, 2001. 8. 15.

◆ 좀더 읽기 2 - 여자와 남자의 생물학적 특성

1) 『슈피겔』, 2001/34.

2) 『슈테른』, 2001/38.

3) 『슈피겔』, 2001/41.

4) 『슈테른』, 2001/38.

## 6. 일터에서 여자들의 태도

1) 『슈피겔』, 1998/52.

2) 『노이에 취리허 차이퉁』, 2000. 8. 16.

3) 『프랑크푸르트 룬트샤우』, 2001. 5. 4.

4) 『슈테른』, 2001/38.

5) 『디 벨트』, 2001. 4. 23.

6) 『슈피겔』, 1998/10.

7) 『레벤스미텔차이퉁』, 2000. 6. 16.

8) 『쥐트도이체 차이퉁』, 2000. 7. 25.

9) 해리엇 루빈, 『여자들을 위한 마키아벨리, 남녀 투쟁에서의 전략과 책략』, 볼프강 크뤼거 출판사, 1998.

10) 『보그 비즈니스』, 2001. 가을/겨울.

11) 『월스트리트 저널』, 2001. 3. 7.

12) 도리스 되리 Doris Dörrie, 『우리는 이제 무엇을 하나』, 디오게네스 출판사, 1999.

13) 데보라 탠넨 Deborah Tannen, 『하버드 비즈니스 리뷰』, 1995. 9/10.

14) 「여자와 남자」, 『게오 비센』 26, 2001.

15) 『주간경제』, 2001/4.

16) 『디 벨트』, 2000. 7. 17.

17) 『디 벨트』, 1999. 10. 11.

18) 『슈베비쉬 차이퉁』, 2001. 7. 24.

19) 『디 보헤』, 2000. 1. 7.

20) 『슈피겔』, 1998/10.

21) 『월스트리트 저널』과 아서 앤더슨을 위하여 전세계를 대상으로 하는 리버만의 리서치, 2001. 3.

22) 『월 스트리트 저널』, 2001. 3. 7.

23) 『슈피겔』, 1998/52.

24) 『슈피겔』, 1999/47.

25) 『슈피겔』, 1999/47.

26) 쉐어 하이트, 『섹스와 비즈니스 - 일할 때의 남자와 여자』, 파이낸셜 타임스 프렌티스 홀, 2000.

27) 『디 차이트』, 1999. 9. 16.

## 7. 쇼핑만 다니는 한심한 여자

1) 마틴 발저 Martin Walser, 『사랑의 이력서』, 수어캄프 출판사, 2001.

2) 에스터 빌라, 『길들여진 남자』, dtv 출판사, 1987.

3) 카린 헤처 · 크리스티네 볼프룸, 『남자와 여자의 실수에 대한 사전』, 아이히보른 출판사, 2001.

## 8. 여자 혼자 십자가를 짊어진다는 철학

1) 「여자와 남자」, 『게오 스페셜』 26, 2001.

2) 바바라 스탠니 Barbara Stanny, 『동화 속 왕자들은 기다리지 않는다』, 콘체트 출판사, 1999.

3) 카린 헤처 · 크리스티네 볼프룸, 『남자와 여자의 실수에 대한 사전』, 아이히보른 출판사, 2001.

4) 『슈피겔』, 1999/47.

5) 『주간경제』, 2001/4.

6) 에스터 빌라, 『길들이기의 마지막 단계 - 남성의 새로운 역할』, dtv 문고판, 1987.

7) 『프랑크푸르트 알게마이네 차이퉁』, 2001. 5. 15.

8) 『슈테른』, 2001/45.

9) 『보그 비즈니스』, 2001. 가을/겨울.

10) 『슈피겔』, 1999/47.

11) 보도 쉐퍼 · 카롤라 페르스틀, 『돈은 여자를 정말 편하게 해준다』, mvg 출판사, 1999.

12) 보도 쉐퍼 · 카롤라 페르스틀, 『돈은 여자를 정말 편하게 해준다』, mvg 출판사, 1999.

13) 『슈피겔』, 2001/29.

14) 『보그 비즈니스』, 2001. 가을/겨울.

15) 『파이낸셜 타임스』, 2001. 3. 7.

16) 바바라 빈켄 Barbara Vinken, 『독일의 어머니, 신화에 가려져 있던 긴 그림자』, 피퍼 출판사, 2001.

17) 소냐 비숍, 『독일 경제계의 관리직 남자와 여자』, 바헴 출판사, 1999.

18) 『캐쉬』, 2001. 11. 9.

19) 『디 차이트』, 2001. 11. 8.

20) 『보그 비즈니스』, 2001. 가을/겨울.

21) 『디 벨트』, 2001. 4. 23.


## 9. '여성할당제'라는 바보짓

1) 『슈피겔』, 2001/42.

2) 『슈피겔』, 1998/52.

3) 『슈피겔』, 1998/10.

4) 라인하르트 크라이슬, 『영원한 2인자』, 드뢰머 출판사, 2000.

5) 『월스트리트 저널』, 1999. 12. 15.

6) <IAB(노동시장과 직업연구를 위한 연구소) 보고서>, 2001. 4. 12.

7) 『타임』, 2000. 4. 10.

8) 『프랑크푸르트 알게마이네 차이퉁』, 2001. 5. 15.

9) 『타임』, 2000. 4. 10.

10) 사비네 힐데브란트 뵈켈, 『성공에 브레이크를 걸다 - 육아휴가』, 로볼트 출판사, 1999.

11) 『노이에 취리허 차이퉁』, 2000. 12. 29.

12) <IAB 보고서>, 2001. 4. 12.

13) 『이코노미스트』, 1998. 7. 18.

14) 사비네 힐데브란트 뵈켈, 『성공에 브레이크를 걸다 - 육아휴가』, 로볼트 출판사, 1999.

15) 『프랑크푸르트 알게마이네 차이퉁』, 2000. 12. 29.

## 10. 남자! 알고 보니 약한 존재

1) 『월스트리트 저널』, 2001. 3. 7.

2) 『슈피겔』, 2001/36.

3) 『일요일에 보는 세계』, 2001. 11. 4.

4) 『슈피겔』, 2001/36.

5) 『슈피겔』, 2001/36.

6) 『GQ』, 2001/8.

7) 『이코노미스트』, 1999. 7. 10.

8) 워런 패럴 Warren Farrell, 『맨 파워라는 신화』, 츠바이타우젠트아인스 출판사, 1995.

## 11. 보사노바

1) 『디 차이트』, 2001/49.

2) 『비즈니스 위크』, 2000. 11. 27.

3) 로버트 카바코프 Robert Kabacoff, 「조직의 리더십에 있어서 남녀의 차이점」, 『매니지먼트 리서치 그룹』, 1998.

4)『컴팩트』, 2000/12.

5)『파이낸셜 타임스』, 2000. 2. 21.

6)『매니저 매거진』, 2000/5.

7) 로버트 카바코프,「중역실의 성별과 리더십」,『매니지먼트 리서치 그룹』, 2000.

8) 힐데가르트 마샤 Hildegard Macha,「여자와 권력, 학문에서의 또다른 목소리」,『정치와 현대사』, 1998. 5. 22.

9) 바바라 쉐퍼 헤겔 Barbara Schaeffer-Hegel,「직업으로서의 여성 정치인」,『정치와 현대사』, 1998. 5. 22.

10) 도로테아 아시히 Dorothea Assig · 안드레아 벡 Andrea Beck,「남자에게 없는 무엇을 여자는 가지고 있는가」,『정치와 현대사』, 1998. 5. 22.

11)『주간경제』, 2000/4.

12)『월스트리트저널』, 2000. 11. 20.

13)『디 벨트』, 2000. 3. 15.

14) 슈테판 바론 Stefan Baron · 율리아 렌더체 · Julia Leendertse,「창조적인 파괴자」,『한델스블라트』, 2001.

15)『한델스블라트』, 2001. 3. 16.


## 12. 우리가 안하면 누가 해줄까

1) 미하이 칙센트미하이,『몰입의 즐거움』, 클레트 코타 출판사, 1999.

2) 쉐어 하이트,『섹스와 비즈니스 - 일할 때의 남자와 여자』, 파이낸셜 타임스 프렌티스 홀, 2000.

3) 사비네 힐데브란트 뵈켈,『성공에 브레이크를 걸다 - 육아휴가』, 로볼트 출판사, 1999.

4)『레벤스미텔차이퉁』, 2000. 6. 16.

5)『포춘』, 2001. 10. 15.

6) 사비네 힐데브란트 뵈켈,『성공에 브레이크를 걸다 - 육아휴가』, 로볼트 출판사, 1999,

# 참고자료

**단행본**

Aburdene, Patricia/John Naisbit *Megatrends - Frauen*, Econ Verlag, Düsseldorf, 1993

Anker, Richard *Gender and Jobs - Sex segregation of occupations in the World*, International Labor Office, Genf, 1998

Asgodom, Sabine/Hermann Scherer *Jetzt komm ich! - Wie Frauen durch Marketing in eigener Sache nach oben kommen*, mvg - Verlag, Landsberg/Lech, 2001

Baron, Stefan/Leendertse, Julia *Kreative Zerstörer - 100 deutsche Gründergeschichten*, Verlagsgruppe Handelsblatt, Düsseldorf, 2001

Bischoff, Sonja *Männer und Frauen in Führungspositionen der Wirtschaft in Deutschland - Neuer Blick auf alten Streit*, Wirtschaftsverlag Bachem, Köln, 1999

The Catalyst Guide *Advancing Women in Business - Best Practices from Corporate Leaders*, Jossey - Bass Publishers, 1998

Cronin, Vincent *Katharina die Große*, Piper Verlag, München, 1996

Csikszentmihalyi, Mihaly *Flow - Das Geheimnis des Glücks*, Klett - Cotta, Stuttgart, 1993

Csikszentmihalyi, Mihaly *Lebe gut! Wie Sie das Beste aus Ihrem Leben machen*, Klett - Cotta, Stuttgart, 1999

Dirie, Waris *Wüstenblume*, Schneekluth, München, 1998

Döbler, Thomas *Frauen als Unternehmerinnen - Erfolgspotenziale weiblicher Selbständiger*, Deutscher Universitäts Verlag, 1998

Dörpinghaus, Eva *Was Frauen über Geld wissen sollten*, Goldmann Verlag, München, 1996

Dowling, Colette *Der Cinderella Komplex - Die heimliche Angst der Frauen vor der Unabhängigkeit*, Fischer Taschenbuch Verlag, Frankfurt, 1984

Dowling, Colette *Sterntaler - Wie Frauen mit Geld umgehen*, S. Fischer Verlag, Frankfurt, 1998

Ehrhardt, Ute *Die Klügere gibt nicht mehr nach - Frauen sind einfach besser*, Krüger Verlag, Frankfurt, 2000

Farrell, Warren *Mythos Männermacht*, Zweitausendeins, Frankfurt, 1995

Goleman, Daniel *EQ 2, Der Erfolgsquotient*, Carl Hanser Verlag, 1999

Hein, Carola *Männer spekulieren, Frauen investieren*, Wilhelm Heyne Verlag, 2001

Hertzer, Karin/Christine Wolfrum *Lexikon der Irrtümer über Männer und Frauen*, Eichborn Verlag, Frankfurt, 2001

Hildebrandt - Woeckel, Sabine *Karrierefalle Erziehungsurlaub*, Rowohlt Taschenbuch Verlag, Reinbek, 1999

Hite, Shere *Sex & Business - Männer und Frauen bei der Arbeit*, Financial Times Prentice Hall, München, 2000

Hoffmann, Gabriele *Frauen machen Geschichte*, Gustav Lübbe Verlag, Bergisch - Gladbach, 1991

Huber, Angelika *Existenzgründung für Frauen*, mvg - Verlag, Landsberg/Lech, 1999

Kreissl, Reinhard *Die ewige Zweite - Warum die Macht den Frauen immer eine Nasenlänge voraus ist*, Droemer Verlag, München, 2000

Kuschel, Svea *Geld steht jeder Frau*, Heinrich Hugendubel Verlag, München, 2001

Milwid, Beth *Allein unter Männern - Beruflich engagierte Frauen sprechen über Macht, Sexualität und Moral*, Econ Verlag, Düsseldorf, 1993

Perner, Rotraud *Lust Macht Mut - Ein Strategiehandbuch für Frauen,* Verlag Carl Ueberreuter, Wien, 2000

Rubin, Harriert *Machiavelli für Frauen, Strategie und Taktik im Ge - schlechterkampf,* Wolfgang Krüger Verlag, 1998

Schäfer, Bodo und Carola Ferstl *Geld tut Frauen richtig gut,* mvg - Verlag, Landsberg/Lech, 1999

Schultz, Hans Jürgen(Hg) *Frauen - Portraits aus zwei Jahrhunderten,* Kreuz Verlag, Stuttgart, 1981

Sick, Helma *Wie frau sich bettet - Wege zu Wohlstand im Alter,* Piper Verlag, München, 1999

Stanny, Barbara *Märchenprinzen warten nicht. Sieben Schritte zur finanziellen Unabhängigkeit,* Conzett Verlag, Zürich, 1999

Vilar, Esther *Der dressierte Mann, Das polygame Geschlecht, Das Ende der Dressur,* (Neuausgabe in einem Band) Deutscher Taschenbuch Verlag, München, 1987

Vinken, Barbara *Die deutsche Mutter. Der lange Schatten eines Mythos,* Piper Verlag, München, 2001

## 기사와 논문

Assig Dorothea und Beck Andrea : Was hat sie, das er nicht hat, in *Aus Politik und Zeitgeschichte* vom 22. 5. 1998

Barth, Ariane et al: Der öffentliche Sex(Serie), *Der Spiegel* 50, 51, 52/1998

Beyer, Susanne und Marianne Wellershoff: Comeback der Mutter, *Der Spiegel* 29/2001

Bierach, Barbara: Hälfte des Himmels, *Wirtschaftswoche* 48/2000

Bierach, Barbara: Cherches la Femme, *Wirtschaftswoche* 4/2001

Böhmer, Reinhold: Luxus Kind, *Wirtschaftswoche* 31/1998

Economist: For Better or Worse - A Survey of Women and Work, *The Economist* 18.7.1998

Ehrenreich, Barbara: Fukuyama's Follies, *Foreign Affairs* Jan/Feb 1999

Gronwald, Silke: Stunde der Frauen, *Manager Magazin* 5/2000

Guyon, Janet: The Power of Fifty, *Fortune* 15.10.2001

Jester, Tom: Gefallene Helden, *Geo Wissen* Nr. 26, Frau & Mann, 2001

Kucklick, Christoph: Neuer Mann - was nun?, *Geo Wissen* Nr. 26, Frau & Mann, 2001

Künast, Renate: Mit der Quote am Ende, *Der Spiegel* 52/1998

Macha, Hildegard: Frauen und Macht - die andere Stimme in der Wissenschaft, in *Aus Politik und Zeitgeschichte* vom 22.5.1998

Morris, Betsy: It's her job too, *Fortune* vom 2.2.1998

Piel, Edgar: Sture Böcke, eitle Zicken, *Geo Wissen* Nr. 26, Frau & Mann, 2001

Röhl, Wolfgang: Ein Zwist, der nie zu Ende geht, *Der Stern* 38/2001

Sharpe, Rochelle: As Leaders, Women rule, *Business Week* vom 27.11.2000

Supp, Barbara und Kneip, Ansbert et al: Bilanz im Geschlechterkampf (Serie), *Der Spiegel* 9 und 10/1998

Supp, Barbara: Die Emanzipation der Frau, *Der Spiegel* 9/1999

Supp, Barbara und Susanne Weingarten et al: Die heimliche Revolution, *Der Spiegel* 25/1999

Tannen, Deborah: The Power of Talk, *Harvard Business Review* Sep/Oct 1995

Traufetter, Gerald et al: Medizin für Männer - Power ohne Ende, *Der Spiegel* 36/2001

Weber, Andreas: Die kleinen Verführer, *Geo Wissen* Nr. 26, Frau & Mann, 2001

Weingarten, Susanne und Marianne Wellerhoff: Fordert, was ihr kriegen könnt, *Der Spiegel* 47/1999

Daneben Hunderte von kürzeren Artikeln und Kommentaren aus

*Elle, Business Vogue, Financial Times Deutschland, Glamour, Frankfurter Allgemeine Zeitung, Frankfurter Rundschau, Handelsblatt, Kölner Stadtanzeiger, Lebensmittelzeitung, Manager Magazin, Neue Zürcher Zeitung, Süddeutsche Zeitung, Time, The Wall Street Journal, Die Welt, Die Welt am Sonntag, Wirtschaftswoche, Die Woche, Der Spiegel, Der Stern, taz, Die Zeit*

# 여자는 정말 멍청한 성일까

바바라 비라흐는 독일에서 이 책을 출판하고 수많은 인터뷰에 초대받았다. 또 ZDF-TV의 유명 토론 프로그램에 초빙되어 두(연방 및 주 정부의) 여성부 장관과 설전을 벌였다. 한마디로 유명인사가 되었는데, 어느날 아침 눈을 떠보니 자신이 유명해져 있더라는 영국의 낭만파 시인 바이런과는 사뭇 형편이 달랐다. 우선 비라흐가 하루아침에 이름을 드날리게 된 데에는 여성을 정면에서 공격하는 듯 인상 지어주는 선동적인 책제목도 한몫했다.

페미니즘 잡지로 유명한 『엠마』는 여성을 무시하고 차별하는 남자를 선정하여 「이 달의 남자」로 발표하고 있는데, 2002년 9월호에는 남자가 아닌 비라흐를 '이 달의 남자'로 선정할 정도였다. 물론 이 책에 대한 전반적인 평가는 여성의 심기를 불편하게 만들면서 우리가 숙고할 만한 주제를 용감하고 날카롭게 제기한다는 것!

지은이는 정부 차원에서 지속적인 지원이 있었음에도 불구하고 정치, 경제, 학문의 영역에서 고급 여성인력이 부족한 원인을 분석했다. 여성들은 권력이나 돈을 불결하다고 보면서, 정책이나 현실에 대해서는 심하게 비판하고 자신의 요구가 관철되지 않는다고 불평한다. 대체로 30대 중반이 되면 자신은 사회와 경제라는 무대를 슬그머니 떠나 가정으로 들어가면서, 세상은 썩어 있고 전쟁도 끊이지 않는데, 이 모든 것이 남자의 손에서 비롯되었다고 푸념을 터뜨린다.

지은이는 바로 여성의 이런 행동이 멍청하다고 꼬집는다. 그러므로 생물학적인 혹은 지적인 면에서 여성이 남성보다 열등하다는 식으로 받아들여 화낼 필요는 없겠다.

일단 싱글로 살아가는 삶을 제외하면, 여성이 살아가는 형태는 크게 두 가지로 분류할 수 있다. 전업주부와 직장여성이 바로 그것. 직장여성이 주부의 역할을 동시에 맡고 있는 경우도 아주 많다.

사실 아내와 어머니로서만 살아가는 여성의 고충도 장난이 아니다. 그녀 역시 학창시절에는 꿈이 있었다. 그런데 어떤 이유에서건 결혼하고 전업주부가 되면서 그녀는 자신의 꿈을 남편이나 자녀에게 넘기곤 한다. 자녀가 어머니와 비슷하게 생각한다면 문제가 적겠지만, 대부분은 그렇지 못하다. 이제 부모와 자식 간에 갈등의 골이 패는 것은 시간문제. 심할 경우 아이는 우울증에 빠지기도 한다.

전업주부 역시 우울증에 빠지는 비율이 높아지고 있다. 시간이 흐를수록 남편과 자녀는 자신의 세계를 견고하게 구축해 나가지만, 그녀는 점차 역할을 잃어버리고 노동에서 소외되기 때문이다. 따라서 전업주부로 살아가는 삶의 형태 역시 그리 환영할 만한 것이 아님은 분명해 보인다.

우리의 용감하고 똑똑한 지은이 비라흐는 '완벽한 여자'가 되라고 강요하지 않는다. 가정과 직장을 병행해서 어떻게든 혼자 힘으로 잘 해보라는 것이 아니라, 직장을 갖되 가사일과 자녀의 교육문제를 남편과 균형감 있게 분배하라는 것. 절대 쉬운 일이 아니겠지만, 시도해 볼 만한 가치가 있다고 강조한다.

우리 나라에서도 정치계와 경제계, 혹은 관료사회나 대학에서 높은 지위를 차지하고 있는 여성은 극소수에 불과하다. 참여정부가 여성을 법무부 장관으로 임명한 것도 여성이 사회에서 지도적인 역할을 맡을 수 있도록 적극 지원하는 뜻이 깔려 있다고 본다.

하지만 양성평등을 위해 이런 형태의 자극 내지 격려만으로 충분하다고 믿는다면 큰 오산이다. 지은이가 말하고 있듯이, '여성할당제' 같은 정책보다 더 긴급하게 필요한 것은 직장여성을 위한 탁아 시설이나 유치원 시설이다. 양질의 서비스를 제공하되 그리 비싸지 않은 가격으로 말이다. 이것은 국가나 고용주가 나서서 도와주지 않으면 거의 불가능한 일이다.

독일의 유명 여성잡지 『브리기테』는 비라흐에게 공격적인 질문을 거침없이 던진다. "당신도 여자니까 당신 역시 명청하지 않은가?" "당신이 이런 책을 쓴 것에 대하여 당신의 어머니는 어떻게 생각하는가?" 등등.

물론 비라흐는 경제와 정치 사건을 다루는 기자로서, 또 팀장으로서 열심히 일했기에 사회라는 무대를 떠나지 않았고, 어머니는 비난 받을 게 뻔한 이런 책을 소신있게 펴낸 딸을 자랑스럽게 여긴다고 당당히 대답했다. 또 장차 아이가 생긴다면, 자신은 남편의 성공을 위해 일방적으로 희생하지 않을 것이라고 했다. 예를 들면 학부모회의에도 남편과 번갈아 참석할 예정이라고.

독일의 무수한 여성지와 신문, 잡지가 비라흐에게 딴지를 건 이유가 무엇일까? 그것은 이 책이 여성의 사회진출에 걸림돌을 제공한 책임을 여성 스스로에게 더 비중 있게 묻기 때문일 것이다. 그래서 그녀는 여성이 가하는 수많은 비난과 공격을 피할 수 없었다.

하지만 비라흐가 지적한 이 측면은 우리가 결코 무시할 수 없는 부분이다. 솔직히 말하면 여성에게 이 부분은 감추고 싶은 아킬레스건이 아닐까. 그러나 지은이는 정색을 한 채 가차없이 비판하면서 우리 여자들에게 책임을 회피하지 말라고 당부한다. 아내와 어머니로서의 책임뿐 아니라, 사회구성원으로서의 책임까지도(남자들이 그러하듯)……

남자를 알코올 중독, 절망, 자살로 몰고 가는 것은 여권주의이며, 진정 남녀 관계에서 박해받는 편은 여자가 아니라고 분노하는 남자들에 비하면, 여자에게 보다 폭넓은 책임을 권유하는 비라흐는 오히려 성숙한 사람으로 보인다.

'몸에 좋은 약은 입에 쓰다' 라는 속담을 떠올리며 옮긴이의 글을 맺는다.

2003년 서울에서
이미옥

옮긴이 이미옥

경북대학교에서 독문학을 공부하고
독일 괴팅겐대학교에서 독문학 석사,
경북대학교에서 독문학 박사학위를 받았다.
중앙대학교 등에서 강의했으며, 지금은 전문번역가로 활동중.
장편소설 『바람개비』를 출간했고,
옮긴 책으로는 『게임오버』 『히틀러와 돈』 『유혹하는 본능』
『잡노마드 사회』 『시기심』 『전형적인 미국인』 등이 있다.

바보 같은 성 여자

여자가 여자에게 던지는 열정에 찬 제안

펴낸날  2003년 10월 9일 1판 1쇄
지은이  바바라 비라흐
옮긴이  이미옥

펴낸이  김혜숙
펴낸곳  도서출판 참솔
등록번호  제8-244호
등록일  1998년 5월 13일
주소  121-718 서울시 마포구 공덕동 404 풍림빌딩 521호
대표전화  3273-6323
팩시밀리  3273-6329
이메일  charmsoul@charmsoul.com

값  11,000원
ISBN 89-88430-35-2 03850